The CREATORS

We Are Always Making
Our Wishes Come True

Kim Wonsoo
Translated by Lee Chaehyun

바른법연구원

우리는 늘 바라는 대로 이루고 있다

선 지식의 크신 사랑

저자 김원수
역자 이채현

바른법연구원

Preface to the English Edition

In April 1967, despite my mother's strong dissuasion, I refused to stay on the success track guaranteed by the top university diploma, and left home to practice under the teachings of Dr. Baek Sungwook, the enlightened master. Back then, no one around me sympathized with and supported my decision. My close friends also said, "No matter how respectful someone is, you will definitely be disappointed when you get close to him."

Monk Wonhyo said, "No matter how cold it is, don't think about fire. No matter how hungry you are, don't think about food." As he said, my life of practice, which began with opposition and ridicule from people around me, was difficult. However, as the days went by, my respect for the Buddha and confidence in the teachings of the Diamond Sutra became stronger. At first, I didn't believe the

| 영문판을 |
| 출간하며 |

　1967년 4월 어머니의 간곡한 만류를 뿌리치고 일류대학 졸업장도 헌신짝처럼 내던지고, 비장한 각오로 소위 '깨친 이'라는 백성욱 박사님 문중으로 출가하였습니다. 그 당시 내 주위에는 "훌륭한 스승을 만나서 출가 잘했다." 하는 사람은 아무도 없었습니다. 친한 친구들도 "아무리 존경스러운 사람도 함께 생활하다 보면, 반드시 실망하게 된다." 하며 반대하였습니다. "속지마라. 사이비도 많다더라." 하는 사람도 많았습니다.

　주위의 냉소 속에서 출발한 출가수행은 "절하는 무릎이 얼음처럼 차더라도 따뜻한 불 생각 말고, 주린 창자가 끊어질 것 같더라도 밥 생각을 말 것이니라 拜膝如氷 無燃火心 餓腸如切 無求食念."라는 원효스님의 말씀처럼 무척 힘들었습니다. 그러나 날이 갈수록 부처님에 대한 공경심이 더욱 커졌고, 금강경 가르침에 대한 확신은 더욱 견고해졌습니다. 수행에서 선지식의 절대성을 믿지 않았을 뿐 아니라 종종 의심도 하였지만, 백 박사님은 절대 공경의 대상으로 변하였습니다. 제 마음은 마치 공자님의 제자 안회가 스승인 공자님

absoluteness of an enlightened master in the pursuit of awakening, and often doubted my master. As time went by, however, my reverence for him grew only stronger. I remembered a phrase from Confucius's disciple, Anhoe, who commented on Confucius. I could relate to what Anhoe felt about his teacher.

> The more I look up to, the higher you get
> The harder I try to pierce, the harder you get
> I was following you, but you were behind me
> Doing my best to reach you, but I can't

As I kept practicing in the world, I have come to think that Dr. Baek was probably a Bodhisattva that was only seen in the scriptures. So in 1990, I wrote a book about his teachings, titled *"Where Is Your Heart Headed?"* My respect for him continued to grow and bore fruit with the publication of the book *"The Creators - We Are Always Making Our Wishes Come True"* in 2018. This book also emphasized Dr. Baek's greatness and the legitimacy of his teachings, and it became a sensation in the Buddhist community.

I hoped that an English version would come out, so people around the world could read and practice together. I was so sorry that I was able to convey his teachings only to Koreans, because I was convinced that Dr. Baek was a teacher who would save mankind around the world.

께 쓴 시와 같았습니다.

우러러볼수록 더욱 높으시고,
뚫으려 하면 더욱 단단하시네.
앞에 계신 듯하면 어느덧 뒤에 계시고,
감당할 수 없어 달아나려 하여도 달아날 수 없네.

사회에 나와서도 수행하면 할수록 백 박사님은 보통 사람의 지혜로는 도저히 정체를 알 수 없는 분, 아마도 경전에서만 보던 '보살의 화현'이 아닌가 싶었습니다.

이러한 내 마음은 1990년에 백성욱 가르침으로 『마음을 어디로 향하고 있는가?』(김영사) 책을 세상에 선보이게 하였습니다. 이후 이러한 공경심이 이어지며 2018년 『우리는 늘 바라는 대로 이루고 있다』 책의 출간으로 결실을 보았습니다. 이 책도 역시 백 박사님의 위대성을 강조하고 가르침의 당위성과 사회성을 기술하였는데, 불교계에서 '화제의 책'이 되었습니다.

나는 전 세계인이 함께 읽고 수행하여 밝아질 수 있도록 영문판이 나오기를 기원하였습니다. '백 박사님은 세계 인류를 구원할 스승'으로 확신하기에, 한국인만 보기에는 너무나 아쉬웠습니다.

어학 실력은 물론, 신심이 좋은 번역자를 간절히 기원했던 그 정성이 헛되지 않아 이채현 선생을 만났고 영문판이 나왔습니다. 이채현 선생은 최상의 동시통역사이며, 번역 기간 내내 불교 수행사佛教修行史 최초의 시도인 주경야선 가행정진晝耕夜禪 加行精進 49일 수행을 통하여 큰 깨달음을 얻기도 하였습니다. 마치 신심과 지혜를 갖추고 인도 불경을 한자로 번역하여 전 세계인

I sincerely prayed for a good translator who has faith in this teaching, and finally met Chaehyun Lee and the long-awaited English edition came out. She is a great interpreter, and while translating the book, attained a level of enlightenment through the Jugyeongyaseon[1] Vīrya[2] which was the first attempt in the history of Buddhist practice. I dare say that she will introduce this teaching to the world like Kumarajiva(344~413)[3] whose translations were unparalleled either in terms of translation technique or degree of fidelity.

I am convinced that this English version of "*The Creators*" will lead people around the world to unlimited happiness and wisdom. My heart is full of hope that this book will usher in the era of the Pure Land of Bliss.

In this my eightieth year, I bow my head to you.

Kim Wonsoo
July, 2022

---

[1] Jugyeongyaseon 晝耕夜禪 : work during the day and practice at night

[2] Vīrya (Sanskrit; Pāli: viriya) is a Buddhist term commonly translated as "energy", "diligence", "enthusiasm", "great striving", "zealous practice" or "effort".

[3] Kumarajiva was a Buddhist monk, scholar, missionary and translator from the Kingdom of Kucha. Kumarajiva is seen as one of the greatest translators of Chinese Buddhism.

을 신심 발심하게 한 구마라습스님(鳩摩羅什, 344~413)처럼 온 세계 사람을 신심 발심하게 할 것이라고 감히 말씀드립니다.

이 영문판 『The Creators』는 많은 사람을 불행에서 행복의 세계로, 무지 무능에서 밝은 정토의 세계로 이끌어, 세계 모든 사람이 부처님께 환희심 내어 복 많이 짓게 될 것으로 생각됩니다. 이 책으로 밝은 정토의 세계가 곧 오리라는 벅찬 희망과 기대를 해봅니다.

2022년 7월
산수傘壽를 맞이하며
김원수 합장배례

◇ Preface ◇

It has been said that the Buddha spoke the Diamond Sutra when he was the brightest to express the essence of his heart. It's been more than 50 years since I have studied the Diamond sutra. Anyone that has spent such a long time studying the sutra, eventually comes to resemble a part of the heart of the Buddha.

I myself have greatly changed through the years. I became able to see people in the same way I see the Buddha. I came to see the merits in people rather than their faults. I used to be hot-tempered, but have become more cordial and understanding. Now I like to give more than receive.

I didn't believe that bad people could become good because I haven't seen anyone who has gone through such a dramatic change. Bioscientists say that we are witnessing a revolution in genomics. DNA analysis has enabled us to predict a person's taste, talents and even

머리말

　부처님께서 가장 밝으실 때 설하셨다는 금강경, 부처님 마음이 담겼다는 금강경. 이러한 금강경 공부를 시작한 지 어느덧 50여 년이 되었습니다. 금강경을 오랜 세월 읽었다면 누구나 부처님 마음을 조금이나마 닮게 될 것입니다.

　나 역시 금강경 공부를 통하여 확실히 변하였습니다. 모든 사람을 부처님처럼 보는 부처님의 마음을 닮게 된 것입니다. 사람들의 단점만을 잘 발견하던 나는 장점을 더 많이 보게 되었습니다. 화 잘 내던 기질은 남을 이해하며 감싸 안는 기질로, 받는 것만 좋아하던 성품은 주는 것을 더 좋아하는 성품으로 변한 것입니다.

　나는 못된 사람이 변하여 착한 사람이 될 수 있다는 것을 믿지 않았습니다. 나쁜 사람이 착하게 바뀐 경우를 주위에서 보지 못하였기 때문입니다. 생명과학자들은 이 시대를 게놈 혁명 시대라고 말합니다. 생명과학자들은 사람이 태어날 때 가져온 DNA 속 유전자를 분석하면 그 사람의 식성, 재주, 병적 소질 등을 발견할 수 있다고 말합니다. 이는 사람들의 사주팔자가 태어

disease susceptibility. This means people's destinies are written in their genes.

I used to think that destiny is predetermined, and that bad people rarely become good. Nevertheless, I have since changed, and that itself is a miracle which goes against the theory of modern life science.

How could this be possible? My change was only possible through the guidance of an enlightened master, Baek Sungwook. Meeting him has been the greatest blessing of my entire life.

Grand Master Huineng (683-713), the Sixth Patriarch of Chinese Zen Buddhism, said in the Platform Sutra, "If you can not cultivate your mind without the aid of a good knowing advisor, seek a master and ask for guidance. Virtuous masters help people attain enlightenment. All good laws are initiated by good masters."

Master Baek Sungwook addressed the Dharma according to students' tolerance or spiritual ability. My miraculous change was possible because I was able to trust him. How was it possible for him to remove people's karmic obstacles and help them to reach enlightenment?

Some people say that Ganhwa Seon(word contemplation meditation) is the easiest shortcut to awakening, while others say Vipassana(mind watching meditation) is the best for our times. There are many other practices of Buddhism such as Buddha chanting or Vajrayana(esoteric Buddhism), and the followers of each always claim that their method is the best.

날 때부터 이미 개인의 유전자(게놈) 속에 간직된 채 태어난다는 뜻이고, 세 살 버릇 여든까지 변치 않는다는 속담과도 같은 내용입니다.

나 역시 태어날 때부터 운명은 정해져 있고 나쁜 사람은 좀처럼 착하게 변하지 않는다고 믿어 왔습니다. 그럼에도 나는 변한 것입니다. 전해 내려오는 속담을 거스르고, 현대생명과학의 이론을 뒤집는 기적을 이룬 것입니다.

어떻게 이런 기적을 이루게 되었을까요? 아마도 이런 기적은 백성욱 박사라는 걸출한 선지식과의 만남, 그리고 그분의 정성 어린 지도 덕분이라 하겠습니다. 이는 나의 일생에 가장 큰 행운이요, 복이었습니다.

혜능대사는 육조단경에서 "만약 스스로 깨닫지 못하거든 마땅히 선지식을 찾아서 바른길을 지시받도록 할 것이니라. 선지식은 중생을 교화하여 견성하게 하나니 모든 좋은 법은 선지식으로부터 능히 발기(發起)되기 때문이니라."라고 하셨습니다.

선지식에 대한 확실한 믿음과 선지식의 지혜로운 수기설법으로 도저히 불가능할 것 같은 위대한 기적을 창조할 수 있었던 것입니다. 선지식은 어떤 분이시기에 지중한 중생의 업장을 밝은 불심으로 바꿀 수 있게 하실까요?

간화선 수행자들은 간화선이 수행의 으뜸이요 밝아지는 첩경이라 말합니다. 위빠사나 수행자 역시 위빠사나선 수행이야말로 이 시대에 맞는 가장 좋은 수행법이라고 말합니다. 기타 염불수행, 티베트 밀교수행 등 수행자들은, 자신의 체험을 바탕으로 그들의 가르침이 최고의 가르침이라 주장합니다.

나는 부처님께서 말씀하시는 모든 수행법은 정正과 사邪, 우優와 열劣, 속速과 지遲가 있다고 보지 않습니다. 같은 물을 먹어도 소가 먹으면 우유가 되

I do not think there is a 'right or wrong', 'good or bad', or 'fast or slow' in the teachings of the Buddha. Water turns into milk in cows, but poison in snakes. The important part is the person who conveys the teaching.

Ganwha Seon or Vipassana taught by an enlightened master is true, but if it is preached by an unenlightened person, it is wrong. Then who is an enlightened master?

> Green mountains tell me to live without words
> Blue skies tell me to live without traces
> Live like waters and wind
> Leave all love and hatred behind
>
> Green mountains tell me to live without words
> Blue skies tell me to live without traces
> Live like waters and wind
> Leave all anger and greed behind
> - Monk Naong (1320-1376), a venerable priest of Koryeo Dynasty

As expressed in this poem, an enlightened master changes the agony of birth and death into the bliss of nirvana without showing himself. He taught the Dharma according to the abilities of disciples, and led the way to enlightenment.

I realized the true meaning of Monk Wonhyo's (617-686) words only

고 뱀이 먹으면 독이 되듯이, 누가 가르치느냐에 따라 정과 사, 우와 열, 속과 지로 나누어진다고 보는 것입니다.

선지식이 가르치는 간화선은 정법이요 깨닫지 못한 사람의 간화선은 사법인 것입니다. 선지식이 가르치는 위빠사나는 정正이요 깨치지 못한 사람이 가르치는 위빠사나는 사邪인 것입니다. 그러면 과연 선지식은 어떤 분이실까요?

> 청산은 나를 보고 말없이 살라 하고
> 창공은 나를 보고 티 없이 살라 하네
> 사랑도 벗어 놓고 미움도 벗어 놓고
> 물같이 바람같이 살다가 가라 하네
>
> 청산은 나를 보고 말없이 살라 하고
> 창공은 나를 보고 티 없이 살라 하네
> 성냄도 벗어 놓고 탐욕도 벗어 놓고
> 물같이 바람같이 살다가 가라 하네
> —고려시대 큰 도인이신 나옹선사의 시

선지식은 마치 이 시와 같아서 특징이나 정체성을 찾을 수 없지만, 티 내지 않으시는 수기설법을 통하여 탐진치를 계정혜로, 진리의 삿邪된 해석을 정正의 해석으로, 생사의 괴로움을 열반의 즐거움으로 바꾸어 주시는 분이라고 생각합니다.

나는 출가 생활에서 실감하며 배운 선지식의 가르침을 사회생활에 접목(接木)하면서, 비로소 원효스님의 종종심생種種心生 종종법생種種法生 종종심멸種

when I applied the master's teachings to my life. Monk Wonhyo said, "Reality occurs when the mind wakes up, and reality disappears when the mind disappears," which is the truth of Consciousness-only.

I found out that even if I hate someone, the person I hate is not him but my thoughts, and my thoughts are also an illusion. They are not really there. This is the truth of Emptiness. Through these truths, I learned that giving is receiving, that suffering is a blessing, and that life and death are nirvana. As a result, I reached the state of infinite happiness for the first time in my life, and I was deeply grateful to my master.

I believe that his teachings will be the light of salvation for people who seek enlightenment, and bring a new paradigm for Buddhism.

He reminded me of Martin Luther who led the Reformation, or Nicolaus Copernicus who pioneered the Scientific Revolution. His teachings will bring about the second Reformation and Renaissance, and contribute greatly to cultural development by nurturing the sacredness that is inherent in humans.

His teachings will send a wake-up call to the world, and lay the foundation for cultural advancement. This book contains the essence of them, and can be summarized as follows.

First, one of the most important causes of conflicts among people is the ego claiming that they are different from others. The religious disputes between Buddhists and Christians have been a source of social discord, especially in South Korea. My master said that people who

種心滅 종종법멸種種法滅, 즉 "마음이 일어날 때 현실이 발생하고 마음이 사라지면 현실 역시 사라진다."라는 일체유심조(一切唯心造)의 진리를 확실히 깨닫게 되었습니다.

미워하는 대상이 있다 하더라도 미운 상대는 그가 아닌 자신의 마음임을 알게 되었고, 또 자신의 마음이란 것 역시 착각이요 실은 없다는 공(空)의 진리도 동시에 깨치게 되었습니다. 이 일체유심조와 공의 진리를 통하여 비로소 주는 것이 곧 받는 것이라는 진리를 실감함은 물론, 고난은 곧 축복이요 생사가 곧 열반이라는 선사의 말씀을 이론이 아닌 현실로 실감하였습니다. 이에 생애 처음으로 무한한 행복감을 맛보았고, 선지식의 은혜에 뼈저리게 감사하였습니다.

즉, 선지식의 가르침은 개인에게는 '구원의 빛'이 되겠지만, 불교사적으로는 '금강경을 통한 새로운 패러다임의 불법'으로써 불교사에 획기적 장을 여는 쾌거라 생각되었습니다.

선지식의 새로운 패러다임의 불법은 중세 유럽의 종교개혁의 선구자 마틴 루터를 연상케 하였으며, 획기적인 점에서는 르네상스의 선구자 코페르니쿠스를 연상하게 하였습니다. 따라서 선지식의 가르침은 제2의 종교개혁, 제2의 르네상스를 끌어낼 수 있으므로 불교를 비롯한 종교계의 경종이 될 것임은 물론, 사람 속에 무한하게 내재된 신성(神性)을 개발함으로써 수많은 인재를 양성하는 등 인류의 문화발전에 크게 기여할 것입니다.

종교적 경종이요 문화발전의 근거인 선지식의 가르침을 담은 이 책의 내용은 다음 다섯 가지로 요약할 수 있습니다.

첫째, 사람들의 갈등과 분쟁의 주요 원인 중 하나는 자신의 철학과 상대의 철학이 다르다고 주장하는 아상我相에서 비롯된다고 하겠습니다. 한국의 양대 종교 특히, 불교와 그리스도교의 갈등은 인간분쟁, 사회문제 등 각종 분

let go of the ego would think that their religion is not separate from others, so they can join hands with other religious people to reach happiness.

Second, it has been thought that cultivating one's mind cannot go hand in hand with making a living. There is a tendency for us to separate the two. However, the master said that there is no difference between being spiritual and being in the world, laying the groundwork for humanities education.

Third, he taught that the discriminating mind that persistently says, "No, I can't," is an illusion, and that by letting go of this illusion, we can all reach the infinite wisdom and power within ourselves. That means we can train competent members of society through spiritual cultivation rather than school education.

Fourth, he suggested that we can always live a happy and optimistic life even in the face of difficulties, by letting us understand what causes successes and failures.

Fifth, he suggested that we have infinite wisdom and ability to create the second renaissance by producing sophisticated spiritual culture in the era of the Fourth Industrial Revolution.

The more I think about it, the more grateful I become for my master who saved me from the world of suffering and led to the world of

쟁의 요소가 되는데, 선지식께서는 아상을 소멸한 사람은 자신의 종교를 상대의 종교와 둘이 아니게 여기게 되어서 여타 종교인과 어깨동무하며 모두 함께 행복의 길로 나아갈 수 있다고 가르쳐 주셨습니다.

둘째, 사람들은 인성교육 문제는 먹고사는 문제와 함께 할 수 없는 문제로 알았습니다. 먹고사는 일에 전념하면 도덕적인 삶을 살 수 없고, 또 도덕적으로 살면 먹고사는 일은 소홀하게 된다고 생각하였습니다. 그러나 선지식께서는 진정한 도덕적인 삶은 먹고사는 문제 해결과 다르지 않다고 알려주시어, 인성교육의 가능성을 제시하셨습니다.

셋째, '아니 된다, 못한다'라는 분별심이 착각이요 본래 없음을 밝힘으로써 인간에게 내재한 무한한 지혜와 능력을 개발할 수 있다고 보았고, 학교 교육이 아닌 전문적인 수행으로 건강한 사회인을 양성할 수 있음을 제시하셨습니다.

넷째, '실패와 성공의 원인'을 밝힘으로써, 역경에 처하였을 때 또는 인생의 내리막길에 맞닥뜨렸을 때 다시 향상 발전하는 길을 보여주시고, 항상 낙관적이며 행복한 삶을 살 수 있음을 제시하셨습니다.

다섯째 4차 산업혁명 시대, 인간 역할 부재 시대의 대안을 제시하셨고 인간의 무한한 지혜와 능력은 4차 산업혁명 시대에 걸맞은 고급 정신 문화를 다량 생산함으로써 제2의 르네상스를 이룰 수 있음을 제시하셨습니다.

되돌아보면 볼수록 어리석고 못난 나를 변화하게 하여 고난에서 행복의 세계로, 암흑에서 광명의 세계로 이끌어주신 선지식의 은혜는 너무도 큽니다. 그래서 처음에는 책의 제목을 『구원의 빛, 선지식의 크신 사랑』으로 정

infinite happiness. So, at first, the book was titled *"Light of Salvation, the Great Love of the Enlightened Master"*, and I wished that at least Buddhists would read it to escape all hardships and live a happy life. However, after reviewing its contents, I think it would be good for everyone regardless of religion. So I changed the title of the book to *"The Creators - We Are Always Making Our Wishes Come True."* This title contains the gist of the book that we are great beings who fulfill all the wishes all the time, and I believe that this is a message of hope to everyone living in this world.

Kim Wonsoo
May, 2018

하고 불자들만이라도 꼭 읽어 모든 고난에서 벗어나 행복한 삶을 살기를 기원하였습니다.

그런데 책의 내용을 검토해보니 비단 불자들만이 아니라 타종교인, 모든 사람이 읽어도 좋은 책인 것 같아 『우리는 늘 바라는 대로 이루고 있다』로 책의 제목을 바꾸게 되었습니다.

이러한 제목에는 책의 핵심 내용, 즉 우리는 시시각각으로 소원을 성취하는 위대한 존재, 부처님과 같은 존재라는 내용이 담겨 있으며, 모든 사람이 좋아할 수 있을 것이라는 희망의 뜻이 담겨 있습니다.

2018년 5월
김원수 합장배례

Foreword

The Diamond Sutra Practice with a Bright Mind

Seo Jeongsun
Chair Professor at Seoul National University Bundang Hospital
President of Korea Bio Association
President of Macrogen Inc.

The universe is said to consist of the known, the unknown, and the unknowable. Over the last 300 years, the kingdom of science has challenged the unknown in the institutional sphere, increasing the number of the known.

For thousands of years, however, mankind has continued to explore the unknowable, but has not achieved much. The theory of Emptiness, the core of Buddhism will also belong to this category. Even if you expand the scope of language and information, as in science studies, the Emptiness has remained in the realm of the incomprehensible. It will probably be possible to explain it properly only when you raise the dimension.

And in this part, those who are familiar with institutional education, which mainly uses methods to strengthen the ego and find out what they don't know, will experience considerable confusion.

◇ 추천의 글 ◇

밝은 마음으로 실천하는
금강경 수행

서정선
서울대학교 분당병원 석좌교수
한국바이오협회장
(주) 마크로젠 Macrogen 회장

우주는 아는 것(known), 모르는 것(Unknown), 알 수 없는 것(Unknowable)으로 되어 있다고 한다. 지난 300년 과학 왕국은 제도권 속에서 '모르는 것'에 도전하여 '아는 것'을 무섭게 늘려 왔다.

그러나 몇천 년 동안 인류에게 '알 수 없는 것'은 비제도권하에서 계속 탐구는 해 왔으되 성과는 크지 않았다. 불교의 핵심인 공(空) 사상도 후자에 속할 것이다. 제도권의 과학에서처럼 언어의 영역을 확대하거나 정보를 늘려 봐도, 즉 아상과 분별심을 키워도 공은 이해 불가능 영역에 있다. 공을 제대로 설명하려면 아마도 차원을 올려야 가능할 것이다.

그리고 이 부분에서 아상을 강화시켜 모르는 것을 알아내는 방법을 주로 사용한, 제도권의 교육에 익숙한 사람들은 상당한 혼란을 겪게 될 것이다.

제도권에서 과학을 하는 나에게 쉽게 읽히지 않고 항상 무겁게 생각되는 책이 있었다.

There are classic books that were always thought to be heavy for me who was doing science in the institution. I have long thought that I would like to read the I Ching, the Tao Te Ching, and the Diamond Sutra in earnest someday when I retire. Even if the content was so profound that I could not reach the level of the authors, there would be no regret if I tried at least. So it was at the age of 60 that I put these three classics on my bucket list. For this reason, in 2014, I bought about 10 books related to the Diamond Sutra without much thought, and "*Where Is Your Heart Headed?*" of Professor Kim Wonsoo was one of them.

First of all, I decided to recite the Diamond Sutra. It was not as difficult as I thought to read it in Chinese characters, and I tried to memorize all the 5,300 Chinese characters. After reciting the Heart Sutra for about 10 years, I had an experience of memorizing the whole thing without thinking, so I chose to memorize it from the beginning.

During the first six months, I felt the urge to quit several times due to conceptual confusion, but managed to read it more than once a day, thinking about Dr. Baek's words in Professor Kim Wonsoo's book, "If you practice like this for a hundred days at a time and repeat about ten times, you will gain a quiet mind and wisdom." I also read at least 1 or 2 pages of Professor Kim's book every day.

It's been four years since I read the Diamond Sutra, and now I understand and try to implement Dr. Baek's practice of devoting all my thoughts to the Buddha. And I also came to believe Professor Kim's

특히 그중에서도 주역, 도덕경, 금강경 등 세 권의 책은 퇴임하면 세밀히 읽어보고 어느 정도 이해하고 싶다는 생각이 있었다. 무거운 내용이라 글을 쓴 사람의 경지까지는 못 간다고 해도, 이해하려는 노력은 해보고 포기해야 미련이 없을 터였다. 그래서 죽기 전에 내가 해야 할 '버킷 리스트'에 세 권의 고전을 넣은 것이 60세 즈음이었던 것 같다. 이런 이유로 2014년경 별생각 없이 서점에서 금강경 관련 서적을 10여 권 샀다. 이때 처음으로 김원수 교수님의 『마음을 어디로 향하고 있는가』(김영사)를 보게 되었다.

우선 금강경을 독송하기로 하였다. 한자로 독송하는 것은 생각보다 그렇게 어렵지는 않았고, 약 5,300자를 무조건 외우는 식으로 시작하였다. 반야심경을 10년 정도 독송하다가 전체를 아무 생각 없이 외우게 된 경험이 있어 처음부터 외우는 방식을 택하게 되었다.

첫 6개월 동안은 개념적 혼란으로 여러 번 중단하고 싶은 생각도 들었지만, 김원수 교수님의 책에서 읽은 백 박사님의 말씀, "100일을 주기로 10번 정도 행하면 알아지는 바가 있을 것이다."를 믿고, 될 수 있으면 매일 1회 이상 독송하였다. 한편으로는 김원수 교수님의 책들을 매일 1~2쪽이라도 같이 읽었다.

금강경을 독송한 지 4년여 시간이 흐른 지금, 나는 모든 생각을 부처님께 바치라는 백 박사님의 실행방식을 이해하고 조금씩 실행하려 하고 있다. 그리고 김원수 교수님의 "선지식의 도움 없이는 깨닫는 일은 불가능하다."라는 말씀도 믿게 되었다.

이 책은 무엇인가 구하려는 마음이 조금이라도 있는 사람에게 모든 실행법과 차원을 높인 해결 등 어디에서 구할 수 없는 생각을 전해주고 있다. 결국 공(空) 사상에 익숙하게 되어 큰 깨달음을 이루게 할 것이다.

words, "It is impossible to reach awakening without the guidance of an enlightened master."

This book conveys ideas that cannot be found anywhere, such as practices to reach enlightenment and high-level solutions to life's challenges, to those who have the slightest desire to seek something. Eventually, the readers will become familiar with the truth of Emptiness and achieve great enlightenment.

While reading this book, I felt the great love of an enlightened master from Professor Kim Wonsoo. I also respect and appreciate Professor Kim's direct explanation of himself as an example while practicing Dr. Baek's teachings as a professor in the institution.

This book allows readers to understand the truth of Consciousness-only accurately through the vivid experiences of this truth in real life. The Buddha said in the Diamond Sutra, "They should use their minds spontaneously and naturally, without being constrained by preconceived notions arising from the senses." And the Buddha also said, "All that has a form is illusive and unreal. When you see that all forms are illusive and unreal, then you will begin to perceive your true Buddha nature." Professor Kim successfully explained the true meaning of the above verses in this book. It may take time to make people in the world understand the Diamond Sutra while minimizing confusion, but this book is enough to reveal the way to practice with a bright mind in today's complex society.

또한 나는 이 책을 읽으면서 김원수 교수님께 선지식으로서의 사랑을 느낀다. 김원수 교수님이 제도권에서 교수로서 학자로서 금강경을 수행하시고, 백 박사님의 가르침을 실행하시면서 자신을 직접 예로 들어 설명하시는 모습을 보면 감사하고 존경하게 된다.

왜 아상이 문제가 되는가? 또 일체유심조를 실제 현실에서 느낀 사례들을 통해 얼마나 정확히 이해하게 되는지? 왜 이생기심을 하되 응무소주로서 해야 하는가? 결국 여시관(如是觀)을 하면서 범소유상의 허망함을 뚫고 나가야 하는지를 알게 해준다. 제도권의 사람들에게 어떻게 혼란을 최소로 하면서 금강경을 이해시켜야 할지는 시간이 필요할 수도 있지만, 복잡한 사회에서 밝은 마음으로 실천적으로 '이생기심' 할 수 있는 길을 밝히는 데에는 이 책만으로 충분하다.

동시대인으로서 백 박사님의 금강경 실천수행법을 제대로 이해할 수 있게, 김원수 교수님을 선지식으로 모시게 된 것은 큰 영광이다. 더 나아가서 부처님의 간곡하신 실무유법의 공 사상을 깨달을 수 있다면, 우리 짧은 인생에서 눈물겹도록 고마운 일이다.

As a contemporary, it is a great honor to have Professor Kim Wonsoo as our teacher and to be able to properly understand Dr. Baek's great practice of the Diamond Sutra. In addition, if we could go further and realize the truth of Emptiness of the Buddha's earnest practice, this would be something that we should be deeply grateful for in our lives.

Contents

◇ Preface to the English Edition

◇ Preface

◇ Foreword

Part 1 | From the Darkness to the Light

Chapter 1: The Great Love of the Enlightened Master

The Encounter with the Enlightened Master Turned Me into a Born-again Buddhist • 42

Before I Met My Master • 52

After I Met My Master • 56

Changes I Went Through After Practicing Buddhism • 68

The Last Hardship • 82

Chapter 2: The Identity of the Buddha

The Identity of the Buddha • 98

The True Nature of the Buddha in the Diamond Sutra • 106

The Truth of Consciousness-only • 110

The Truth of Emptiness • 124

The Truth of Non-duality and Perfection • 132

Temperamental Discourse • 138

Summary • 146

차례

◇ 영문판을 출간하며
◇ 머리말
◇ 추천의 글

제1부 | 어둠의 세계에서 밝음의 세계로

1장　선지식의 크신 사랑

선지식을 만나고 새로운 불자로 거듭나다 • 43

선지식을 만나기 전 내 모습 • 53

선지식을 만난 후 나의 변화 • 57

출가수행 후 나의 변화 • 69

마지막 시련 • 83

2장　부처님의 정체성

부처님의 정체성 • 99

금강경에 나타난 부처님의 정체성 • 107

일체유심조의 진리 • 111

공의 진리 • 125

불이와 구족의 진리 • 133

수기설법 • 139

정리 • 147

Contents

Chapter 3
The Diamond Sutra Interpreted by an Enlightened Master

The Grand Master Huineng Recommended Reciting the Diamond Sutra • 154

Chapter 3 of the Diamond Sutra Interpreted by an Enlightened Master • 160

Chapter 3 of the Diamond Sutra Applied in Real Life • 172

Validation of an Enlightened Master • 180

Part 2 | The True Meaning of Religion

Chapter 4
True Dharma and False Dharma

What is True Dharma? • 196

Chapter 3 of the Diamond Sutra: All Things Are Created by Mind Alone • 208

Chapter 4 of the Diamond Sutra: Emptiness • 218

True Dharma in Chapter 5 of the Diamond Sutra • 226

Practicing Chapter 5 of the Diamond Sutra • 232

Who is an Enlightened Master? • 238

Chapter 5
The World of Diamond Wisdom

The World of Diamond Wisdom • 244

The Three Kinds of Wisdom in Buddhism and the Diamond Wisdom • 250

The Diamond Sutra, the Best Education of All • 260

Bodhisattvas Who Gained the Diamond Wisdom Are Not Attached to Buddhism • 268

Buddhism Is Not Different from Confucianism and Christianity • 274

 차례

3장 밝은이가 해석하는 금강경

혜능대사도 예찬한 금강경 독송 • 155

선지식이 해설하는 금강경 3분 • 161

금강경 3분 현실에의 응용 • 173

선지식의 점검 • 181

제2부 | 종교의 참뜻은?

4장 정법正法과 사법邪法

정법이란 무엇인가? • 197

금강경 3분 일체유심조 • 209

금강경 4분 공空 • 219

금강경 5분에 나타난 정법 • 227

금강경 5분의 실천 • 233

선지식이란 • 239

5장 금강반야의 세계

금강반야의 세계 • 245

불가에서 말하는 세 가지 지혜와 금강반야 • 251

금강경 교육은 최상의 교육 • 261

금강반야를 얻은 보살은 불교에 집착하지 않는다 • 269

불교와 유교, 불교와 기독교는 다른 가르침이 아니다 • 275

Contents

Chapter 6 We Are Always Making Our Wishes Come True

Is It Wrong to Pray to the Buddha for Good Luck? • 286

The Buddha's Teachings Interpreted by an Enlightened Master • 294

All Things Are Mind-created Illusions • 304

The Three Wishes Were Fulfilled • 312

Part 3 | A New Paradigm of Religion Will Usher in a Second Renaissance

Chapter 7 How to Cope with the Downhill of Life

A Roadmap to Success • 324

The Story of a Chinese Farmer • 332

Mind Creates the Ups and Downs of Life • 346

The Expected Achievements of Those Who Read the Diamond Sutra • 350

Adversity Is a Blessing, and Agony Is Enlightenment • 360

Chapter 8 The Diamond Sutra Applied in Real Life
-From Poverty to Prosperity

The Poor Can Become Rich Through Meeting with the Buddha • 368

How Can We Get out of Poverty? • 378

Practicing the Diamond Sutra Can Solve the Problem of Making a Living • 384

The True Meaning of the Perfection of Generosity • 398

 차례

6장 우리는 늘 바라는 대로 이루고 있다

기복불교가 정말 문제인가? • 287

선지식이 말씀하시는 불교 • 295

일체유심조의 진리 • 305

내 안에 무한한 지혜가 있다 • 313

제3부 | 새로운 패러다임의 종교로 제2의 르네상스를 이룰 수 있다

7장 인생의 내리막길에 어떻게 대처할 것인가

성공의 로드맵 • 325

새옹지마塞翁之馬 이야기 • 333

인생의 영고성쇠도 자신의 생각대로 • 347

금강경을 수지독송하는 사람의 예상 성취도 • 351

고난이 곧 축복, 번뇌가 곧 보리 • 361

8장 금강경의 현실 적용 - 빈곤에서 풍요로

부처님과의 만남으로 가난한 사람도 부자가 될 수 있다 • 369

어떻게 가난의 굴레에서 벗어날 수 있을까? • 379

올바른 수도는 먹고사는 일을 해결한다 • 385

보시바라밀의 참뜻 • 399

Contents

Chapter 9 — The Diamond Sutra Applied in Real Life - Becoming Competent by Letting Go of Greed, Anger and Ignorance

Raising CEOs with the Teachings of the Diamond Sutra • 414

Becoming Competent by Letting Go of Greed, Anger and Ignorance • 420

Becoming Wise Through Dreams • 436

The Infinite Wisdom Within • 444

Chapter 10 — The Diamond Sutra Applied in Real Life - Education

Raising Competent People with the Teachings of the Diamond Sutra • 468

The Diamond Sutra Education • 480

Summury • 484

What Does It Mean to Dedicate Every Thought to the Buddha? • 490

◇ Epilogue
◇ About the Author
◇ About the Translator

 차례

9장 금강경의 현실 적용 – 탐진치를 닦아 능력자가 된다

금강경 공부로 CEO 교육이 가능하다 • 415

탐진치를 닦아 능력자가 되다 • 421

꿈을 통해서 지혜로워지다 • 437

내 안에 무한한 지혜가 있다 • 445

10장 금강경의 현실 적용 – 교육

금강경 공부로 인재를 만들다 • 469

금강경식 교육 • 481

정리 • 485

무슨 생각이든지 부처님께 바치라는 뜻은? • 491

◇ 번역을 마치며

◇ 저자 소개

◇ 역자 소개

Part 1

From the Darkness to the Light

제1부

어둠의 세계에서 밝음의 세계로

Chapter 1

The Great Love of the Enlightened Master

선지식의 크신 사랑

1장

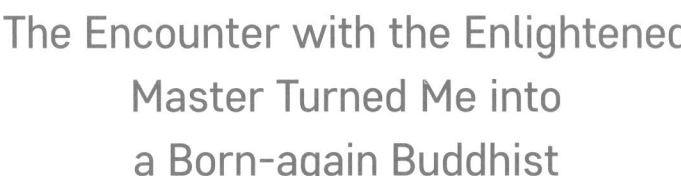

The Encounter with the Enlightened Master Turned Me into a Born-again Buddhist

One day my master said, "If there is a person who enlightens me, he is my Buddha." This quote is emblematic of a spiritual master. He meant that none of the Buddhas that we can imagine is real, and we should not try to find the Buddha outside the mind, because it is not there.

Only after the pain and delusion arising from the ego are eradicated through spiritual cultivation, would we realize that there is no separate self, the ego to begin with, and then we can see the true self, the Buddha. However, we cannot reach this state without the patronage and entrusting of masters who would lead us to enlightenment. They are true masters, right teachers and the Bodhisattva of Great Compassion. They are our living Buddhas.

Bodhidharma once said that spiritual cultivation without an enlightened master will get nowhere. As sentient beings can only

선지식을 만나고
새로운 불자로 거듭나다

"나를 밝게 해주는 분이 있다면 그 사람이 곧 내 부처님이시다."

어느 날 선지식께서 하신 이 말씀은 선지식의 정체성을 잘 나타내고 있습니다. 우리가 상상할 수 있는 어떤 부처님도 참 부처님이 아니요, 마음 밖의 부처님은 참 부처님이 아니니 찾지 말라는 말씀입니다.

수도를 통하여 번뇌 망상이 사라지며 아상이 소멸될 때, 다시 말하면 아상이 본래 없음을 깨닫게 될 때 비로소 밝아지고 이때 우리는 '참나'인 부처님을 만날 수 있습니다. 아상이 본래 없음을 깨닫게 하고 '참나'를 드러나게 하는 것은 자신의 노력만으로 되지 않으며 올바로 지도하시는 스승, 즉 깨달은 이의 호념(護念) 부촉(咐囑)이 반드시 동반되어야 합니다. 이렇게 호념부촉을 해주시는 분이 바로 구세관세음보살이며 선지식이고 참 스승이라 할 것입니다. 이분이 바로 살아 계신 내 부처님이라는 뜻입니다.

일찍이 달마대사께서 선지식을 만나기 전의 공부는 모두 헛것이라고 하셨습니다. 중생이 스스로 밝을 수 없고 구세보살의 원력을 통하여 구제되

become awakened through the power of Bodhisattvas, there must be right teachers on the way to enlightenment.

I did not have the wisdom to understand Bodhidharma's saying in my younger days. I thought that I could do well even if I studied alone without a teacher because I was talented in studying Buddhism. I believed that I was recognized as a committed Buddhist who was good at interpreting Buddhist scriptures and debating on Buddhism.

Although I was full of such conceit, I must have had some roots of good merits. I was able to meet an enlightened master that I had only heard of, and spent a long time with him as his disciple.

As I studied the Diamond Sutra under his teachings for years, I realized how ignorant and arrogant I had been. I became able to deeply understand what Bodhidhrma said.

I finally understood that spiritual practice without a right teacher will never bear fruit, which means I was born again and saved through the Diamond Sutra and my master's teachings.

I said I was born again because I had thought highly of myself, but after I met my teacher and learned from him, I became able to see my own ignorance. With his teachings, my mind grew, and my personality changed. I used to try to find faults in others, but after years of cultivation, I could not see other people's faults at all.

This change may seem so ordinary to some readers, and they may think that most people go through such change over time without strenuous practices. Others may say that if you spent four years as a

고 밝아지는 것처럼, 수도의 길에는 반드시 선지식이 있어야 한다는 말씀입니다.

그러나 달마대사의 말씀을 이해할 수 있는 혜안이 없었던 학생 시절, 나는 스스로 불교 공부에 매우 소질 있는 사람이기에 스승 없이 혼자 공부해도 잘할 수 있다고 생각했습니다. 왜냐하면 이미 나는 매우 신심 좋은 사람, 경전 해석을 잘하는 사람, 불교 토론에서 두각을 나타내는 사람으로 인정받고 있다고 믿었기 때문입니다.

이런 자만심으로 가득 찬 나에게도 숙세宿世에 어떤 선근이 있었던 것 같습니다. 말로만 듣던 선지식을 만날 수 있었고, 출가하여 수년간 모시고 함께 지냈습니다.

선지식을 모시고 수년간 금강경을 공부하면서, 자기 생각이 얼마나 무지와 오만에 가득 차 있었는지 새삼 깨닫게 되었습니다.

달마대사의 말씀에 깊이 공감하고 실감하게 되었습니다.

선지식을 만나기 전의 공부는 다 헛것이라고 깨달았다는 것은 금강경 공부로 자신이 거듭나고 뼛속까지 변하여 진정 새사람이 되었고, 선지식을 통하여 구원을 얻었다는 것입니다.

선지식을 만남으로 거듭 태어났다는 것은, 그전에는 자신이 꽤 알찬 존재라고 생각하였는데 선지식을 만나 공부한 뒤로는 자신이 참 어리석고 못난 존재임을 알게 되었다는 것입니다. 철없는 아이 마음이 어른스러워지고, 다른 사람의 단점만 찾아내던 나의 성격이 변하여 타인의 단점이 아예 보이지 않게 되었습니다.

얼핏 이런 변화는 너무나 평범하여 치열한 수도의 과정이 없어도 나이 먹고 세월이 흐르면 누구나 하는 경험으로 생각하는 독자도 있을 것입니다. 선지식을 모시고 출가 수행 4년, 그리고 금강경을 50년 넘게 공부하였다면 적

disciple under an enlightened master and another fifty years studying the Diamond Sutra, you should have seen self-nature and attained the Buddhahood to say that you were born again.

This change was not superficial, however. It was a profound change in the subconscious mind. Of course, it is not easy to change on the outside, but real change from the inside is even more difficult. It is a life-changing miracle.

Being born again through practice means a total change in not just present consciousness (the six consciousnesses in Buddhism) but also subconsciousness. (the 7th and 8th consciousnesses)

I used to believe in old sayings, 'One's utmost moves the heavens' or 'No pain, no gain'. I thought that there is nothing in the world that could not be achieved with effort. However, through years of practice, I realized how difficult it is to change oneself completely, and that transforming one's subconscious mind can not be done by one's own efforts alone.

No matter how much you love someone, shallow love does not move people's minds. Only love that comes from the bottom of your heart can. No matter how loud you speak, it will not move people's minds. However, if you speak out with confidence from your heart, it will reach many people's hearts. If you pretend to be nice, people will not respect you. However, if you are kind on the inside, all sentient beings, heavenly beings and giant demon spirits will revere you.

No matter how old you are, how much knowledge and experience you have, or how hard you practice, it is not easy to change your

어도 견성성불見性成佛하였노라 말할 정도로 변화하여야 거듭 태어났다 할 수 있지 않겠는가 말할 수도 있을 것입니다.

그러나 여기서 변화란 겉의 변화가 아닌 깊은 내면의 변화이며, 현재의식의 변화에 더하여 잠재의식까지의 변화입니다. 물론 겉의 변화도 쉽지는 않지만 속 깊은 내면으로부터의 진정한 변화는 몹시 어려우며, 나의 운명을 바꾸는 기적적인 변화입니다.

수행을 통하여 거듭 태어났다는 것은 겉의 마음이 변화하는 것이 아닌 속마음까지 속속들이 변화함을 의미하는 것이요, 현재의식(6식)만의 변화가 아닌 잠재의식(7식, 8식)까지의 변화를 의미합니다.

나는 한때 지성至誠이면 감천感天이요, 노력 끝에 성공이라는 말을 믿고 하늘을 감동시킬 노력이면 천하의 어떤 것도 다 성취할 수 있다고 생각하였습니다. 그러나 수행하면서 자신이 완전히 바뀌는 것이 얼마나 어려운지 알게 되었고 자력의 한계를 절실히 실감하게 되었습니다. 잠재의식까지 변화하는 것은 자신의 노력만으로는 도저히 될 수 없음을 확실히 깨달았습니다.

사람이 아무리 다른 사람을 지극히 사랑한다 해도 겉으로 하는 사랑은 사람을 감동시키지 못합니다. 그러나 깊은 속마음에서 우러나는 사랑은 사람을 움직이고 감동시킵니다. 겉으로 아무리 큰소리쳐도 사람들은 두려워하지 않습니다. 그러나 속마음까지 확신한다면 많은 사람이 두려워할 겁니다. 겉으로만 착하다면 사람들이 공경·공양하지 않지만, 속마음까지 착하면 일체세간 천인아수라一切世間 天人阿修羅가 감동하며 모두 공경하고 공양합니다.

사람이 아무리 나이를 많이 먹어도, 지식과 경험을 다양하게 쌓아도, 또 치열한 구도행각을 해도 마음속의 변화, 잠재의식의 변화는 쉽지 않습니다.

subconscious mind. There must be the patronage and entrusting of an enlightened master and the radiance of the Buddha.

Many Buddhists are familiar with the concept of sudden awakening and attaining Buddhahood. However, not many understand what it means to be born again through practice. They know Subitism, the idea that insight into Buddha-nature is sudden, in one glance or uncovered altogether, but it is harder to understand gradual awakening through arduous practice.

Dharma practitioners observing the disciplinary rules undertake the precepts in Buddhism, to calm the confused mind and turn the pain of practice into unconditional joy. It is not the delight you feel when you gain something. You can experience this infinite joy for no apparent reason at all. This is Samadhi, which is a state of meditative consciousness, undisturbed by six sense objects : forms, sounds, smells, tastes, touches, and the Dharma. Samadhi can be achieved when you are not attached to any thoughts that arise in the mind. When you feel this unconditional joy, you will approach the eternal wisdom of the Buddha.

In other words, you can reach meditation[4] by undertaking precepts. Through meditation you can let go of the thinking mind, the ego, and attain wisdom and enlightenment. It is how much ego you let go of, which determines how wise you get and how much you change. Dharma practitioners experience Samadhi which is a meditative state, a state of unconditional joy. However, this joy can sometimes be felt when the practitioners are not fully detached from the six sense

깊은 속마음, 잠재의식의 변화는 반드시 부처님의 광명이 임하고 선지식의 호념부촉이 동반되어야 합니다.

수행하여 크게 깨치고 바로 부처가 된다는 말을 아는 불자는 적지 아니합니다. 그러나 수도자가 수행으로 거듭 태어났다고 하면 쉽게 이해하는 불자는 많지 않습니다. 일심으로 수행하여 한달음에 부처가 되는 돈오돈수頓悟頓修는 알지만, 수행하여 서서히 변화하고 드디어 거듭 태어남을 알기는 어려운 것입니다. 수도하면서 비로소 거듭 태어났다는 것은 무슨 뜻일까요?

수도자가 지켜야 할 수행의 원칙과 지침을 성실히 실행하는 것은, 말하자면 계(戒)를 지키는 것입니다. 계를 성실히 지킨다면 혼란한 마음이 안정되고 수도의 괴로움은 수도의 즐거움으로 변하면서 조건 없는 환희심이 발생합니다. 무엇이 생겨서 기쁜 마음이 일어나는 것이 아니라, 이유 없이 아무 조건 없이 환희심이 생기는데, 이것이 삼매이며 정定이라 할 수 있습니다. 이는 색성향미촉법色聲香味觸法에 주住하여 일어나는 것이 아니며, 응무소주應無所住하여 일어나는 진정한 환희심입니다. 이러한 환희심을 체험할 때 올바른 지혜에 도달합니다.

즉 계를 지킴으로 정定이 생기고, 마음속의 분별심이 사라지며 깨달음에 도달하게 됩니다. 분별심이 사라진 곳에 등장하는 것이 깨달음이요, 곧 혜慧인 것입니다. 작은 분별심을 해탈하여 얻게 되는 작은 지혜로 작은 변화를 체험하고, 큰 분별심을 해탈하여 알게 되는 큰 지혜로는 큰 변화를 체험하는 것입니다. 이렇게 수행자가 체험하는 각종 삼매三昧는 정定이요, 환희심이라 할 수 있습니다. 그러나 색성향미촉법에 자기가 의식하지도 못할 정도로 조금 머물러 있는 상태에서도 가끔 환희심이 발생할 수 있습니다. 초보 수행자는 이 환희심이 응무소주한 것인지 또는 색성향미촉법에 주住해서 일어난

objects, and beginners often don't know this. They can not tell whether the wisdom attained is true or not. Only enlightened masters can tell whether it is true and lead the way to awakening. This is why spiritual practices without a right teacher hardly bear fruit.

---

4 The three types of learning(三學), or the ways to attaining enlightenment: The precepts (sila or moral precepts); meditation (dhyana or contemplation); and wisdom (prajna). Precepts are rules or disciplines intended to prevent error and put an end to evil in thought, word, and deed. Meditation is a practice designed to focus one's mind and cause it to become tranquil. Wisdom rids one of illusions and enables one to attain enlightenment.

것인지 알 수 없습니다. 따라서 이러한 환희심을 통하여 얻은 지혜가 가짜 지혜인지 참다운 지혜인지 알 수 없습니다.

  어떤 것이 참된 정(定), 참된 혜(慧)인지는 밝은 선지식만이 알 수 있고 올바르게 방향을 잡아줄 수 있습니다. 밝은 선지식과의 만남이 없는 수행으로는 진정한 변화가 거의 불가능합니다.

Before I Met My Master

Even though it's embarrassing, I would like to share my story. As a teenager, I was softhearted and shed tears easily. I readily fell for kind-looking people, popular books and plausible theories. I was often immersed in whatever book that I read, and became one with the author, and his or her philosophy became mine. By the way, when it comes to the content of the book or the author's philosophy, did those really exist? The more I was immersed in the book, the more firmly I believed that those were there.

On the other hand, I strongly rejected people, books and theories that I did not like. The mind that readily discriminates likes and dislikes creates a stereotype. This is a way of thinking which makes you firmly believe that there exist things to like or dislike.

In this thinking mind, there is separation between 'pain and joy' and 'the good and the bad'. I believed in Einstein's law of conservation

선지식을 만나기 전 내 모습

부끄럽지만 변하기 전의 내 모습을 먼저 말씀드리고자 합니다. 청소년 시절의 나는 감수성이 풍부한 소년으로 정도 많고 눈물도 많았습니다. 인상이 좋은 사람에게 쉽게 빠져들고, 괜찮다는 책에 푹 빠져들고, 그럴듯한 진리라면 깊이 빠져들었습니다. 책 내용에 심취하여 실제 존재하는 것처럼 생각하였고, 저자와 한마음이 되었고, 저자의 철학은 곧 나의 철학이 되었습니다.

그런데 과연 내가 좋아하는 책의 내용이란 것이 정말 존재하는 것일까? 내가 존경하는 저자의 철학이 실제로 존재하는 것일까?

깊이 빠져들면 들수록 저자의 철학은 반드시 존재한다고 믿게 되었습니다.

이러한 나의 성향은 좀 시원찮게 생각되는 사람이나, 마음에 안 드는 책 혹은 진리나 이념 등은 강력히 배척하였습니다. 이렇게 무척 좋아하고 반대로 아주 싫어하는 마음은 또 다른 새로운 고정관념을 만들어냅니다. 즉 좋아하고 싫어하는 대상이 분명히 존재한다고 굳게 믿는 사고방식입니다.

그런 사고방식에서는 괴로움과 즐거움, 좋고 나쁨이 분명히 존재합니다.

of mass and energy. Just as I believed that there exist skies, lands and oceans, so there is the pure land of Amitabha that lies in a region one trillion miles from the earth.

Such beliefs go against enlightened masters' teaching that there is nothing outside the mind. I used to go to the Jogyesa temple and listen to the Dharma talk. Some verses from the Buddhist sutras resonated with me. However, I could not truly believe that there is nothing outside the mind. I thought that there is a certain world in the mind, but there must be another world of Buddha outside, too.

In my younger days, I thought that it was only natural for us to have attachment or aversion to people and things and as such, we name them. However, this personality created all kinds of distracting thoughts and conflicts, and I was always troubled with all this love and hatred.

Now that I think of it, this personality of mine was the driving force for me to follow the Budda. The inner conflict made me fall deeply into Buddhism when I was in college. I was particularly struck by a verse from the Diamond sutra.: "They should use their minds spontaneously and naturally, without being constrained by preconceived notions arising from the senses." I reached the Samadhi for three days, and I was totally absorbed in the Surangama sutra, too.

아인슈타인의 질량 보존의 법칙, 에너지 보존 법칙을 굳게 믿었으며 하늘, 땅, 바다가 있다고 생각하는 것처럼 서쪽으로 십만억 불토를 지나 아미타불이 계시는 극락세계도 분명히 존재한다고 생각하였습니다.

말하자면 선사들이 말씀하시는 심외무법心外無法 유식무경唯識無境이 아닌 심외유법心外有法이요, 심외유경心外有境의 사고방식을 만든 것이었습니다. 조계사에 가서 참선하시는 스님들의 법문을 듣기도 하고 선가禪家에서 말하는 심외무법 등 불경 말씀에 일부 공감하기도 하였지만, 그냥 한쪽 귀로 흘려버리곤 하였습니다. 물론 마음 안에 어떤 세계도 있지만, 마음 밖에도 또 다른 부처님의 세계도 반드시 있다고 믿었습니다.

이처럼 청소년 시절의 나는 증애심憎愛心, 간택심揀擇心, 즉 사람과 사물에 집착하여 사랑과 미움으로 이름을 짓고 갈등하는 마음이 당연한 것으로 믿었습니다. 하지만 나는 이런 성격으로 인해 온갖 생각에 시달리고 갈등하게 되어 마음이 늘 편안하지 않았습니다.

지금 생각하면 나의 증애심, 간택심은 부처님을 만나게 한 원동력이었습니다. 이렇게 갈등하고 고민하는 마음을 가진 나는 대학에서 불교를 만나면서 불교에 깊이 빠져들었습니다. 금강경 구절을 읽으면서 '응무소주 이생기심應無所住 而生其心'이라는 구절에서 큰 충격을 받고 사흘 동안 황홀한 삼매에 들기도 하였고, 능엄경을 읽으면서도 깊이 빠져들었습니다.

After I Met My Master

When I was in college, I put aside studying for my major and became devoted to Buddhism and eagerly looked for an enlightened teacher. Then, one day in 1966, I met Dr. Baek Sungwook, while serving as a ROTC officer. At the time he was living in Bucheon, Gyeonggi Province, after resigning as president of Dongguk University.

He was an exceptional intellectual who was the first Korean to earn a doctorate in philosophy in Germany and was also known as an ascetic who had the ability to read not only the minds of people but also their past lives. Some people call him the Greatest master of our time.

When I first listened to his Dharma talk, I was completely overwhelmed. He was certainly worthy of his name. His Dharma talk was totally different from that of other Buddhist monks. It reminded me of a phrase from the Platform Sutra of the Sixth Patriarch.

선지식을 만난 후 나의 변화

    대학 시절 불교에 심취하여 전공 공부는 제쳐두고 밝은 스승을 부지런히 찾아다녔습니다. 그러다 1966년 ROTC 장교로 군복무 중이던 어느 날, 친구의 소개로 당시 동국대 총장직을 사임하시고 경기도 부천에 칩거하시던 백성욱 박사를 만나게 되었습니다.

    한국인 최초로 독일에서 철학박사를 얻은 천재, 전생을 훤히 꿰뚫어 보는 숙명통(宿命通), 다른 사람의 마음도 훤히 다 아는 타심통(他心通)을 통달하셨다는 도사, 이것이 백 박사님을 따라다니는 별칭이었습니다. 어떤 사람은 이분을 시대의 인물이요, 당대 대선지식이라 말하기도 하였습니다.

    백 박사님을 처음 만나 법문을 들으며 완전히 압도당하고 말았습니다. 명불허전(名不虛傳)! 백 박사님 법문은 지금까지 큰스님께 듣던 법문과는 판이하게 달랐습니다. 법문을 들으며 육조단경의 구절이 생각났습니다.

After receiving the Dharma from Hongren, the Fifth Patriarch, Huineng spent fifteen years hiding in the mountains and went through all sorts of hardships.

One day Huineng thought, "The time has come to spread the Dharma. I cannot stay in hiding forever." Accordingly, he went to Fa Hsing Monastery in Kuang Chou where Dharma Master Yin Tsung was giving lectures on The Nirvana Sutra. At that time there were two monks who were discussing the topic of the wind and a flag. One said, "The wind is moving." The other said, "The flag is moving." They argued incessantly. Huineng stepped forward and said, "The wind is not moving, nor is the flag. Your minds are moving." Everyone was startled.

Dharma Master Yin Tsung invited him to take a seat of honor and sought to ask him about the hidden meaning. .... Hearing this explanation, Yin Tsung was delighted. He joined his palms and said, "My explanation of Sutras is like broken tile, whereas your discussion of the meaning, kind sir, is like pure gold."[5]

Dr. Baek's Dharma talk reminded me of Yin Tsung's saying "your discussion of the meaning is like pure gold". Just as Huineng said that everything is created by minds, so did my master. He said, "You can find everything in your mind. Success, happiness, truth, wealth and all live right there in the mind. Don't search for anything outside your mind."

혜능대사가 5조 홍인대사로부터 법을 받은 후 15년 동안 산속에 숨어 지내면서 온갖 고생을 다 하셨다.

그로부터 15년 후 때가 바로 마땅히 법을 펼 때라 더 숨어 있을 것이 아니므로 산에서 나와 광주 법성사에 이르렀다.

그곳에는 마침 인종법사가 열반경을 강의하는 중이었다. 그때 바람에 깃발이 펄럭이는 것을 보고 한 중은 "바람이 움직인다." 하고 다른 중은 "깃발이 움직인다."라고 하며 의논이 끊이지 않았다. 그때 내가 나서서 "바람이 움직이는 것도 아니며 깃발이 움직이는 것도 아니라, 당신의 마음이 움직인 것이오." 하였더니 모여 있던 대중이 모두가 놀랐다. 이윽고 인종이 나를 상석으로 맞아 깊은 뜻을 묻고…. 인종이 내 말을 듣고 환희 합장하여 말하기를 "제가 경을 강의하는 것은 마치 깨어진 기왓장 같고 인자(仁者)의 논의는 진금(眞金)과 같습니다." 하였다.

나는 백 박사님의 말씀을 처음 듣고 "당신의 법문은 황금과 같고."라고 한 인종법사의 말씀이 생각났습니다. 왜냐하면 모든 것은 마음이 만들었다고 하신 혜능대사처럼, 백 박사님의 법문 역시 "무엇이든 마음속에서 다 얻을 수 있다. 출세, 행복, 진리, 부귀영화 모든 것이 마음속에 모두 구족되어 있으니, 마음 밖에서 무엇을 찾아 헤매지 말라."는 일체유심조의 진리를 말씀하셨기 때문입니다.

His Dharma talk was as precious as gold. I was seeking everything outside the mind, and his teachings turned my whole way of thinking upside down. A phrase I heard at the Jogyesa Temple crossed my mind, "There's nothing outside the mind."

I was comforted to hear that we don't need to seek anything outside the mind, because all is within. I thought that he preached the words of hope and truth which I hadn't really heard of.

The gist of his teachings was regarding the four kinds of Buddhist practice: faith, interpretation, practice, and enlightenment. There is a famous four-line stanza of the Diamond sutra that says;

All that has a form is illusive and unreal. When you see that all forms are illusive and unreal, then you will begin to perceive your true Buddha nature.[6]

"When you realize that all your thoughts are illusions, you will see the Buddha within. Trust in these words and recite the Diamond sutra in the morning and evening as if you were listening to the Dharma talk of the Buddha. If you read it while trying to understand what it means, you will find out. Put the Diamond sutra into practice. Chapter 3 of the Diamond Sutra shows how to do it."

"Devote all your thoughts arising from the mind to the Buddha. This is the way to practice the Diamond sutra. If you dedicate all your thoughts to the Buddha, you will let go of the ego and reach enlightenment and wisdom. Once you attain a certain enlightenment,

백 박사님의 법문은 황금과 같이 귀하게 여겨졌습니다. 일체유심조 진리에 입각한 백 박사님의 법문은 마음 밖에서 모든 것을 찾고 있었던 나의 사고방식을 완전히 바꾸어 놓았습니다. 언제인가 조계사 법회에서 들었던 심외무법(心外無法)이 생각나며 마음 밖에는 아무것도 없다는 말씀이 실감 났습니다.

마음 밖에서 무엇을 구할 필요가 없고 모두 마음속에 구족되어 있다는 법문. 이것은 지금까지 경전 속에서 듣지 못하였던 시원한 말씀이요, 희망의 말씀이요, 진리의 말씀이라 생각되었습니다.

백 박사님 가르침의 요지는 금강경의 신해행증(信解行證)에 있었습니다.

"금강경의 대표적인 부처님 말씀, '범소유상 개시허망(凡所有相 皆是虛妄) 약견제상 비상 즉견여래(若見諸相 非相 卽見如來), 그대 생각이 모두 착각인 줄 분명히 알게 되면 곧 부처님과 만나리라.'라는 말씀을 참으로 믿고 아침저녁 직접 석가여래 부처님 앞에서 강의 듣는 마음으로 금강경을 독송하라(信). 뜻을 알려고 하면서 독송하다 보면 결국은 알아질 것이다(解). 금강경을 실천해라(行). 그 방법은 금강경 3분에 있다."

"마음속에서 올라오는 갖가지 생각을 부처님께 바쳐 '부처님' 하는 마음으로 바꿔라. 이것이 금강경의 실천이다. 그리하면 분별이 사라지고 어떤 깨달음이 올 것이며, 지혜가 생길 것이다. 이것이 참다운 깨달음, 참다운 지혜인가를 선지식에게 내놓고 검토하여 인정받아야 한다(證)."

at first you will not be able to know whether it is true or not. Therefore, you must present it to the master to get it validated and recognised."

If you love or hate someone, you should not think that the person really exists. Everything is created by your mind, the ego. You are projecting your mind onto others. You name it love, and look at it lovingly. You name it hate and you look hatefully at it. Actually, the person himself is none to love or hate. Your mind makes you see the world like that. If you can devote this habit to the Buddha and eliminate it, the person you love or hate will also disappear in reality.

Your family members don't exist either. They are created by your mind. Success and failure, the Pure Land and Amitabha Buddha, the world and particles, energy and matter are all made up by you when you attach your mind to people and things and think they are real.

Everything is a projection of the ego and as insubstantial as a shadow. If there is a person who looks lovely to you, you need to notice that it is your mind's projection and devote it to the Buddha. When you can eliminate the attachment, you will recover your sanity and gain wisdom. Right there, you can find the solution to the problems that life has given to you. The reason why you find the answer is that you let go of the ego, the thinking mind or the attachment. This state is called awakening or enlightenment. When you drop small thought traps of the ego, you will attain small wisdom to help you take the lead in the world. When you eliminate greater ego traps, you will gain greater wisdom and see self-nature and attain Buddhahood.

금강경 실천 방법을 구체적으로 설명하면 다음과 같습니다. 다른 사람이 사랑스럽다거나 밉게 보인다면, 사랑스러운 상대 또는 미운 상대가 실제로 존재한다고 보지 말고 모두 자신의 마음이요, 분별심이 만들어낸 결과라고 아는 것입니다. 즉 자신의 속마음을 상대에게 붙여놓고 사랑스럽다고 이름 지은 것이 사랑으로 보게 하는 것이요, 밉다고 이름 지음으로 밉다고 하는 것일 뿐, 사실 상대는 사랑할 것도 미울 것도 없는 존재입니다. 자신의 마음이 현실을 그렇게 보게 할 뿐입니다. 마음을 붙이고 이름 짓는 습관을 부처님께 바쳐 소멸할 수 있다면, 현실에 나타나는 사랑과 미움의 존재 역시 사라지게 됩니다.

가족 역시 존재하는 것이 아니고 내 마음속 분별심의 결과이며, 성공과 실패, 극락세계와 아미타불, 세계와 미진, 물질과 에너지 등 모든 것은 내가 사람이나 사물에 마음을 붙여서 그럴듯하게 이름 짓고, 참으로 있는 것처럼 생각한 결과입니다.

마음 밖에 모든 사람이나 사물은 내 마음속 분별심의 결과일 뿐 실체가 없다는 말씀입니다. 따라서 사랑스럽게 보이는 상대가 존재한다면 그 사랑스럽다는 생각을 상대가 아닌 자신의 마음으로 알고, 상대에게 붙은 내 마음을 부처님께 정성껏 바쳐서 떨어지게 합니다. 결국 잃어버린 제정신을 다시 찾아서 지혜가 나고 난제에 대한 해답을 얻는 것입니다. 해답을 정확하게 알게 되는 이유는 붙은 마음의 소멸, 즉 갈등의 분별심이 사라진 결과입니다. 분별심이 사라지고 지혜가 나타난 상태를 '깨침' 또는 '깨달음'이라 합니다. 작은 분별이 사라지면 작은 깨침이 있고 작은 지혜로 나타나 세상을 움직이는 영재나 인재가 되는 것이고, 큰 분별심이 사라지면 큰 지혜로 나타나 도인이 되고 견성성불하게 됩니다.

When I was serving in the army in Chuncheon, I used to visit my master every weekend. He would ask, "What have you learned?" He was checking what I had realized by dedicating all thoughts to the Buddha while I was on duty on weekdays.

While in the army, I suffered from severe mental anguish. When I devoted my anguish to the Buddha, I felt relieved of all my pain and thus became able to enjoy tough military routines. My difficult interpersonal relationships also improved. Sometimes I naturally learned something I did not know. To sum up, it was like the three vehicles of learning : precepts, meditation and wisdom.[7] Devoting all thoughts to the Buddha was the precepts, and the joy I experienced as a result was the meditation, and learning something I didn't know was the wisdom.

I had a lot on my mind before I was discharged from the army. I didn't come from a well-off household, so I had to make money after discharge. However, if I got a job, I thought I would be forever away from meeting a great master and discovering wisdom in my mind.

'Didn't I once want to become a monk to live an eternal life? Even though I don't become a monk, wouldn't it be desirable to practice under a great master like Dr. Baek Sungwook for a certain period of time?' Standing at a crossroads in life, I was confused between the two choices. After a long hesitation, I decided to consult with my master.

"I am going to be discharged in two months. I want to get a job, but on the other hand, I also want to leave home and become your disciple. What should I do?"

당시 춘천에서 군복무를 하고 주말이 되어 선생님을 찾아뵈면 "그간 깨친 것이 무엇이냐?"라고 질문을 하시곤 하셨습니다. 즉 분별심을 부처님께 바쳐 깨쳐진 것, 알아진 것을 점검받는 것입니다.

군 생활에서 올라오는 갖가지 번민을 부처님께 바치니, 번민이 부처님께 바쳐지는 듯했고 사라지는 듯하였습니다. 척박한 군 생활이 기쁨으로 변화하였고, 껄끄러웠던 대인관계도 부드러워지기 시작했습니다. 그리고 몰랐던 사실이 자연스럽게 터득되는 듯도 하였습니다. 말하자면 부처님께 바치는 것이 계(戒)요, 이 바침을 통하여 기쁨이 얻어지는 것이 정(定)이요, 몰랐던 사실을 터득하게 되는 것이 혜(慧)였습니다.

군 생활을 마칠 즈음 생각이 복잡했습니다. 집안 형편을 봐서는 나는 당연히 제대와 동시에 취직해서 가족을 이끌어야 하는데, 취업전선에 뛰어든다면 지금처럼 훌륭한 스승을 만나 마음속의 지혜를 발굴하는 길은 영원히 멀어질 것 같았습니다.

'나는 한때 영원한 삶을 살려고 스님이 되는 길을 택하려 한 적도 있지 않았던가? 스님처럼 완전한 출가는 아니라 하더라도 훌륭한 선지식을 모시고 일정한 시간을 투자하는 것은 매우 바람직하지 않은가?' 사회생활과 출가수도의 갈림길에서 갈등하다가 조심스럽지만 그래도 선지식께 여쭤보기로 하였습니다.

"선생님, 제가 2개월 후에 제대합니다. 취직하겠다는 생각도 들고, 한편 출가해서 선생님 문중에서 공부하고 싶은 생각도 듭니다. 진로를 어떻게 할까요?"

I thought that he would tell me to leave home and study the Diamond sutra full time, because he often emphasized eternal life rather than wealth in the world. However, his answer was unexpected.

"If you want to get a job, devote that thought to the Buddha, and if you want to practice here, devote that thought to the Buddha too."

He didn't tell me to leave home and practice, or to get a job and make money. He meant that I had the right answer within my mind, so all I needed to do was to devote all the confusing thoughts to the Buddha, and then I will see the wisdom within.

I dedicated all the disturbing thoughts to the Buddha. As a result, upon being discharged from the army, I chose to leave home and practice Buddhism. It was not because my master told me to nor did I choose voluntarily. It was a decision made by the Buddha's answer for the first time in my life.

---

5 The Sixth Patriarch's Dharma Jewel Platform Sutra, Buddhist Text Translation Society

6 Chapter 5, Diamond Sutra - A New Translation, diamond-sutra.com

7 The three types of learning(三學), or the ways to attaining enlightenment: The precepts (sila or moral precepts); meditation (dhyana or contemplation); and wisdom (prajna). Precepts are rules or disciplines intended to prevent error and put an end to evil in thought, word, and deed. Meditation is a practice designed to focus one's mind and cause it to become tranquil. Wisdom rids one of illusions and enables one to attain enlightenment.

그러면 '법당에 출가하여 금강경을 본격적으로 배워라.' 하고 말씀하실 것으로 기대하였습니다. 왜냐하면 선지식께서는 종종 세상의 부귀영화보다는 영원한 삶을 강조하시는 말씀을 하셨기 때문입니다. 그러나 선지식의 답변은 의외였습니다.

"취직하고 싶은 생각이 들면 그 마음을 부처님께 바쳐보아라. 공부하고 싶은 생각이 들어도 그 마음을 부처님께 바쳐보아라."

출가하여 수도하라는 것이 아니요, 그와 반대로 세상에 나가서 취업하라는 말씀도 아니었습니다. 네 마음속에 해답이 있으니 찾아보라는 말씀이요, 갈등의 분별심을 부처님께 바쳐 마음속에서 드러나는 지혜를 따라 행동하라는 말씀이었습니다.

취직하고 싶은 생각도 바치고 공부하고 싶은 생각도 바치고, 갈등하는 마음을 부처님께 모두 바쳤습니다. 결국 제대와 동시에 출가의 길을 택하게 되었습니다. 이런 출가는 선지식의 권유로 인한 출가도 자발적인 출가도 아니요, 내 삶에서 최초로 시도한 부처님의 응답에 의한 출가라고 하여야 할 것입니다.

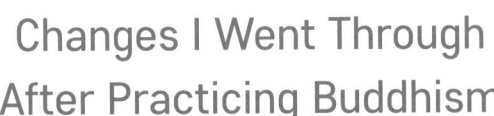

Changes I Went Through After Practicing Buddhism

After I left home and practiced, I broke the habit of asking others every time I was faced with something I didn't know. Instead, I tried to find the answer by devoting the thought of not knowing to the Buddha.

The Bodhi-mandala[8] where my master and his disciples practiced was not as clean and quiet as other monasteries. It was a dairy farm where there was cow manure to clean up. Disciples chant the Diamond sutra in the mornings and the evenings, and devote all thoughts arising in the mind to the Buddha while working at the dairy farm.

I experienced ranch work for the first time in my life, and it was messy, difficult and dangerous. When I thought it was dirty, I dedicated my thoughts to the Buddha, knowing that was not true. I also felt that it was difficult and dangerous, then I realized that those thoughts were not true either, and devoted them to the Buddha one by one. Back then, I ate two meals a day and worked all day long, so I felt very hungry in the

출가수행 후 나의 변화

출가 후에는 모르는 일이 생길 때마다 누구에게 묻는 습관이 없어지게 되었습니다. 일일이 물어보아서 알려고 하지 않고, 모른다는 생각을 부처님께 바쳐 해답을 얻으려 하였습니다.

선지식이 계신 수행 장소는 일반 선방처럼 정갈하고 조용한 도량이 아니었습니다. 쇠똥 치는 젖소 목장이었습니다. 아침·저녁으로 금강경을 독송하고 온종일 목장에서 일하면서 올라오는 모든 생각을 부처님께 바치는 실천 수행을 하였습니다.

생전 처음 경험하는 목장 일은 지저분하고 어렵고 위험하였습니다. 지저분하다는 생각이 들 때는 그 판단이 참이 아닌 줄 알고 그 생각을 부처님께 바칩니다. 어렵다는 생각도, 위험하다는 생각도 참이 아닌 줄 알고 그 생각 하나하나 부처님께 드리는 것입니다. 그 당시 하루에 두 끼를 먹고 쉴 새 없이 일하니까 오후가 되면 상당히 배가 고팠습니다. 살짝 몰래 나가서 빵이라도 사서 먹고 싶은 마음이 굴뚝 같았습니다.

afternoon. I wanted to sneak out and buy some bread.

"What should I do when I feel hungry?"

I asked even though I already knew what he would say.

"The hunger is not true, so dedicate it to the Buddha." He said.

It was really difficult to work all day and get up at 3 a.m. in the morning. I couldn't help but fall asleep.

"Devote the thought that it is hard to resist falling asleep to the Buddha too."

I tried to devote all kinds of thoughts sincerely, and then they were gone little by little. My hunger and drowsiness gradually decreased.

As I dedicated all my mind chatter to the Buddha, I finally found peace.

'Now that I know how to cultivate the mind, maybe I am able to practice alone. I have heard that Ganhwa Seon practitioners also leave their masters when they learn enough. When will I be able to leave here and study alone?' Although I made up my mind to leave home and practice under my master through the Buddha's answer, I still felt obligated to support my family and take care of my mother.

One day, my master came over to me when I was feeding the cows, and said,

"Come to the Dharma hall every morning."

'I think that I learned enough to practice by myself. Why does he tell me to come in every morning?'

From then on, there was a time for the disciples to bring out their

"배가 고플 때는 어떻게 할까요?"
선지식의 대답을 뻔히 알면서도 묻습니다.
"배고픈 생각이 참이 아니니 그 배고픔을 부처님께 바쳐라."
온종일 일하고 새벽 3시에 일어나는 것은 참 어려웠습니다. 3시에 일어나면 잠이 하염없이 쏟아졌습니다.
"잠이 쏟아져 괴롭다는 생각 역시 부처님께 바쳐라."
올라오는 온갖 생각을 정성껏 바치려고 하면 신기하게도 조금씩 바쳐지며 배고픔이나 잠이 점점 줄어들었습니다.

부글부글 끓어오르는 모든 생각들을 부처님께 바치면서 마음이 상당히 편안해졌습니다.
'공부하는 방법을 알게 되었으니 이제는 혼자서도 충분히 공부할 수 있겠구나! 간화선 수행자들도 어느 정도 공부가 되면 스승의 곁을 떠난다고 하지 않았나? 나는 언제쯤 이 도량을 떠나서 홀로서기 공부가 가능할 것인가?' 비록 부처님의 응답으로 출가의 마음을 내었으나 마음 한구석에는 집을 돌보아야 한다는 생각, 불쌍한 어머니를 보살펴야 한다는 생각이 늘 떠나지 않았습니다.
어느 날 선생님께서는 소여물을 주고 있는 나에게 친히 오시더니 "매일 아침 법담에 들어오거라." 하시었습니다.
'혼자서 충분히 공부할 수 있을 것 같은데! 어째서 매일 아침 법담에 들어오라 하실까?' 의아했습니다.

thoughts in front of the master to get them checked every morning. We asked questions about the thoughts and feelings that we felt while practicing, then he would lead us in the right direction. He sometimes rebuked us to get rid of our harmful thoughts, when necessary.

"I can't get the hang of milking cows. Will I get used to it, if I devote this thought to the Buddha?"

"Devote the thought that milking cows is hard to the Buddha, while you are doing it. If you constantly devote the thought, it will eventually disappear, and you will get the hang of the work. When you let go of the idea of not being able to by devoting it to the Buddha, the impossible will turn into the possible."

"Napoleon Bonaparte said that nothing is impossible. Did he once cultivate his mind in his former lives?"

"Yes. Napoleon was a westerner, but he did practice well in his former lives.

"What is the difference between Eastern and Western philosophies?"

"Eastern philosophy is the study of what enlightened people who knew the logic of the world said with their intuition. Western philosophy was founded by people who didn't understand the logic of the world. They reasoned inductively to make sense."

I thought that old Confucian texts like the Four Books and Five Classics[9] were just relics from the past and had no practical use in this day and age. However, he said that those texts are the words of enlightened masters, and It was hard for me to agree with him on that.

매일 아침 선생님께 자신의 분별을 내놓고 점검을 받는 법담 시간이 있었습니다. 수행 중에 일어나는 궁금함이나 분별심을 내놓으면 올바른 방향으로 이끌어주시고, 잘못된 사고방식에 대해서는 때에 따라 꾸중도 해주셔서 해로운 분별심을 제거하게 하셨습니다.

"소젖 짜는 일이 손에 익지 않고 아직도 서툴고 어렵습니다. 소젖 짜는 방법이 어렵다는 생각도 부처님께 바치면 해결할 수 있습니까?"
"소젖을 짜면서 젖을 짜기 어렵다는 생각을 자꾸 부처님께 바쳐라. 부지런히 바치면 어렵다는 생각이 없어지고 일이 한층 수월할 것이다. 안 된다는 생각을 부지런히 바치면 불가능이 가능으로 바뀌게 된다."

"나폴레옹은 불가능이 없다고 하였는데 나폴레옹 역시 어느 생엔가 잘 닦던 사람입니까?"
"그렇다. 나폴레옹은 서양 사람이지만 한때는 잘 닦던 매우 지혜로운 사람이었다."

"동양 학문과 서양 학문의 차이는 무엇입니까?"
"동양 학문이란 세상의 이치를 잘 아는 밝은이들이 직관으로 말씀해 놓은 것을 공부하는 학문이요, 서양 학문은 세상의 이치를 모르는 사람들이 모르는 이치를 하나하나 더듬어가면서 합리적으로 알도록 써놓은 학문이다."
지금은 구시대의 유물이요 아무 실용성이 없는 것같이 생각되는 사서삼경이 우주의 모든 이치를 잘 아는 밝은이의 말씀이라는 것에 선뜻 동의하기 어려웠습니다.

"I thought of Confucius as a great saint, but I didn't think he was bright enough to understand the logic of the universe. It may be a silly question, but would you say that Confucius is an enlightened man who knows the logic of the universe better than Einstein, one of the greatest scientists of all time?"

I was thinking that even Confucius would not be as good as Einstein in terms of the ability to know the logic of the universe in detail and apply it to our real lives.

"Once you break the thought pattern of comparing and analyzing others by devoting it to the Buddha, you will know who is brighter."

When he said that, a passage from the Book of Changes[10] crossed my mind.; "Energy becomes matter, and wandering souls become the bedrock of changes."

Confucius mentioned the above phrase more than 2,500 years ago. It was long before Einstein's great discovery, the law of conservation of energy.

"But, how come Asians who have a better understanding of the universe are poor, and Westerners are rich even without such bright philosophies?"

"If people are arrogant, they get blinded, and go downhill. When people humble themselves and learn diligently, they always get ahead and prosper. Korea is poor now, but its future is very bright. Korea cannot make a car yet, but it will not be long before Korea becomes an industrial power and automobiles made in Korea will pour into China. One day Korea will become the center of the world."

"공자님은 위대한 성인이지만 그분이 우주의 이치를 잘 아는 밝은이라고는 생각을 하지 못했습니다. 어리석은 질문 같습니다만, 공자님을 불세출의 과학자 아인슈타인과 비교하여도 우주의 이치를 잘 아는 밝은 사람이라 할 수 있을까요?"

우주의 이치를 구체적으로 알아 현실 생활에 응용할 수 있는 능력에 있어서는 천하의 공자님이라 하여도 아인슈타인에 미치지 못할 것으로 생각하고 있었습니다.

"네 마음속에 '누가 낫고, 누구는 못하다'라고 비교 분석하는 분별심이 부처님께 바쳐 사라진다면, 나에게 묻지 않아도 어떤 사람이 밝은 사람인가 알게 될 것이다."

이 말씀 끝에 『주역』의 '정기위물(精氣爲物) 유혼위변(遊魂爲變), 에너지(精氣)는 물질이 되고 떠돌아다니는 혼이 변화의 근본이 된다.'라는 구절이 생각났습니다.

2,500여 년 전의 위 구절은 아인슈타인의 위대한 발견인 에너지 보존의 법칙보다 훨씬 전에 하신 말씀이었습니다.

"그런데 어찌하여 밝은 학문을 한 동양 사람들은 못 살고, 어두운 학문을 하는 서양 사람들은 더 잘삽니까?"

"오만하면 어두워져 내리막길을 가며, 자신을 낮추고 부지런히 배우는 마음이면 향상 발전하여 오르막길을 가게 된다. 한국이 지금은 가난하나 장래는 매우 밝다. 지금 우리나라는 아직 자동차 한 대도 만들지 못하지만 멀지 않아 한국은 공업 대국이 되어 자동차가 중국으로 쏟아져 들어갈 것이고, 언젠가 우리나라는 세계 중심 국가가 될 것이다."

When he said this, in 1967, Korea was one of the poorest countries in the world, unable to produce a single car.

The teachings of the Diamond Sutra were thought to emphasize self-power, not other-power, so I asked, while recalling a passage from the Platform Sutra.

"The great master Huineng said that people who seek enlightenment need a virtuous master, but they can also find a good teacher within their minds and reach enlightenment. Can we practice without a master and reach enlightenment?"

"Huineng attained enlightenment in his former lives, and came to this world with that brightness. People who experienced awakening in their former lives like him know from birth without being taught. Confucius and Huineng are one of them. They have an enlightened master within their minds. They can learn the truth of the universe by themselves. Do you think that you have a good teacher within your mind?"

He spoke with a stern look on his face.

My face turned red with embarrassment, and I couldn't raise my head.

He said, "You don't have a virtuous master in your mind like Huineng. Your mind is full of greed, hatred and ignorance[11] instead. How can people like you practice alone without a teacher and reach enlightenment? That's as impossible as a blind man who has lived in the countryside all his life coming to Seoul by himself. You should make a wish to receive a human body and practice under a good master life after life."

이 말씀을 하신 1967년 당시, 우리나라는 자동차 한 대도 생산하지 못하는, 세계 최빈국이었습니다.

금강경 가르침은 타력불교가 아닌 자력불교를 강조하는 것으로 생각되어 언젠가 읽었던 육조단경의 구절을 떠올리며 여쭈어보았습니다.

"혜능대사께서는 '수도하는 사람에게 선지식이 꼭 필요하지만 반드시 선지식이 필요한 것은 아니다. 왜냐하면 자신의 마음을 잘 살펴본다면 마음속에 선지식이 있어서 스스로 깨칠 수 있기 때문이다.'라고 하셨습니다. 과연 선지식이 없이 혼자 하는 공부도 가능합니까?"

선지식은 정색하며 말씀하셨습니다.

"혜능대사는 이미 전생에 큰 깨달음을 얻고 밝아서 온 사람이었다. 전생에 이미 밝음을 체험한 사람은 태어날 때부터 다 알게 된다. 태어날 때부터 다 아는 혜능대사같은 사람을 생이지지生而知之한 사람이라 한다. 공자님이 생이지지요, 혜능대사가 생이지지이다. 생이지지한 사람은 마음속에 선지식이 있어 저절로 세상의 이치를 터득하는 능력이 있기에 반드시 선지식을 만나지 않아도 깨칠 수 있느니라. 그런데 과연 네 마음에 선지식이 있느냐?"

이미 나의 얼굴은 빨개져서 고개를 들 수가 없었습니다.

"네 마음에는 혜능대사처럼 선지식이 있는 것이 아니라, 탐진치가 그득하지 않으냐? 너와 같은 사람이 어찌 선지식을 만나지 않고 혼자 공부해서 밝아질 수 있다 하겠느냐? 선지식 없이 공부할 수 있다는 것은 장님이 시골에서 살다가 혼자 서울로 온다는 말과도 같다. 세세생생 사람 몸 받아 선지식 모시고 공부 잘하기를 발원하여야 할 것이다."

At first, I felt delighted and rewarded during the morning talk, but it was also quite painful when my weaknesses were revealed to my fellow practitioners. We couldn't help exposing our karmic obstacles in front of our master, and he validated what we learned from daily practices. Sometimes he rebuked us for what we did or what we had in mind. He also helped us resist and overcome the urge to quit. Listening to the Dharma talk every morning, we realized how heavy our karmic obstacles were and how we lived in ignorance and delusion. He often quoted from "*The Chobalsim Jagyeongmun (The Initial Self-discipline for Buddhist Monks*[12])" 'You must know that your sins are as big as great mountains', reminding us of how heavy our karmic obstacles were.

I finally understood the reason why we had to listen to the Dharma talk and receive validation from our master every morning. I realized how dangerous it is to leave a teacher seeking all kinds of practices for enlightenment out there. Unless I got to see my master and corrected my thoughts everyday, my ego would certainly have gone the wrong way.

I truly understood what Confucius meant when he said, 'Small men always think bad things when they are free'. As I learned that hunger and drowsiness were inherently absent, and that karma between people was also an illusion, my mind was finally at ease. It was a long-awaited peace that came to my mind which had been constantly bothered by endless thoughts.

'Is this merit-making to the Buddha?' I was grateful to my master from the bottom of my heart. I used to think that all phenomena really exist as they appear to be, but my way of thinking started to change.

처음에는 아침 법담 시간에 환희심도 나고 보람도 느꼈지만, 한편 꾸중을 하시거나 자신의 하찮은 모습이 도반들에게 드러날 땐 적지 않게 괴롭기도 하였습니다. 자신의 업장 표출, 선지식과 함께 하는 검토, 지적 및 꾸중, 퇴타심의 예방 등 매일 법담에 들어가면서 자신의 업보 업장이 태산과 같음을 느끼게 되었으며 그동안 얼마나 무지와 착각 속에서 살아왔었는지를 실감한 것입니다. '수지자신죄장유여산악須知自身罪障猶如山嶽' 마땅히 자신의 죄업이 산악과 같이 큰 줄로 알아야 할 것이라는 초발심자경문의 말씀을 자주 인용하시며, 우리들의 업장이 얼마나 큰 것인가를 일깨워 주시는 선지식의 말씀은 너무나 당연하게 생각되었습니다.

비로소 매일 법담시간에 들어와서 점검을 받으라는 뜻을 알았습니다. 스승을 떠나 혼자 만행萬行을 하며 배운다는 것이 얼마나 위험한지 알았습니다. 매일 선지식을 뵙고 마음 씀씀이를 바로잡지 아니한다면, 나의 못된 이 마음은 항상 나쁜 길로 가게 됨을 확연히 알게 된 것입니다.

'소인은 한가하면 항상 나쁜 일을 생각한다소인한거 위불선 小人閑居 爲不善.'라는 공자님의 말씀을 실감하였습니다. 이렇게 배고픔, 졸음 역시 본래 없음空 알게 되었고, 사람과 사람 사이의 업보 역시 착각이고 본래 없음을 알게 되면서 내 마음은 한없이 편안해졌습니다. 끊임없이 일어나는 여러 가지 생각들로 잠시도 쉬지 못했던 마음에 참 오랜만에 긴 평화가 찾아온 것입니다.

'부처님 전에 복을 짓는다는 것이 이런 것인가?' 하는 것을 알게 되어 선지식을 생각하면 눈물이 저절로 날 정도로 감사하게 되었습니다. 눈에 나타나는 현상을 사실 혹은 실제 존재하는 것으로 알았던 나의 사고방식이 변하기

I also used to think that some things are really impossible and that cannot be changed. However, I realized that my mind is able to make anything impossible possible. As I found out that all pain is an illusion, I became freer and happier. This seemed to be a permanent change, not a temporary one. However, this joy and gratitude must also be dedicated to the Buddha. My master said that we must devote whatever thoughts we have to the Buddha, which means everything including the Diamond Sutra, good masters even the Buddha shouldn't be kept in mind. We just have to devote every thought to the Buddha all the time. Back then, I thought I could do it.

However, could I possibly devote the distrust of my master whom I really looked up to?

---

8 Bodhimaṇḍala is a Buddhist monastery where bhikkhus (monks) and bhikkhunis (nuns) study, practice, and teach the Buddhist dharma and strive towards bodhi (enlightenment). They are regarded as places where bodhisattvas are present, and where devotees can visit and learn from them.

9 The Four Books and Five Classics (Chinese: 四書五經; pinyin: Sìshū Wǔjīng) are the authoritative books of Confucianism in China written before 300 BC. The Four Books and Five Classics are the collective name of the Four Books and the Five Classics, and they are the most important classics of Chinese Confucianism.

10 The Book of Changes or Classic of Changes, is an ancient Chinese divination text and among the oldest of the Chinese classics.

11 The Buddha identified "three poisons," or three negative qualities of the mind that cause most of the problems in the world. The three poisons are: greed (raga, also translated as lust), hatred (dvesha, or anger), and ignorance (moha, or delusion).

12 The Initial Self-discipline: A compilation of three writings by the great Masters Wonhyo of the Silla Dynasty, Jinul and Yaun. It is a required reading for first level students at the Korean Sangha Academy.

시작하였습니다. 안 되는 일이나 불가능한 일은 실제로 존재하며 불변이라고 생각했었는데, 불가능하다고 생각한 것도 내 마음에 따라 가능하게 변화한다는 것을 알았습니다. 모든 고통이 착각임을 시시각각 알게 되고, 더불어 나는 더 자유롭고 행복해졌습니다. 이것은 일시적이 아닌 영원한 변화인 것 같았습니다. 그런데 이런 감사와 감동도 부처님께 바쳐야 합니다. 무슨 생각이든지 바치라는 말씀은, 금강경 가르침, 선지식, 부처님, 절대적인 그 무엇이라 생각되어도 다 바쳐야 하는 것이기 때문입니다. 당시 나는 이제 무슨 생각이든지 다 바칠 수 있을 것으로 생각하였습니다.

그런데 하늘처럼 우러러보는 스승, 그분에 대한 불신까지 바친다는 것이 과연 가능할까요?

The Last Hardship

I was confident that I could devote any thought to the Buddha, but I was faced with a new trial. It was the distrust of my master whom I greatly revered. I thought that I was very faithful to my master. How could I have a distrust of him? When did it start to grow? Come to think of it, it was a distrust that I had brought before I left home. That's when I decided to leave home and practice under the master, Baek Sungwook. I was just discharged from the army, and my mother expected that I would get a job and support the family. She tried hard to stop me from leaving home. It was perfectly understandable, because my family had trouble making ends meet and I was the only hope at the time.

"Do you believe that Dr. Baek is a celibate ascetic? I went to Bucheon lately and heard that Dr. Baek lives with a woman who is almost twenty

마지막 시련

　무슨 생각이든지 다 바칠 수 있다고 자신하던 나는 새로운 시련에 부딪히게 됩니다. 믿고 존경하는 선지식에 대한 불신입니다. 신심이 좋은 나에게도 스승에 대한 불신이 있었다니! 언제부터 시작된 불신이었나? 잘 생각해보니 출가 전부터 가져온 불신이었습니다. 제대하고 백 박사님 문중으로 출가할 당시, 어머님께서는 강력히 만류하였습니다. 먹고살기 힘든 가정 형편에 집안을 책임져야 할 사람이 출가 수도를 하려 한다면 그 누구도 그럴 수밖에 없었을 것입니다.

　"백 박사가 도인이라고? 너 정말 그 말을 믿느냐? 내가 얼마 전 소사(현 부천시)에 가서 백 박사님 소문을 들었더니 딸뻘의 젊은 여자와 함께 산다는데, 어찌 그런 사람을 도인이라 믿고 출가를 한단 말이냐?"

years younger than him. How can you trust a man like him and leave home to become his disciple?"

I was deeply disturbed by her remarks and wondered if it was true. Then, a phrase from my master's Dharma talk crossed my mind.

The Buddha said to Bodhisattvas, "Don't let your mind be swayed by the words slandering the Buddha."

"That's not true, people in the neighborhood got it wrong. One of his disciples, Kim said that Dr. Baek has been celibate for more than 70 years. Not only that, he has lived alone even without a Sangjwa[13]. That young woman is his secretary who has worked for him since he was the president of Dongguk University."

I tried to convince her, but a seed of distrust was planted in my mind. Even before I was able to work through my distrust of him, a decisive event took place.

There were two fellow practitioners, Kim and Lee, at the monastery. The three of us stayed together in one room. One night, I was falling asleep while reading the Diamond Sutra, and I heard them whispering. They probably didn't know that I was listening.

"Who is the woman that visits the master often?"

"She was his secretary when he was the president of Dongguk University. Well, it turns out, she is his wife."

Kim replied casually. He was the man who told me that Dr. Baek was a celibate monk.

As soon as I heard him saying, 'she is his wife', I suddenly felt wide awake.

이러한 어머니의 폭언을 듣는 순간 '그것이 정말인가?' 하며 마음이 심하게 요동쳤습니다. 마냥 마음이 흔들리는데, 선지식이 언젠가 하신 법문이 언뜻 생각났습니다.

'부처님께서 초지보살初地菩薩에게는 부처님을 욕하는 소리를 들으면 수많은 꼬챙이로 자신을 찌르는 것같이 괴로워할 것이며, 8지 보살에게는 부처님을 욕하는 소리를 들으면 마음이 흔들리지 않기를 태산같이 하라 하셨다.'라는 구절을 떠올리며, "어머니 그건 사실이 아니에요. 동네 사람들이 잘못 안 것이에요. 선생님 제자 김○ 도반이 그러는데 백 선생님께서는 칠십이 넘도록 상좌도 두지 않고 홀로 사시는 청정비구라 해요. 그 젊은 여자는 동국대 총장 시절부터 비서로 일하던 사람이에요."

이렇게 어머니를 억지로 설득하고 출가하였는데, 이 불신의 마음이 완전히 사라지기도 전에 결정적으로 쐐기를 박는 일이 벌어진 것입니다.

도량에는 먼저 들어온 김○, 이○ 두 도반이 있었습니다. 한 방에서 셋이 함께 지냈습니다. 어느 날 몹시 고단하여 금강경을 읽는 둥 마는 둥 하다가 먼저 잠이 들었는데, 잠결에 들리는 속닥거리는 소리에 후딱 잠이 깨었습니다.

"선생님 곁에 자주 드나드는 그 여자는 누구야?"
"그 사람, 동국대학교 있을 때 선생님 비서로 있었는데, 알고 보니 그 여자가 사모님이라는 거야."

김○ 도반이 아무렇지도 않은 듯 대답하였습니다. 김○ 도반은 백 박사님을 청정비구라고 나에게 소개했던 사람이었습니다. '비서가 아니야 사모님이야.' 이 말을 듣는 순간 어설픈 잠이 확 달아났습니다.

'Oh, I was fooled to have believed his words! I was fooled by my master and Kim!'

I stayed up all night thinking of my mother who tried to stop me from leaving a year ago. The next morning, I barely managed to pull myself together. Feeling despondent, I forced myself to chant the Diamond Sutra and started to work. I was going down to the well next to the lower quarters where my master stayed to cool down the milk containers. There, I found my master and the woman in question standing side by side, staring at me.

"It's so disgusting!"

I was so upset that I could feel my blood boil. Words of profanity came out of my mouth. I felt like I was about to faint. That's when something amazing happened.

"Hey, you've been through a lot last night."

From a distance of about twenty meters, he spoke loudly. I came to my senses with his loud voice.

The dizziness that I felt just a moment ago has subsided in an instant.

'What did he mean when he said that I've been through a lot last night? Does he really know everything happened last night? Everything that Kim and Lee talked about and the reason why I stayed up all night? It is said that ordinary people can find out everything like the Buddha, once they cultivate their minds to the point of awakening. Does he really know everything? They say that he reads minds. Maybe he does!'

But then I was also suspicious. 'Well, it's just a coincidence.'

'아, 내가 속았구나! 선생님께도 속았고 도반에게도 속았구나!'

1년 전 눈물로 나의 출가를 극구 만류하던 어머니 생각이 떠오르며 거의 뜬눈으로 밤을 지새웠습니다. 이튿날 아침 금강경 독송을 억지로 하고 간신히 허탈한 마음을 추스르며 일을 시작하였습니다. 우유통을 우물에 식히려고 선생님이 계신 아래채로 내려가려는데, 저 아래 선지식과 그 사모님이라는 문제의 여자가 나란히 나를 쳐다보고 있는 것이었습니다. 피가 거꾸로 솟는 듯한 불쾌감을 느끼면서 내 입에서는 "에이~ 더러운 것들" 하는 불경스런 말이 저절로 나왔습니다. 금방이라도 졸도할 것 같은 기분이었습니다. 이때 놀라운 일이 벌어졌습니다.

"어이 이 사람, 엊저녁에 큰일 치렀네!"

약 20여 미터 되는 먼 곳에서 선지식께서는 큰 목소리로 말씀하시는 것이었습니다. 우렁찬 목소리에 정신이 확 들었습니다.

조금 전 졸도할 것 같은 어지러운 마음도 일순간 가라앉았습니다. '엊저녁에 큰일 치렀네? 엊저녁에 두 사람이 한 이야기 그리고 내가 밤새 한잠도 못 자고 설친 사연을 정말 아시고 하신 말씀인가? 중생도 분별심을 닦아 분별심이 사라지면 부처님처럼 다 알게 된다더니 선지식께서는 정말 다 아시는 것인가? 다른 사람의 마음을 다 아시는 타심통의 도사라더니 정말 그런가 보다!' 하는 생각이 스쳐 지나갑니다.

그러나 또 한편 '뭐, 그냥 우연의 일치이겠지!'라고 의심하는 생각도 들었습니다.

That morning, I happened to enter the Dharma hall alone, and he said solemnly.

"So, while they were talking, could you fall asleep? If you had held onto that thought for a long time, you wouldn't have been able to sustain your body, then you would have no choice but to leave this Bodhi-Mandala. However, even in times of such crisis, you should be able to unwaveringly devote your thoughts to the Buddha."

He seemed to see through my mind as if it was reflected in a mirror, and each and every word of him dissolved all my suspicion and doubt. Before I knew it, my mind was settled and filled with newly recovered faith in him. Only then did I realize that these things happen when Bodhisattvas try to save people with heavy karmic obstacles like me.

Once he told me the story of Monk Baekeun.

Monk Baekeun was a famous Zen master who was revered as a living Buddha in Japan. One of his followers had a daughter, and she became pregnant before marriage. Her father got furious and asked,

"Who is the father?"

Being pushed into a corner, she was scared to death of her hot-tempered father, and made a false confession.

"Monk Baekeun is…"

That left the father dumbfounded, but if it was his most respected teacher's baby, there was nothing he could do about it.

However, when his daughter gave birth, he got enraged and went to Monk Baekeun. He threw the baby away and yelled.

"This is your baby, so raise him!"

마침 그날 아침, 혼자 법담에 들어가게 되었는데 선지식께서 근엄하게 말씀하십니다.

"그래, 두 녀석은 지껄이고 너는 잠이 오든 안 오든? 네가 그런 생각을 오래 가지고 있었다면, 그 생각은 네 몸을 지탱하지 못하게 하였을 것이고 너는 결국 이 도량을 떠날 수밖에 없었을 것이다. 그러나 그런 위기의 순간에도 그 마음에 흔들리지 않고 그 생각을 부처님께 바칠 수 있어야 한다."

마치 거울에 비추듯 내 마음을 완벽하게 아시는 선지식의 말씀에 흔들리는 마음과 의심하는 마음이 완전히 사라졌습니다. 어느새 내 마음은 안정을 찾고 새롭게 선지식에 대한 믿음과 공경심으로 가득했습니다. 그제야 이러한 일들이 나와 같이 의심 많고 업장이 두터운 사람을 구제하려는 보살의 원력임을 확실히 알게 되었습니다.

선지식께서 말씀해 주신 백은대사 이야기가 떠올랐습니다.

일본에서 백은대사(1685~1768)는 생불로 추앙받는 유명한 도인이었다. 도인을 따르는 수많은 신도 중 어느 한 신도의 딸이 시집도 가기 전에 아이를 가졌다. 아버지는 노발대발하며 딸을 추궁하였다.

"어느 놈의 자식이냐?"

위기에 몰린 딸은 아버지의 급한 성미를 생각하며 아버지가 가장 존경하는 스님의 이름을 거짓으로 둘러대었다.

"백은 스님과…."

아버지는 기가 찼다. 그러나 평소에 존경하는 스승의 아이라니 더 이상 어쩔 도리가 없었다. 그러나 딸이 아이를 낳자 분기탱천하여 스님에게 찾아가 아이를 내던지며 "이 아이는 스님의 아이이니 받아 기르시오."라고 소리를 질렀다.

Monk Baekeun simply said, "Is that so?", and nothing else. The monk raised the baby with great care. However it didn't make the famous Zen master look good. He became an object of ridicule. His reputation was trashed. The numerous followers who once filled the temple left one by one. He went from house to house begging for alms, and raised the baby without saying a word.

A few years later, one day, a young man and a woman came and bowed down and shed tears of repentance.

"In fact, the baby is ours, but I lied about it, because I was afraid I would die in my father's hands."

Then the monk gave the baby back to them and said, "Is that so?", and nothing more.

I learned something new from this incident. I did not doubt the other person because he did something wrong, but because I had a seed of distrust in my mind, I doubted him.

'The mind precedes the outcome!'

I finally understood Monk Wonhyo's teaching that the mind creates everything.

Monk Wonhyo set out on a journey with his friend, Monk Uisang, to learn more about Buddhism in China. On a dark night, a rain storm forced them to take shelter in a cave. While sleeping there, Wonhyo woke up in the middle of the night as he became very thirsty. As he groped across the ground in the dark, his hand touched a bowl that was full of rainwater, and he drank it. The water was so cold and

스님께서는 "아, 그런가!" 하실 뿐 아무 변명이 없으셨다. 스님은 아무 말 없이 묵묵히 그 아기를 정성껏 키우셨다. 이렇게 되니 도인의 꼴이 말이 아니었다. 백은대사를 존경하던 수많은 신도가 스님을 파렴치한으로 보면서 스님의 곁을 하나둘씩 떠나게 되었다. 그러나 백은대사는 어렵게 탁발하며 아이를 잘 키웠다.

몇 년이 지났다. 하루는 젊은 남녀가 찾아와 엎드려 절하면서 참회의 눈물을 쏟는 것이었다.

"실은 저희 사이에서 생긴 아이인데 그 사실이 밝혀지면 아버님 손에 당장 죽음을 면치 못할 것 같아 스님의 아기라고 거짓말을 하였습니다."

그때 스님은 아기를 내어주시며 "아, 그런가!" 할 뿐이었다. 더 말씀이 없으셨다.

이 사건으로 새롭게 깨친 것이 있었습니다. 즉 상대방이 잘못했기 때문에 내가 의심하고 불신한 게 아니라, 내 속마음에 불신의 씨가 있어서 상대방을 의심하고 불신하게 되었다는 사실입니다. '마음이 먼저이고 결과가 나중이구나!' 비로소 마음이 모든 것을 만든다는 일체유심조, 유식무경唯識無境의 진리가 무엇인지 확실하게 실제로 체험한 것입니다.

refreshing, he felt fully quenched and slept well. When he woke up the next morning, he discovered that the 'bowl' was a decomposing skull full of old water and that he had slept in a tomb. He was so disgusted that he vomited and that was when enlightenment came. He wondered why the refreshing water he had drunk with relish the previous night became so disgusting in the morning. He realized that it was his mind, not the water itself that determined the difference between truth and reality. He was amazed by how the mind could change perceptions so easily and he realized that truth is created by the mind.

> As many different minds appear, so do many different phenomena.
> As many different minds disappear, so do many different phenomena.
> Monk Wonhyo(617-686), a great priest of Silla dynasty

After that incident, my respect for the master became all the greater, and it sustained me even at times when I felt that it was too hard to carry on. 'Oh, what a great master he is!' I couldn't help shedding tears. I remembered a phrase from Confucius's disciple, Anhoe, who commented on Confucius. I could relate to what Anhoe felt about his teacher.

> The more I look up to, the higher you get
> The harder I try to pierce, the harder you get
> I was following you, but you were behind me
> Doing my best to reach you, but I can't

원효스님이 의상스님과 중국 유학길에 산속 동굴에서 밤에 마신 감로수가 아침에 보니 해골에 담긴 물이었던 것을 알고 구역질하며, 부처님의 가르침을 크게 깨쳤다는 이야기를 다시 실감하였습니다.

종종심생 종종법생 종종심멸 종종법멸
種種心生 種種法生 種種心滅 種種法滅.
가지가지의 마음이 생기니 가지가지의 현상이 일어나고,
가지가지의 마음이 사라지니 가지가지의 현상이 다 사라진다.

그 사건 이후로 선지식에 대한 공경심은 더욱 커지고 굳건해졌습니다. 이러한 선지식에 대한 믿음과 절대 공경심이 공부가 힘들 때나 퇴타심 날 때, 나를 흔들리지 않게 지탱해 주었습니다.
'아! 선생님은 정말 훌륭하시다!' 하고 체루비읍 하지 않을 수 없었습니다. 공자의 수제자 안회가 위대하신 스승을 평한 구절이 떠올랐습니다. 안회의 심경이 바로 내 마음이었습니다.

우러러보면 볼수록 스승님은 더욱 높고
뚫으려 하면 할수록 스승님은 더욱 단단하네.
앞에 계신 듯하면 어느덧 스승님은 뒤에 계시고
내 재주를 다하여 따르려 하나 도저히 따를 수 없네.

This kind of immediate experience combined with the absolute faith and respect for my master served as a driving force that completely changed me from the inside.

---

13 Sangjwa is a distinguished disciple, the head monk, or a senior disciple: There are a few more names for this in Korean according to the specific relations with the master, such as the precept disciple, the Dharma disciple, the repentance disciple, etc.

이러한 출가수행에서의 실질적인 체험, 선지식에 대한 굳건한 믿음과 공경심이 드디어 나 자신을 속마음까지 완전하게 변화시킨 원동력으로 작용하였습니다.

Chapter 2

The Identity of the Buddha

2장

부처님의 정체성

The Identity of the Buddha

"Hey, you've been through a lot last night."

"So, while they were talking, could you fall asleep?"

"If you had held onto that thought for a long time, you wouldn't have been able to sustain your body, then you would have no choice but to leave this Bodhi-Mandala. However, even in times of such crisis, you should be able to unwaveringly devote your thoughts to the Buddha."

The Last Hardship episode of Chapter 1 shows what a Bodhisattva's expedient is and how it works. Through this incident, my master made me realize that the seed of distrust was brought in by no one but myself, and that everything is created by my mind alone. This firsthand experience of Bodhisattva practice completely renewed my faith in my master. If it had not been for his expedient means[14], I would have had no choice but to leave the monastery.

부처님의 정체성

"어이 이 사람, 엊저녁에 큰일 치렀네!"

"그래 두 녀석은 지껄이고 너는 잠이 오든 안 오든?"

"네가 그런 생각을 오래 가지고 있었다면 그 생각은 네 몸을 지탱하지 못하게 하고, 너는 결국 이 도량을 떠날 수밖에 없었을 것이다. 그러나 그런 위기의 순간에도 흔들리지 않고 그 생각을 부처님께 바칠 수 있어야 한다."

제1장에서 「마지막 시련」 일화는 선지식에 대한 불신이 내가 가지고 온 마음인 것을 알게 하시고, 일체유심조를 깨치게 하기 위한 선지식의 방편, 보살행이었습니다. 말로만 듣던 보살행, 경전에서만 보던 살신성인의 제도행(濟度行)은 나로 하여금 불신에서 믿음의 세계로, 불경(不敬)의 마음에서 공경하는 마음으로 바뀌게 하였습니다. 이와 같은 선지식의 제도 방편이 없었으면 선지식에 대한 의심을 깨치지 못하고 결국 법당을 떠날 수밖에 없었을 것입니다.

With his merciful guidance, my mind calmed and my reverence for him grew further. However, I was still curious. How could he know what other people were thinking? Although he was a human, he knew everything like Buddha as if reflected in a mirror. He didn't really show off, but maybe he had the ability to know when his disciples were losing faith. He always took measures in a timely manner to reduce anxiety and restore the faith of his students. Where did such wisdom and expedient means come from?

He always said, "Chant the Diamond Sutra, and put it into practice. Know every thought of yours is a delusion and devote it to the Buddha. When you let go of the idea of not being able to, you will be able to do anything." Maybe he became omnipotent like Buddha by practicing in this way.

After that incident, I started to believe that if I practiced as well as he did, someday I would be able to tap into my psychic abilities, and these abilities would be useful when I go out into the world. I also had a hope that someday I could become a recognized talent and genius. My master said that 'awakening' is a process of losing discriminating thoughts by dedicating them to the Buddha. "When you drop small thought traps of the ego, you will attain small wisdom to help you take the lead in the world. When you eliminate greater ego traps, you will gain greater wisdom and reach enlightenment.", he said.

"Chant the Diamond Sutra, and put it into practice. If you practice the Diamond Sutra sincerely for three years, all the sentient cells of your flesh will be replaced with Buddha's radiance. Then, you will gain

선지식의 자비로운 방편으로 나는 차츰 마음이 안정되었고, 이후 선지식께 더 깊이 감사하며 무한한 공경심을 느끼게 되었습니다. 그러면서도 풀리지 않는 궁금증이 있었습니다.

어떻게 선지식께서는 우리와 동일한 사람인데도 전지전능한 부처님처럼 다른 사람의 마음을 거울에 비추듯 다 아시고 다 보시는가? 선지식께서는 평소에는 아는 체하지 않으시지만, 제자들의 신심이 떨어지는 것을 아는 능력이 있나 봅니다. 때맞추어 아시고 제자들의 불안한 마음을 안정시키고 불신을 신심으로 되돌아오게 하셨습니다.

그런 지혜와 그 지혜에 걸맞은 방편은 어디서 생기는 것일까요?

"금강경을 독송하라. 그리고 그 내용을 실천하라. 올라오는 모든 생각이 잘못된 것인 줄 알고 부처님께 바쳐라. 그러면 안 된다는 생각이 소멸하여 능력이 생기고, 모른다는 생각이 사라져 지혜가 나느니라."

선지식께서 늘 말씀하신 것처럼, 금강경을 독송하고 실천하셨기에 부처님처럼 전지전능한 능력을 얻게 되신 것이 아닌가 싶었습니다.

이 일이 있고 난 뒤, 도량에서 공부를 잘하면 선지식과 마찬가지로 내 마음속 부처님처럼 본래 갖추어져 있는 능력을 발휘할 수 있고, 이렇게 아는 능력은 당연히 사회에서도 통용될 수 있다고 믿게 되었습니다. 그리고 나도 언젠가는 세상에서 알아주는 인재가 되고 영재가 될 수 있다는 희망이 생겼습니다.

선지식께서는 올라오는 가지가지의 생각(분별심)을 부처님께 바쳐 소멸되고 분별심이 마음속에서 사라지는 현상을 '깨침'이라 하셨습니다. 작은 분별이 소멸되어 작은 깨침이 되고 큰 분별이 소멸되면 큰 깨침이 되어, 깨침이 하나하나 쌓이면서 드디어 밝아진다고 말씀하셨습니다.

"금강경을 독송하고 실천하라. 삼 년을 일심으로 금강경 내용을 실천하

the power to know the past lives of yourself and others. If you practice wholeheartedly for nine years, even the cells of your bones will be changed, then you will have greater wisdom. Finally, you will see the true nature of yourself and others[15]".

This explains the step-by-step method of gradual cultivation[16]. However, Zen Buddhism, which I studied back in my college years, focused on sudden enlightenment[17] which means to awaken to the present mind and attain Buddhahood. Although many monks don't agree, most seemed to think the key to Zen Buddhism was sudden enlightenment.

Question remains, which way should ordinary people take, gradual cultivation or sudden enlightenment? Are there certain steps to reach enlightenment, as my teacher explained? Or can they awaken the mind and see their self-nature and become Buddhas instantly?

I understood the process of gradual cultivation. Starting as an ordinary being, one practices the Diamond Sutra step by step: faith, interpretation, practice, and enlightenment, progressing to higher and higher levels of enlightenment until one becomes a Buddha. However, it was hard to understand sudden enlightenment in which one is directly awakened to the fundamental truth and becomes a Buddha. It would be fast, but difficult to understand and even more difficult to practice. Even if one reached enlightenment at once and attained Buddhahood, he would not be able to explain the process of cultivation to his students, because he didn't have a roadmap to enlightenment to offer. My master explained the process of cultivation later, appeasing my curiosity.

면 중생심이 담긴 살 세포가 부처님 광명의 세포로 바뀌며 전생을 아는 지혜, 즉 숙명통(宿命通)이 생긴다. 삼 년의 세배인 구 년을 일심으로 금강경을 실천하여 각종 분별심을 소멸하면 뼈세포까지 광명의 세포로 바뀌면서 지혜는 더욱 깊어지고 넓어지게 된다. 드디어 제 마음의 정체를 보게 되어 다른 사람의 마음마저 알게 되는데 이런 지혜를 선인(先人)들은 견성(見性)이라 한다."

이와 같은 수행은 분명히 단계적 수행, 점적(漸的)수행을 말씀하신 것이었습니다. 그러나 학생 때에 공부했던 선불교는 어느 날 갑자기 마음의 눈이 열리어 한달음에 부처님의 경지에 오르는 돈적(頓的) 수행이었습니다. 스님들의 말씀이 다 일치하지는 않지만 대체로 선 수행의 핵심은 돈오돈수에 있다고 생각하는 듯하였습니다.

그런데 중생은 돈(頓)과 점(漸) 중 어떤 방법을 통하여 밝아지는 것일까요?
수행의 정도(正道)는 선지식께서 말씀하시는 것처럼, 어떤 로드맵이 있어 단계적으로 밝아지는 것일까요?
또는 수행 로드맵 없이 단박에 깨쳐 부처의 지위에 오르는 것일까요?
금강경의 신해행증(信解行證)으로 차츰 밝아져 지혜가 커지고 인재·영재가 되며, 드디어는 큰 깨달음을 얻어 세상의 이치를 다 알아가게 되는 점적 수행 과정으로 부처님의 경지에 오른다는 것은 어느 정도 이해가 되지만, 문득 깨달아 단숨에 부처가 되는 방법은, 참 빠른 방법인데 이해하기 어렵고 실천하기는 더욱 어려운 가르침이라 생각하였습니다. 설사 단박에 깨쳐 부처가 되었다고 해도, 수행의 로드맵으로 수행한 것이 아니기에, 깨친 후 제자들에게 이런 수행의 과정이나 원리를 구체적으로 설명할 수 없습니다.
이러한 수도 과정에 대한 나의 의문을 선지식께서 정리하여 주셨습니다.

"Many of the people who practice Zen meditation believe that once they see their self-nature, they will attain Buddhahood right away. However, it is not as easy as it sounds. Even if one reached enlightenment suddenly, would he be able to understand the true nature of the Buddha? It is said that it takes about three years for blind people to distinguish colors properly even when they regain their sight.

People say that Great Master Huineng became Buddha without going through various stages of attainment, so it would be easier to take the route of sudden enlightenment like him. However, Huineng was able to attain sudden enlightenment, because he knew from birth and was ready for spiritual cultivation. It would be absurd to pursue sudden enlightenment for ordinary beings who don't even understand the true nature of the Buddha. Even if one is awakened at once, he won't be able to realize it, nor provide guidelines for younger students.

However, it is not absolutely impossible to reach sudden enlightenment like Huineng. Those who wish to attain enlightenment in this lifetime must seek a virtuous master and sincerely practice the Diamond Sutra which contains the true nature of the Buddha and the truth of Emptiness. When they realize that all the obstacles of this world are delusions, they can reach enlightenment."

14 Expedient means are the methods adopted to instruct people and lead them to enlightenment.
15 Seeing into self-nature is the realization of one's original pure self-nature, original-face, or essence of mind before attaining Buddhahood.
16 In gradual cultivation one gains understanding of the fundamental truth by gradually perfecting one's actions with various Buddhist practices.
17 In sudden enlightenment one is directly awakened to the fundamental truth first, then, with that realization, perfects one's actions.

"참선하는 이들 중에서 일초직입여래지(一超直入如來地)라는 말만 믿고 부처님의 법식(法式)을 몰라도 오직 화두만 참구하다가, 어느 날 순식간에 깨달아 단번에 부처가 될 것으로 생각하는 사람이 적지 않다. 그러나 한달음에 부처가 되는 것은 말처럼 쉽지 않다. 설사 확 터져 깨쳤다고 한들, 불가사의한 부처님 정체성을 알 도리(道理)가 있을까? 시각장애인이 눈을 떠도 색깔을 제대로 구분하려면 삼 년이 걸린다고 한다.

사람들은 혜능대사가 별다른 수행의 단계를 거치지 않고 한달음에 부처가 되었다고 하며, 혜능대사처럼 돈법(頓法)으로 수행하여야 한다고 주장한다. 그러나 혜능대사는 생이지지(生而知之)한 사람이고 수행에 많은 준비가 된 사람이어서 돈오돈수가 가능하다지만, 평범한 중생이 부처님의 정체성이 어떤지 모르고 단박에 깨치려는 것은 매우 어리석은 일이요, 또 설사 깨쳤다 하더라도 실감을 느끼지 못함은 물론 후학을 위한 수행 지침을 제시하기도 어려울 것이다.

그러나 혜능대사처럼 금생에 부처가 되는 큰 깨달음, 즉 돈적 깨달음을 얻는 것이 아예 불가능하지는 않다. 금생에 깨치고자 하는 사람은, 반드시 선지식을 만나 부처님의 정체성, 공(空)의 진리가 있는 금강경을 정성껏 실천 수행해야 한다. 그 결과 지금까지의 각종 장애가 착각이요, 본래 없음을 깨달으며 크게 깨치게 된다."

The True Nature of the Buddha in the Diamond Sutra

The gist of the Prajna sutras which the Buddha taught for the longest time is "you can reach enlightenment by cultivating your mind." The method of enlightenment is well illustrated in the Diamond Sutra, the core of the Prajna scriptures. That means the Diamond Sutra itself is the true nature of the Buddha.

People may think that Chapter 1 and 2 of the Diamond Sutra are the introduction, and do not contain the main ideas. However, wise men have seen that these chapters cover all the meanings of the entire scripture. They said that Chapter 1 contains everything the Buddha had to say in the Diamond Sutra, and if you understand Chapter 2, it's the same as understanding the entire scripture. This means that every single sentence of the Diamond Sutra is not to explain the following sentences but to include the entire meaning of the scripture. The concept of "one is all, and all is one" helps explain this characteristic

금강경에 나타난 부처님의 정체성

부처님께서 가장 오랜 기간 말씀하신 반야부 법문의 요지는 "마음 닦아 밝아지느니라."입니다. 이 밝아지는 방법은 반야부 경전의 핵심이라 할 금강경에 잘 나타나 있습니다. 금강경은 곧 부처님 마음이요, 부처님의 정체성입니다.

금강경 1분 「법회인유분」과 2분 「선현기청분」은 서론에 해당하는 부분으로 금강경의 핵심 사상이 들어 있지 않은 듯합니다. 그러나 지혜로운 선인들은 이 말씀 속에 이미 금강경 전체의 뜻이 다 포함되어 있다고 꿰뚫어 보셨습니다. 선인들은 제1분에 이미 금강경을 다 설(說)하셨으며, 2분인 「선현기청분」만 제대로 알아도 금강경 전체를 다 공부한 것이라고 하셨습니다. 이 말씀은 금강경 한 단어 한 문장은 다음 문장을 설명하기 위한 단어나 문장이 아니요, 그 한 단어나 문장 속에서 금강경 전체의 뜻을 다 포함하는, 일즉일체다즉일(一卽一切多卽一)의 특징이 있음을 의미합니다. 나는 이런 말씀에 깊이 공감하면서 한 단어 한 문장으로도 금강경의 정체성, 부처님의 마음을 나타낼 수 있다고 생각합니다.

of the Diamond Sutra, so I think that a single sentence of it can surely express the true nature of the Buddha.

To summarize the Diamond Sutra in one sentence, it would probably be "there is no dharma[18]" or "those who are not caught in any dharma are called Bodhisattvas[19]". "There is no dharma" means that there are no six sense objects[20] outside the mind. All external phenomena are illusions created by our thinking minds, which shows the truth of Consciousness-only. The thinking minds are also delusions, so it indicates the truth of Emptiness as well. "Those who are not caught in any dharma are called Bodhisattvas" means if you practice the truth of Consciousness-only and the truth of Emptiness, you will become a Bodhisattva. In other words, the true nature of Bodhisattva and Buddha can be found by practicing the truth of Consciousness-only and the truth of Emptiness.

---

18 實無有法 : Chapter 9, 17, Diamond Sutra
19 實無有法 名爲菩薩 : Chapter 17, Diamond Sutra
20 Six sense objects: Forms, sounds, smells, tastes, touch or textures, and the Dharma.

금강경의 정체성을 한 단어로 압축한다면 아마도 가장 많이 등장하는 '실무유법', 또는 '실무유법 명위보살'이라는 문장일 것입니다. 실무유법은 마음 밖 또는 안에 법(색성향미촉법)이 본래 없다는 말씀입니다. 즉 '마음 밖 현상은 마음속 분별심이 그려낸 그림자이며 허상(虛想)'이라는 일체유심조를 나타내기도 하고, 동시에 마음속 분별심이 착각이기에 본래 없는 것이라는 공(空)의 진리도 나타내고 있습니다. 실무유법 명위보살은 일체유심조, 공의 진리를 실천한다면 보살이 된다는 뜻입니다. 바꾸어 말하면 보살의 법식이나 부처님의 정체성은 일체유심조나 공의 진리를 실천함으로써 찾을 수 있다는 뜻입니다. 보살의 법식, 부처님의 정체성인 실무유법을 잘 이해하고 그 내용을 실천한다면 밝아져서 보살도 되고 부처도 된다는 말씀입니다.

The Truth of Consciousness-only

若人欲了知 三世一切佛
應觀法界性 一切唯心造

Anyone who wants to know the Buddha of the past, the present and the future, must understand that every dharma is created by the mind alone.

As the Buddha said in the Avatamsaka Sutra, all Buddhist practices are centered on the truth of Consciousness-only, which means that in the eyes of Buddha, everything is created by the mind alone.

The Buddha taught us that all external phenomena are projections of the mind. In other words, 'there is nothing outside the mind', or 'there is no object, there is consciousness only.'

If all external phenomena were manifestations of the mind, it would be safe to say that human destinies and the physical world are also created by

일체유심조의 진리

약인욕요지 삼세일체불
若人欲了知 三世一切佛
응관법계성 일체유심조
應觀法界性 一切唯心造

만일 어떤 사람이
삼세의 모든 부처님 세계를 완전히 파악하려면
마땅히 모든 법계는
모두 다 마음이 만든 것임을 알아야 한다.

화엄경에서 말씀하셨듯 '일체유심조'는 불교 수행의 요체요, 부처님의 마음입니다. 부처님 눈으로 본다면 모든 것은 다 마음이 만들었다는 진리입니다.

마음 밖에 나타난 현실이란 자신의 마음속 분별심의 그림자라는 일체유심

the mind. Our minds are the Creators, and we are making our wishes come true all the time. Here, the 'mind' means the subconscious mind, the 7th consciousness. The present consciousness, the 6th consciousness, is a fake mind which is affected by circumstances, whereas the subconscious mind creates and influences the circumstances. My master took examples of historical figures to explain this.

During King Sukjong's reign, scholar Song Siyeol[21] went to Guryongyeon Falls in Geumgang Mountain. Impressed by the waterfall that cascaded down from over 250 feet in elevation, he wrote a poem. 'The frowning mountains and the raging waterfall make people dizzy.' Heo Misu[22] also saw Guryongyeon Falls and wrote a poem, but it was quite different from Song Siyeol's. He wrote, 'The water column and spray of the waterfall is like a beautiful piece of silk.' How did the two see the same waterfall so differently? Song Siyeol held anger in his mind, so he was frightened by the waterfall, and because of the anger he was executed in his later years. It was the anger in his mind that brought about the disaster. On the other hand, Heo Misu saw the waterfall as peaceful because his mind was peaceful, and like that, his life was also peaceful and did not attract disasters.

People's minds are easily able to change not only their views on nature and things but also their destinies. If you understand this, you will realize that it is the anger in your mind that makes you blame others. When you let go of this anger by devoting it to the Buddha, you will get rid of disasters in real life and change your destiny.

조의 진리는 '마음 밖의 모든 현상, 현실은 마음속의 분별심이 빚어낸 결과일 뿐 실제로 존재하는 것이 아니라는 유식무경(唯識無境), 심외(心外)는 무법(無法)'이라는 뜻이기도 합니다.

모든 현상이 다 마음으로부터 비롯된 것이라면, 길흉화복, 산하대지 역시 다 내 마음이 만드는 것입니다. 마음이 조물주라는 의미이며, 우리는 시시각각으로 모든 것을 성취하는 위대한 존재라는 의미도 됩니다. 단 여기서 마음이란 겉마음이 아닌 속마음을 의미하는 것이며 7식의 마음입니다. 겉마음인 6식이 주위 환경에 영향을 받는 가짜 마음이라면, 깊은 속마음 7식은 주위 환경을 만들고 영향을 미치는 위력이 있는 참마음입니다. 선지식께서는 일체유심조를 다음과 같이 역사적인 실존 인물을 예로 들어 실감 나게 설명하십니다.

숙종 때 학자 송시열이 금강산 구룡연 폭포에 갔다. 그는 이백오십여 척 높은 산에서 굉음을 내며 쏟아지는 은빛 물기둥과 물보라를 보고 '마치 산이 찡그리고 물이 성내는 것과 같다.'라고 시를 지었다.

허미수도 역시 구룡연 폭포를 보고 시를 지었다. 그러나 송시열과는 달리 '폭포의 물기둥과 물보라가 너울거리는 한 폭의 비단 같았다.'라 하였다.

같은 폭포를 보고 두 사람은 어떻게 그리 다르게 보았을까?

송시열은 마음에 진심(嗔心)이 있었기 때문에 폭포에서 두려움을 느꼈으며, 그로 인하여 말년에 사약을 받고 죽게 되었다. 그의 진심이 말년의 재앙을 불러온 것이다. 반면 허미수는 그 마음이 평화로웠기 때문에 폭포를 평화롭게 보았고, 그 마음처럼 그의 일생 또한 평안하였고 재앙을 부르지 않았다.

사람들이 분별심에 따라 자연이나 사물을 보는 견해가 달라지고 또한 자신의 길흉화복까지 좌지우지함을 안다면, 상대를 탓하는 마음이 자신의 진

In the Buddhist school, there is a saying, "It is hard to be born as a human, and even harder to meet the Buddha dharma. Even if one was born as a human and met the Buddha dharma, it would still be very hard to practice under the teachings of a good master." However, nowadays, not many Buddhists believe in this old saying. It is generally believed that people who have done a lot of good deeds will easily be reborn in the human world regardless of whether or not they are Buddhist themselves, and it is only natural for the Buddhists who have made a lot of merit to be reborn as humans in the next life. There would be no need to say if it is a great monk recognized by many people.

However, if you listen to the following story, you will understand that doing a lot of good deeds or being a respected monk cannot guarantee the human rebirth in the next life. This is because what kind of body you receive in the life to come is not determined by common sense or prejudice, nor does it become exactly what the scriptures say. It is a matter of inner thoughts and is determined by a picture drawn by the subconscious mind, not the outer mind. The life after death that you imagine with common sense is a lot different from the situation determined by your inner thoughts.

What kind of body you will receive in the next life depends entirely on what causes you make in this life. For example, there are two causes of receiving a cow's body. One is actually practicing the cow's mind which is a dark mind that is satisfied with reality and has no idea about the future. Look at the cow that walks slowly with a complacent look on its face. If

심(嗔心) 때문임을 알고, 그 마음을 부지런히 부처님께 바쳐서 현실의 고난을 소멸함은 물론 운명까지도 바꾸게 될 것입니다.

  죽어서 다시 사람으로 태어나기도 힘들지만, 사람으로 태어나도 불법을 만나기 어려우며, 불법을 만나도 선지식 만나 제대로 공부하기는 매우 어려운 모양입니다. 그러나 불자들도 이와 같은 말을 좀처럼 믿지 아니합니다. 설사 부처님 가르침에 믿음이 없어도, 착한 일이나 각종 봉사를 하며 복을 많이 지은 사람은 어렵지 않게 사람으로 다시 태어날 것으로 생각합니다. 착한 일도 많이 하고 불심까지 돈독한 사람이라면 당연히 사람으로 태어나며, 더구나 사람들이 존경하는 큰스님이라면 내생에 사람으로 태어나는 것은 당연하다고 생각할 것입니다.

  그러나 다음과 같은 선지식의 체험을 들어 보면 착한 일을 많이 하는 것만으로 사람 몸으로 다시 태어남을 보장할 수 없으며, 설사 큰스님이었어도 사람 몸을 보장하지 못함을 어렵지 않게 알 수 있습니다. 내생에 몸을 받는 것은 겉마음인 상식이나 선입견이 결정하는 것이 아니며, 경전의 말씀 그대로 되는 것도 아니기 때문입니다. 속마음 씀씀이가 결정하는 문제이며, 겉마음이 아닌 속마음으로 간절하게 그리는 그림에 의하여 결정되기 때문입니다. 상식적으로 추측하는 내생은 속마음에 의해서 결정되는 상황과는 너무도 다르다는 것을 선지식의 체험을 통하여 실감할 수 있습니다.

  우리가 다음 생에 어떤 몸을 받을지는 전적으로 이생에 어떤 원인을 만드느냐에 달려 있다. 예를 들어 소(牛)의 몸을 받는 경우 두 가지 원인이 있다. 하나는 실제로 소의 마음을 연습하는 경우다. 소의 마음이란 현실에만 만족하고 미래에 대해서는 전혀 생각할 줄 모르는 어두운 마음이다. 저 소를 보아라. 현실에 안주하여 아주 만족한 표정으로 걸음조차 뚜벅뚜벅 한가하지

you practice this mind, you will receive a cow's body. In this case, the root of karma is deep, so it is difficult to get out of the cow's body.

The other is drawing a cow in one's mind. If you draw a cow in your mind, it will manifest in reality in the next life. If you are purehearted, you will receive the cow's body more quickly and more certainly. There was a monk who practiced sincerely but became a cow after death, because he drew a cow in his mind.

Once upon a time, there was a famous monk in China who had more than a thousand disciples. He often praised the cow's virtue during the dharma talks. Of course, he must have known that drawing a cow in mind would make him a cow, and he must have been careful. As the years went by, he grew old and it was time for him to pass away. A disciple who was on his deathbed asked the monk.

"Where will you go in your next life?"

Being alert to the question, the monk observed his next life. He was petrified, because it was a cow that he was to be reborn as in the next life. The story ends here on record. Later, there was an enlightened man who observed the monk's next life, and found that the monk actually became a cow. If only he had devoted the thought to the Buddha at the moment when he saw a cow. He didn't know how to devote it, and had no choice but to become a cow.

If he had dedicated the fear that he felt when he saw a cow in his next life, he would have been able to free himself from all restraints as the fear changed into the Buddha's mind.

The monk who became a cow was devastated. However, he had

않은가. 이러한 마음을 연습하면 소의 껍질을 쓰게 되는데, 이 경우는 뿌리가 깊어 소의 몸을 벗어나기 쉽지 않다.

다른 하나는 마음에 소를 그리는 경우이다. 마음에 소를 그리면 그것이 몸으로 나타나게 된다. 마음이 순수하면 더 빨리 확실하게 소의 껍질을 쓰게 된다. 부지런히 수행하였지만, 마음에 소를 그렸다는 사실만으로 사람 몸을 받지 못하고 소가 된 예이다.

옛날 중국에 천여 명의 제자를 거느리던 유명한 스님이 있었다. 스님은 법문 시간에 자주 소의 덕성을 예로 들어가며 칭찬을 아끼지 않았다. 물론 그도 마음에 소를 그리면 소가 된다는 이치쯤이야 모르지 않았으며 조심도 하였을 것이다. 세월이 흘러 스님이 세상을 하직하게 되었다. 임종을 지키던 한 제자가 스님에게 물었다.

"스님께서는 내생에 어디로 몸을 받아 가십니까?"

제자의 물음에 정신이 바짝 든 스님이 자신의 내생을 관찰하니 아뿔싸, 거의 소가 다 되어 있었다. 그래서 스님은 그만 깜짝 놀라 낙심하고 말았다. 기록에는 여기까지 나와 있는데, 후세에 눈 밝은 이가 있어 그 스님의 후생을 관찰하니 역시 소의 몸을 받았다. 자신이 소의 껍질을 쓴 것처럼 느껴지는 순간, 그 생각을 부처님께 바치는 방법을 알 길이 없는 이 스님은 속절없이 소의 몸을 받게 된 것이었다.

만일 그 스님이 자신의 후생이 소라는 사실을 감지하고 두려움을 느꼈을 때 그 두려운 마음을 얼른 부처님께 바쳤더라면, 공포의 마음이 부처님 마음으로 바뀌면서 모든 속박에서 벗어날 수 있었을 것이다.

practiced well and had made a lot of merit in his former lives, so he was able to change his body. One night during the full moon, he roared loudly and changed his body.

This story shows that what we draw in our mind manifests in reality with unfailing precision. There is another example of being reborn as a cow. In this case, one became a cow by practicing a cow's mind.

A cow's mind is a dark mind that is complacent with reality and has no thought of the future. As long as a person has this mind, it is difficult for him to be reborn as a human in the life to come, even if he is a great philanthropist or a faithful Buddhist.

There was a person who rose to a high position in the world. His ultimate desire was to become a president of a university. Eventually, he got the position he wanted, and was deeply satisfied, saying, "Now, all my wishes have come true."

People do not know that the mind satisfied with the status quo is a fault and a sin. However, such a mind is ignorance, one of the three poisons,[23] and does great harm.

He was known as a faithful Buddhist, but didn't know that he had to devote the thought to the Buddha. When he passed away, the Buddhist community lamented his death. People took his rebirth to heaven as a matter of course, because he was highly respected as a renowned independence activist and devout Buddhist.

An enlightened man saw his next life. Contrary to popular belief, he couldn't be reborn in heaven nor the human world. He was known to have done a lot of good deeds as an independence activist, but he

소가 된 스님은 자신의 신세가 기막혔다. 전생에 많이 닦고 선근이 깊었던 스님은 보름달이 뜬 어느 날 밤, 달을 보고 큰 소리를 내며 스스로 소의 몸을 바꾸었다.

이것은 마음에 그리는 그대로 추호의 오차도 없이 현실에 나타난다는 경우이다.

또 다른 예로 이번에는 소의 마음을 연습하여 소가 된 경우이다.

현실에만 만족하고 미래에 대해서는 전혀 생각할 줄 모르는 어두운 마음이 바로 소의 마음인데 사람이 이런 마음을 가진 한, 비록 세상에서는 훌륭한 자선사업가요, 신심 깊은 불자라 하여도 내생에 사람 몸을 받는 것이 쉽지 않다.

고위 공직자로 지내던 어떤 사람이, 말년에 대학 총장이 되고 싶었다. 열망 끝에 드디어 대학 총장이 되었다. 그는 '이제 이만하면 나의 모든 소원은 다 이루었다.' 하며 만족하였다.

사람들은 '이만하면 되었다'고 만족하는 마음이 허물이 되고 죄가 되는 것을 알지 못한다. 그러나 그 마음은 곧 치심(癡心)이라 큰 독이 되는 것이다.

그는 독실한 불자로 알려졌지만, 이 만족한 심경을 부처님께 바치는 것은 까맣게 잊었다. 어느 날 갑자기 그가 세상을 떠나자, 불교계는 독립운동가요 사회 명사요 독실한 불자인 그의 죽음을 애석해하며 그의 극락왕생을 당연한 것으로 받아들였다.

눈 밝은 이가 그의 후생을 보았다. 사람들 생각처럼 그는 극락왕생하지 못하고 사람 몸도 받지 못하였다. 독립운동가요 좋은 일을 많이 한 것으로 알려졌지만 사람들의 생각처럼 생전에 복을 지은 것이 아니었다. 그의 어두컴컴한 마음은 박복한 소의 몸을 받게 하였다.

didn't make merit in his lifetime. His dark mind made him receive a cow's body. Why did he receive such an ugly body contrary to people's expectations?

People thought that he fought for Korea's independence, but he didn't do it purely for his country. He just imitated his rival. It was said that he studied abroad and made merit, but he did it because he envied his competitor who studied abroad. He also worked as a public officer mostly because he was jealous of someone whom he regarded as his rival.

How could such a widely respected man be reborn as a cow? If he had done all the good works only to serve the Buddha, he wouldn't have become a cow. This is the reason why we shouldn't do whatever works from selfish motivations. Although wishes may be fulfilled for selfish purposes, it should be remembered that selfishness will surely return as a great disaster because it is from greed, hatred and ignorance, the three poisons.

A story like this is a frightening example of how the mind creates reality and controls destinies, and the moment I heard this, a chill went down my spine. Because I suddenly remembered the outpouring of articles mourning his death and praising his achievements. Most of those articles said that it was only natural for him to be reborn in heaven. However, what was even more surprising was the fact that the calf I was feeding milk was his later self. How shocking would it be for his descendants, who must be proud of his achievements, to discover that he was reborn as a cow?

왜 사람들의 기대와는 다르게 그런 흉한 몸을 받게 되었을까?

그가 독립운동을 하였다지만 순수하게 조국을 생각하는 마음이 아니라, 경쟁자를 흉내 낸 것이었다. 해외 유학하여 복을 짓고 혜를 닦았다지만, 유학도 고위 공직도 모두 경쟁자에 대한 시샘 때문이었다.

그가 사회에서 훌륭한 일을 할 때 시샘의 마음이 아니라 부처님 시봉하는 마음으로 하였다면 어찌 후생에 그런 축생의 몸을 받을 수 있었겠는가?

이기적인 마음으로 일해서는 안 된다. 비록 이기적 목적으로 기원하여 소원성취가 될지는 모르지만, 이기심은 탐진치요 삼독이라 반드시 큰 재앙이 되어 돌아온다는 것을 명심해야 한다.

이와 같은 이야기는 마음 씀씀이가 현실을 만들고 길흉화복을 좌지우지한다는 섬뜩한 실례로, 이 말씀을 듣는 순간 등줄기가 오싹한 느낌이 들었습니다. 왜냐하면 내가 출가하기 직전, 많은 큰스님이 그의 큰 생전의 업적을 기리며 극락왕생은 너무나 당연한 것으로 예찬하는 기사가 불교신문을 뒤덮었던 것이 문득 생각났기 때문이었습니다. 그러나 그런 기사보다 더욱 더 놀라운 것은 그의 후신이 바로 선지식의 도량에서 내가 우유를 먹여 기르는 송아지란 사실이었습니다. 그의 명성을 자랑스럽게 생각할 그의 후손들이 소가 된 후생의 모습을 안다면 얼마나 기절초풍할까? 하는 생각이 들었습니다.

This story made me realize the truth of impermanence[24]. The human rebirth is said to be extremely rare, and I came to believe that right away. The mind wanders around in six realms of existence[25], and creates all kinds of sentient beings and destinies based on the merit or demerit gained by their karmas. As I realized that the mind creates the wicked, the bodhisattva and also the Buddha, I was amazed by the greatness of the mind.

---

21 Song Siyeol(1607~1689) : a philosopher and politician of Joseon Dynasty

22 Heo Misu(1596~1682) : a philosopher and politician of Joseon Dynasty

23 The Buddha identified "three poisons," or three negative qualities of the mind that cause most of the problems in the world. The three poisons are: greed (raga, also translated as lust), hatred (dvesha, or anger), and ignorance (moha, or delusion).

24 The truth of impermanence, called anitya (Sanskrit), is one of the essential doctrines of Buddhism. The doctrine asserts that all of conditioned existence, without exception, is "transient, evanescent, inconstant".

25 The six realms of existence, namely three good realms (heavenly, demi-god, human) and three evil realms (animal, hungry ghosts, hellish)

나는 이런 엄청난 사실에서 제행무상의 진리를 실감하였으며 사람 몸 받기 어렵다는 불가의 말씀이 진실불허임을 뼈저리게 느끼게 되었습니다. 마음은 육도를 윤회하면서 지어온 업대로, 원하는 그대로 각종 중생을 만들고 길흉화복을 만드는 것입니다. 악인이나 보살, 부처까지도 만드는 것을 실감하였고, 마음의 위대함이 새삼 경이로웠습니다.

The Truth of Emptiness

As you can see from the experience of an enlightened person, whatever you draw in your mind manifests in reality. In other words, how you use your mind determines the reality. If you hate someone and repeat the hatred in your mind over and over, you will become the target of hatred. If you take pity on someone and repeat the thought, you will become a pitiful being before you know it. Most people think that hatred or pity actually exists, but enlightened ones know that it doesn't. There is no such thing, but people mistake it for being there, and inflict pain and suffering on themselves by practicing this mindset.

Enlightened masters feel sorry for the suffering of the people and ask, "Do you think that hatred is really there? It does not exist by nature. It's an illusion created by your karma," they say, trying to save people from the disaster of hatred. The masters say that not only hatred but

공의 진리

밝은이의 체험을 통해서 알 수 있듯이 마음에 그리는 바와 같이 현실은 이루어집니다. 마음 씀씀이가 곧 현실을 만드는 것입니다. 상대를 증오하는 마음을 계속 반복하면 자신이 곧 증오 자체가 되어, 사람들에게 증오의 대상이 됩니다. 상대가 불쌍하다는 마음을 되풀이하면 자신이 불쌍한 존재 그 자체가 되어, 어느새 불쌍히 여김을 받는 존재가 된다는 것입니다. 보통 사람들은 증오심이나 측은지심이 실제로 분명히 존재하는 것처럼 보지만, 밝은이들은 이러한 마음이 정말 존재한다고 생각하지 않습니다. 밝은이가 보면 사실은 없는데, 중생들은 꼭 있는 것으로 착각하고 이런 마음을 연습하면서 자신을 고통의 세계로, 가련한 신세로 끌고 들어갑니다.

밝은이들은 중생들이 이런 고통을 받는 것을 안타까워합니다.
"증오심이 정말 존재하는 것이냐? 그 증오심은 본래 존재하는 것이 아니며, 그대의 업장이 만들어낸 착각 현상이다."
이처럼 말씀으로 증오심의 재앙에서 벗어나게 해주십니다. 그 외 외로운

also loneliness, shame, benevolence, and even what people think of as evils are not real but an illusion. Only when people realize that all kinds of sins are illusions, can they rid themselves of guilt and advance into a world of true freedom, happiness, and wisdom.

My master told me the following story of two monks.

Two young men were practicing under the Buddha. However, the Buddha's Bodhi-Mandela was always crowded with people gathered from all over the place to see the Buddha.

'How can we concentrate on practicing in such a bustling place? We need to find a quiet place to focus.'

The two monks agreed, and went to a cave in the mountains located far from the village.

One day, a monk went down to the village to get daily necessities. After he left, the sky suddenly darkened and it began raining. The rain didn't stop until evening. At that time, his sister appeared at the cave soaked by the rain to meet her brother. The other monk who was alone in the cave, couldn't send her back as her brother wasn't there. It was already dark outside and she was all wet. He made a fire and let her dry her clothes, and prepared hot food for her.

It was getting late at night, but her brother did not return. The face of the woman sitting next to the fire turned red. He felt a wriggling desire deep inside. Her rosy cheeks ignited passions that had been forgotten for a long time. Engulfed in flames of desire, he lost control and raped her. After returning to his senses, he was devastated. He couldn't believe what he did, and deeply regretted that he broke the precept of sexual misconduct.

마음, 부끄러운 마음, 자비로운 마음, 심지어는 각종 악행이라 생각되는 것 역시 다 참이 아니고 착각이라고 합니다. 각종 죄업이 다 착각임을 알 때 비로소 죄업에서 벗어날 수 있으며, 자유 행복 지혜도 함께 얻게 된다고 하십니다.

선지식께서 해주신 두 비구 이야기입니다.
두 젊은이가 부처님 밑에서 수도를 하고 있었다. 그런데 부처님 처소는 부처님을 뵙기 위하여 곳곳에서 모인 사람들로 항상 북적였다.
'사람이 많고 분주하니 어떻게 수도에 전념할 수 있겠는가? 어디 조용한 수도처를 찾아보아야 하겠다.' 이렇게 뜻을 모은 두 사람은 부처님 곁을 떠나, 인가에서 멀리 떨어진 산속 동굴에 가서 수도를 하였다.
그러던 어느 날 한 비구가 생필품을 구하기 위하여 마을로 내려갔다. 그가 떠난 후 갑자기 하늘이 어둑어둑해지더니 비가 쏟아지기 시작하여 저녁이 다 되어 그쳤다. 바로 그때 마을로 내려간 비구의 누이동생이 오빠를 만나기 위해 비에 흠씬 젖은 채 동굴에 나타났다. 홀로 남아 있던 비구는 친구의 누이동생이 날이 다 저물어 비에 젖어 오들오들 떨며 찾아왔는데, 오빠가 없다고 그냥 돌려보낼 수가 없었다. 그는 화롯불을 지펴 옷을 말리게 하고 더운 음식을 장만해 주었다.
날은 저물어 어둠이 깔렸는데도 친구는 돌아오지 않았다. 화롯불 곁에 앉은 여자의 얼굴이 빨갛게 달아올랐다. 그는 깊숙한 곳에서 꿈틀거리는 욕정을 느꼈다. 여자의 상기된 모습이 한동안 잊고 지내던 정념에 불을 댕긴 셈이었다. 이윽고 욕정의 불길에 휩싸인 그는 자제력을 잃고 여자를 범하고야 말았다. 불길이 사그라지고 제정신으로 돌아온 그는 생각할수록 어이가 없었다. 순간의 욕정을 참지 못하고 파계하다니…. 그는 가슴을 치며 후회하였다.

Meanwhile, the monk returned from the village late at night, and was taken aback to see them. He was furious. He couldn't forgive his sister who appeared in front of a young man who practiced asceticism in a remote place and caused all this trouble. Outraged, he accidentally killed his sister, saying she was an evil woman who seduced the holy monk. The moment he saw his sister's dead body at his feet, he regained his sanity.

"I can't believe that I broke the first precept of not killing! What are we going to do now?"

The two monks hugged each other and cried.

"After breaking such grave precepts, how could we expect to reach enlightenment? We are bound to fall into hell! What should we do?"

The two monks who were at a loss, came down to the Buddha's place. They wanted to tell the Buddha what happened and ask if there was any way for them to be redeemed, but they didn't have the courage to do so. Therefore, they went to Upali, one of the ten chief disciples of the Buddha, and told him everything and asked if they had any hope of entering Nirvana. However, Upali calmly said that it was impossible.

Again, they met with the Buddha's other chief disciples, including Sariputra and Moggallana, and asked for advice. Although the disciples sympathized with the plight of the two, they failed to give a satisfying answer.

Having lost all the hope to live further with the yoke of adultery and murder, they finally decided to end their lives. At that moment, Vimalakirti happened to pass by in front of them. Vimalakirti, who learned the story of the two crying monks, saw with the eyes of wisdom and found that they had deeper roots of merit than Upali's. Vimalakirti decided to save the two monks, and went to Upali with them. He asked Upali.

한편, 마을에서 밤늦게 돌아온 비구는 그들을 보고 아연실색하였다. 그는 격분하였다. 친구도 친구려니와 외딴곳에서 수도하는 젊은이 앞에 나타나 화근을 일으킨 누이동생이 더욱 괘씸하였다. 흥분한 그는 성스러운 수도자를 파계시킨, 구제받지 못할 요망한 계집이라며 순간적으로 누이를 죽이고 말았다. 자신의 발치에 죽어 넘어진 누이동생의 시체를 보는 순간 그는 정신이 번쩍 들었다.

나 자신은 간음보다 더한 살생이라는 계율을 범한 것이 아닌가! 이제 우리는 어찌할 것인가. 이처럼 엄청난 파계를 하였으니 이제 도를 이루기는커녕 지옥에 떨어질 것이 아닌가! 이제 우리는 어찌할 것인가!

두 비구는 목놓아 울었다.

앞길이 막막해진 두 비구는 부처님 처소로 내려왔다. 부처님께 말씀드리고 자신들이 구제받을 길은 없겠는지 여쭈어보고 싶었지만 그럴 용기가 없었다. 그래서 지계 제일이라는 우팔리 비구를 찾아가 자초지종을 이야기하고 참회하면 자기들 같은 사람도 성불할 희망이 있는지를 물었다. 그러나 우팔리 비구는 그것은 불가능하다고 냉정하게 잘라 말했다.

그들은 다시 사리불과 목건련을 비롯하여 부처님의 십대 제자들을 두루 만나 자문을 청하였다. 그러나 그들 역시 두 사람의 딱한 처지를 동정은 하면서도 시원한 답을 주지는 못하였다.

간음과 살생이라는 파계의 멍에를 걸머지고 더 살아갈 희망과 의욕을 잃은 그들은 마침내 자살을 결심하였다. 그때 마침 유마힐이 두 파계자 앞으로 지나가게 되었다. 울부짖는 두 비구의 사연을 알게 된 유마힐이 지혜의 눈으로 살펴보니 두 비구의 선근은 우팔리 비구보다 훨씬 깊었다. 두 비구를 살려야겠다고 생각한 유마힐은 그들과 함께 우팔리 비구에게 갔다. 유마힐은 우팔리 비구에게 물었다.

"Honorable Upali, where do the sins of these two monks exist? Is it inside the mind, outside or in the middle?"

Upali became restless and was unable to answer.

"Upali, sins are delusions. Only those who understand that delusions don't exist are the ones who observe the precepts and attain enlightenment."

At Vimalakirti's words, the two monks finally rose out of despair and devoted themselves to practice again[26].

罪無自性從心起
心若滅時罪亦亡
罪亡心滅兩俱空
是即名爲眞懺悔

Sins do not exist, they are created by the thinking mind.
As the thinking mind disappears, so do sins.
When you eliminate your sins, by devoting your thinking mind,
It is true contrition.

Through the teaching of Emptiness, the two monks realized that the thought that they had committed sins was a delusion. With this realization, they must have been saved and attained enlightenment.

---

[26] The story of two monks in the Vimalakirti Sutra

"우팔리 존자님 이 두 사람의 죄는 과연 어디에 존재할까요? 마음의 안입니까? 혹은 밖입니까? 아니면 중간입니까?"

이에 대하여 우팔리 비구는 대답을 못 하고 안절부절못하였다.

"우팔리님, 죄는 망상이요, 망상은 착각으로 된 것입니다. 망상이 착각이라는 이치를 아는 사람이야말로 참으로 계율을 지키는 사람이며, 깨달은 사람입니다."

유마힐의 말에 두 비구는 비로소 절망에서 벗어나 다시 수도에 전념하였다.

죄무자성종심기 罪無自性從心起
심약멸시죄역망 心若滅時罪亦亡
죄망심멸양구공 罪亡心滅兩俱空
시즉명위진참회 是卽名爲眞懺悔

죄란 본래 있는 것 아니요, 분별로서 생기니
분별심 사라지면 죄 역시 사라져,
분별심 바치어서 죄가 사라지면,
이를 참된 참회라 하네.

두 비구는 이와 같은 공의 가르침 덕분에 죄지었다는 생각이 착각임을 깨닫게 되었고, 그 깨달음으로 말미암아 구원을 얻어 결국 부처님 세계로 들어갔을 것입니다.

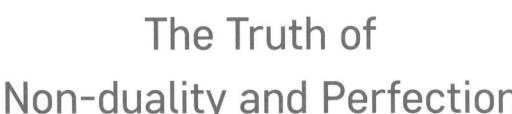

The Truth of Non-duality and Perfection

The two monks who realized that sins do not exist finally let go of their egos. They must have learned that they were no different from the Buddha.

心如工畫師 造種種五陰
如心佛亦爾 如佛眾生然
心佛及眾生 是三無差別

The mind is the master who draws and creates everything.
It makes not only the mental, but also all the material world.
As if it creates the Buddha,
it also creates all living beings.
The mind, the Buddha and the sentient beings
The three are the same, not different at all.

불이와 구족의 진리

죄가 본래 없음을 깨닫고 아상을 소멸한 두 비구는 다음의 화엄경 말씀에 실감을 느끼며 자신이 부처와 다르지 않은 존재임을 깨닫게 되었을 것입니다.

심여공화사 조종종오음 心如工畵師 造種種五陰
여심불역이 여불중생연 如心佛亦爾 如佛衆生然
심불급중생 시삼무차별 心佛及衆生 是三無差別

마음은 무엇이든 만들어내고 그려내는 달인
정신적인 것은 물론 모든 물질세계도 다 만든다.
부처를 마음이 만들 듯,
중생도 마음이 만드나니,
마음·부처·중생 이 세 가지는
모두 하나도 다르지 않고 동일한 것이다.

When Bodhisattvas first have faith and start to practice, they gain the peace of mind by letting go of the three poisons(greed, hatred and ignorance). If this peace of mind persists, they will understand the true meaning of the saying, "Reality occurs when the mind wakes up, and reality disappears when the mind disappears." Then they finally attain the truth of Consciousness-only.

The next step is to realize the truth of Emptiness. The one who attained the truths of Consciousness-only and Emptiness doesn't get excited even when countless people treat him like a king, because he knows that it is only an illusion created by the merit that he made. He also knows that even the merit itself is not real but empty.

He doesn't get disturberd either at a time when many people criticize him, because he knows that the criticism is also an illusion made by his sense of guilt. Moreover, the guilt is not real either, so he can be confident that he will get out of even the most serious crisis, because it is empty itself.

He understands that his way of thinking creates his destiny, so he can make his wishes come true by changing his mind habits. The one who realizes the truth of Consciousness-only understands that his mind creates his destiny, fortunes, other people and even the universe, so he can achieve as much success as he wants, and finally have control over the world.

The truth of Emptiness leads him to realize that 'you' and 'I' are not separate beings, because the other person is just an illusion created by his mind. At this point, he doesn't look at "you" and "I" as two separate beings, so he also knows that the great Buddha is not different

보살이 처음 신심을 내어 수도를 시작하면, 각종 탐진치가 소멸되어 마음의 평화를 얻습니다. 이 평화로운 마음이 지속되면 결국 '종종심생 종종법생 종종심멸 종종법멸種種心生 種種法生 種種心滅 種種法滅'의 진리에 실감을 느끼고 드디어 일체유심조의 진리를 깨치게 됩니다.

다음 단계는 공의 진리를 깨치는 것입니다. 일체유심조와 공의 진리를 깨친 사람은 설사 수많은 사람이 자신을 환호하여 맞이해도 마음이 들뜨거나 흔들리지 않습니다. 왜냐하면 그 환호는 자신이 복을 지음으로써 불러온 허상임을 알고, 또 자신이 복을 지었다는 것도 역시 공이며 실체가 없음을 잘 알기 때문입니다.

또한 많은 사람이 자신을 비난하여도 흔들리지 않습니다. 왜냐하면 비난은 자신이 죄지었다는 생각이 불러온 허상이요, 자신의 죄라 하는 것 역시 착각이요 실로 없음을 알기 때문입니다. 자신의 죄업이 공한 것임을 확실히 알기에 절체절명의 위기에서도 그것이 착각이요 없는 것임을 알고 위기를 벗어날 수 있습니다.

자신의 마음 씀씀이가 각종 길흉화복을 만드는 것을 잘 알기에, 마음 씀씀이를 바로잡고 마음의 그림을 제대로 그려서 각종 소원을 이룰 수 있습니다. 일체유심조를 깨친 사람은 내 마음이 운명도 만들고, 길흉화복도 만들며, 상대도 만들고, 삼라만상까지도 만드는 것을 알게 됩니다. 인재가 되고 지혜로운 사람이 되어 마침내 세상의 주인이 됩니다.

또 일체유심조와 공을 깨친 사람은 너와 나란 실은 모두 분별심이 만든 허상이며, 상대 또한 자신의 분별이 만든 허상임을 실감하므로 너와 나를 각각 다른 존재로 본 사실이 허망함을 깨닫게 됩니다. 이때 너와 내가 다르지 않게 보이며, 동시에 위대하신 부처님도 자신과 둘이 아님을 깨닫게 됩니다.

from himself. When he sees himself as one with the Buddha, he finally realizes that the mysterious merit of the Buddha is his own.

The two monks who entered the world of the Buddha might have said as follows.

"I have finally escaped from the life of the prodigal son who had been struggling for a long time. I have turned back to my hometown. All the great legacy of the Buddha naturally became mine, and I became a great being like him. Just as the Buddha doesn't get disturbed by any adversity, I don't either. Just as he knows everything, so do I. Just as he is capable of everything, so am I. I am in the place where the Buddha is and where there is nothing lacking."

Those who have realized the truth of Non-duality and Perfection don't beg of God to do something, because they understand that everything is in their minds, so there is nothing they need to ask for.

As they understand that to give is to receive, they would like to give to others. They don't expect anything from anyone. They just see others as Buddhas. They know that expecting something from others is always hard, but serving others without reward will become a myriad of merits and return to them.

They're always optimistic when doing business. Sun Tzu said in The Art of War, "Victorious warriors win first and then go to war, while defeated warriors go to war first and then seek to win." Those who have attained the truth of Non-duality and Perfection will start with the confidence of winning in advance, so they will win every battle they fight.

자신을 부처님과 동등한 존재로 여길 때, 부처님의 불가사의한 무량공덕이 곧 자신의 공덕임을 실감하는 것입니다.

부처님 세계로 들어온 두 비구는 아마도 다음과 같이 말할 것입니다.
"나는 오랫동안 힘들게 살아온 탕자의 삶에서 이제 비로소 벗어났다. 본래 고향으로 돌아왔다. 부처님의 모든 위대한 유산이 자연스럽게 내 것이 되었고, 어느덧 나는 부처님처럼 위대한 존재가 된 것이다.
부처님 마음이 여하한 역경에도 흔들림이 없듯이, 나 역시 흔들리지 아니하며, 부처님께서 모르는 것 없이 모든 것을 다 아시듯 나 또한 다 알게 되었다. 부처님께서 이루지 못하는 것이 없이 모든 것을 다 이루시듯이 나 또한 그러하게 되었다. 이 자리는 곧 부처님이 계신 자리요 모든 것을 구족한 자리이다."

이렇게 불이不二의 진리와 구족具足의 진리를 깨친 이는 사람들은 물론, 신에게도 매달려서 무엇을 바라거나 구하지 않습니다. 왜냐하면 자신의 마음속에 모든 것이 구족되어 있음을 알기에 바랄 일도 구할 것도 없기 때문입니다.

그는 주는 것이 곧 받는 것이라는 진리를 깨달았기 때문에, 사람을 대할 때 받기보다는 주려는 마음으로 대할 것입니다. 그는 사람에게 무엇을 기대하기보다는 모든 사람을 부처님으로 보고 시봉합니다. 기대하는 마음은 항상 고달프지만, 무주상으로 시봉하는 마음은 무량한 공덕이 되어 자신에게 돌아올 수 있다고 보기 때문입니다.

그는 각종 사업을 할 때 항상 낙관적입니다. 손자병법에 백전백승하는 사람은 전쟁에 나가기 전에 미리 이기고 있다고 하였습니다. 불이와 구족의 진리를 깨친 사람은 이처럼 미리 이기는 자신감을 갖고 출발하기에, 백전백승의 명장이 될 것입니다.

Temperamental Discourse

In Chapter 13 of the Diamond Sutra, there is the following expression.

"What do you think, Subhuti? Has the Buddha taught any definite teaching in this Sutra?"
"No lord, the Buddha has not taught any definite teaching in this Sutra."[27]

In other words, the Buddha had nothing to say. He had no arguments or philosophy, and did not have any intention to persuade people.

When the Buddha attained Enlightenment, he thought that the secret of the universe was so marvelous that ordinary people could not understand. Explaining the secret of the universe to ordinary people was like describing the world of God to sentient beings. Fearing people might fall into evil, the Buddha did not directly say what he

수기설법

금강경 13분에 다음과 같은 표현이 있습니다.

수보리 어의운하 여래유소설법부 세존 여래무소설
須菩提 於意云何 如來有所說法不 世尊 如來無所說
"수보리여 어떻게 생각하는가? 부처님께서는 설할 진리가 있다고 생각하는가?
부처님이시여, 부처님께서는 아무 설할 말씀이 없습니다."

부처님은 아무 하실 말씀이 없습니다. 당신의 주장이나 철학이 없고, 중생을 설득해야 할 특별한 의도나 견해가 없습니다.
부처님께서 처음 깨달음을 얻으셨을 때, 그 깨치신 바가 너무나 엄청나서 이 어마어마한 우주의 비밀을 세상 사람에게 다 이야기한다면, 중생들에게 신의 세계를 이야기하는 것과 같아 사람들이 도저히 믿기 어렵다고 생각하셨습니다. 오히려 자칫 잘못하면 불신으로 인해 악도에 떨어지는 불상사가

really meant, but only answered questions from people. The Tripitaka Koreana[28] is not the words of the Buddha, but rather prescriptions for various diseases in life.

When the Buddha achieved Enlightenment, the people of India were suffering from various pains. Their top priority was to get out of pain first. The Buddha knew their minds and started to teach the Four Noble Truths[29] first to help them deal with the pain and suffering. For the next twelve years, he taught Theravada scriptures to solve the pain that people were suffering from. After dealing with the pain in people's minds, the problems of the caste system in Indian society emerged.

In order to relieve people's resentment caused by class distinction, the Buddha said, "Every event has its cause, and you are reaping what you have sown in the form of class discrimination." He said that those who did many evil things in their past lives become Shudra(laboring class), and those who did many good things become Kshatriya(ruling class), encouraging people to do good and helping them break away from bad memories. This eight years of teaching constitutes Mahayana Buddhism.

As people broke free from pain and bad memories, it was only then that they wanted to cultivate their minds. The Buddha knew that and finally delivered the Prajnaparamita discourse which was to enlighten people's minds for twenty-one years.

Buddhist scholars think that the Prajnaparamita scriptures including the Diamond Sutra are the very message that he wanted to deliver the most. Through the Prajnaparamita discourse, he helped people let go of most of their mental afflictions. As they eliminated all the

생길 것을 염려하시어, 당신의 참뜻은 말씀하시지 못하고 오직 중생의 질문에 대답만 하셨습니다. 부처님께서 말씀하신 팔만대장경이란 부처님의 말씀이라기보다는 중생의 각종 병에 따른 처방이라 할 수 있습니다.

부처님의 대각 당시, 인도 사람들은 각종 고통에 시달리고 있었습니다. 그들의 당면 과제는 우선 고통 문제를 해결하는 것이었습니다. 부처님께서는 이들의 마음을 아시고 알맞는 말씀, 즉 고통을 해결하는 사제법문(四諦法門)을 가장 먼저 말씀하시게 되었던 것입니다. 사람들의 마음속에 있는 고통의 문제를 해결하는 아함부 법문을 12년간 말씀하셨습니다. 고통의 문제를 해결하고 나니 당시 인도 사회에서 네 가지 계급 문제가 등장합니다.

부처님께서는 이런 계급 차이에서 오는 갈등의 한을 풀어주시고자 "모든 현실은 다 원인이 있고 계급차별은 그럴 원인을 지어 받은 결과이니라." 하시며, 인과응보에 관한 법문을 말씀하셨습니다. 천민(수드라)이 되는 것은 전생에 나쁜 일을 많이 한 결과이며, 지배층(크샤트리아)이 되는 것은 좋은 일을 많이 한 결과로 말씀하셨습니다. 이는 나쁜 일을 하지 않고, 좋은 일을 하여 마음속에 계급의 한(恨, 나쁜 일에 대한 기억)을 풀게 하신 것입니다. 계급의 장벽에 대한 한의 문제가 모두 해결되는 8년간의 법문이 방등부(方等部)에 해당합니다.

사람들이 고통과 마음의 한을 모두 해결하니 그제야 비로소 마음 닦을 생각을 내게 됩니다. 부처님께서는 이 마음을 아시고 본격적으로 마음 닦아 밝아지는 반야부(般若部) 법문을 21년간 설하십니다.

불교학자들은 금강경을 포함한 반야부의 말씀을 부처님께서 가장 하고 싶으셨던 말씀으로 생각하는 것 같습니다. 반야부 법문을 설하시며 대중들의 번뇌를 대부분 해탈하게 하셨습니다. 이들이 마음을 닦아 번뇌가 모두 해결되니, 부처님께서는 하실 일을 다 하신 듯 마음이 편안해지셨

defilements through spiritual cultivation, the Buddha thought that he had completed what he had to do. He also gave a prediction that they would reach enlightenment and eventually become Buddhas. It was the period of the Lotus Sutra and the Mahaparinirvana Sutra that he delivered for the final eight years of preaching.

It is said that the Buddha gave many discourses, but he didn't intend to make an argument or a philosophy. It was just his answers to people's various questions. He said, "People say that I have preached teachings for forty-nine years, but I haven't said a word"

That means that when people asked, the Buddha saw through their karma and only answered according to their spiritual maturity. He didn't say what he wanted to say, but he only gave answers which suited them based on their circumstances and their spiritual level. It is called a temperamental discourse[30]. This is the characteristic of Bodhisattva and the identity of Buddha.

An enlightened person will surely give teachings according to the students' ability to comprehend. One who does not care about others and insists on the validity of his or her own arguments can not be said to be enlightened.

My master often said, "It is said that the Buddha preached 84000 kinds of teachings, but those were not his words but defilements of sentient beings. He had nothing to say. If there was only one thing that he was to say, it may be, 'I am a bright light.' I might have told you this and that, but all those words were not mine. Those were yours that

고, 이들이 밝아지게 되고 결국 부처가 될 것이라는 수기를 주시기도 하셨습니다. 이것이 부처님께서 최후로 8년간 설하신 법화열반부의 법문입니다.

부처님께서는 이처럼 수많은 법문을 설하셨다고 하지만, 이는 당신의 주장이나 철학을 펴는 법문이 아니라 중생들의 물음에 대한 답변의 말씀일 뿐이었기에 "내가 49년 설했다고 하지만, 나는 한마디도 설한 적이 없노라."라고 말씀하셨습니다.

부처님께서는 중생들이 물을 때, 밝은 지혜로 중생의 업장을 비추시고 그 사람의 정도에 맞추어 대답하실 뿐 당신의 주장을 펴시지 않았다는 뜻입니다. 이렇게 당신이 하시고 싶은 말씀을 하시는 것이 아니고, 사람이나 상황에 따라 그들에게 알맞게 하는 설법을 수기설법(隨機說法)이라 합니다. 이것이 보살님의 특징이요, 부처님의 정체성입니다.

밝은이라면 반드시 수기설법을 하여야 할 것입니다. 상대를 배려하지 않고 자신의 주장만 펴려는 사람은 결코 밝은 사람이라 할 수 없습니다.

선지식께서는 종종 다음과 같이 말씀하셨습니다.

"부처님께서 팔만사천 법문을 말씀하셨다지만 그것은 부처님의 말씀이 아니다. 다만 중생의 무량한 번뇌일 뿐이다. 부처님께서 무슨 하실 말씀이 있겠는가? 오직 한마디, '나는 밝은 빛'이라는 정도일까? 내가 그대에게 한 이런 말 저런 말 역시 내 소리가 아니라, 그때그때 그대의 업장을 닦는 데 필요했던 그대의 소리였다. 다른 사람을 대했다면, 나는 또 그 사람의 업장에 따라 또 달리 이야기했을 것이다. 그러므로 내 말이 어떠한 특징을 가진 것이라고 말하지 말라. 나는 사람의 정도에 따라 그 사람의 환경에 따라 그들에 맞게 다르게 말한다."

were needed to clear your karmic obstacles. If it was not you, I would have said things differently according to the person's karma. So do not think that my words take on some characteristics."

Some people say that an enlightened master told them to chant the Diamond Sutra seven times a day. Others say that they were told not to be obsessed with the number of times chanting the Diamond Sutra. Some may say that they were told that the teachings of the Diamond Sutra are totally different from those of Christianity. Others may say that they were told that Buddhism and Christianity are one.

Different people were told different things from an enlightened master. However, it doesn't mean that the truth of the Diamond Sutra varies from time to time.

When my master gave teachings, he said things differently to different people depending on their ability and circumstances. It was because people tend to think what they were told is the most valuable truth.

---

27 Chapter 13, Diamond Sutra - A New Translation, diamond-sutra.com

28 The Tripiṭaka Koreana or Palman Daejanggyeong ("Eighty-Thousand Tripiṭaka") is a Korean collection of the Tripiṭaka (Buddhist scriptures, and the Sanskrit word for "three baskets"), carved onto 81,258 wooden printing blocks in the 13th century. It is the world's most comprehensive and oldest intact version of Buddhist canon in Hanja script, with no known errors or errata in the 52,330,152 characters which are organized in over 1496 titles and 6568 volumes.

29 In Buddhism, the Four Noble Truths are "the truths of the Noble Ones", the truths or realities for the "spiritually worthy ones". They are the truth of suffering, the truth of the cause of suffering, the truth of the end of suffering, and the truth of the path that leads to the end of suffering.

30 An exposition according to the tolerance or spiritual ability of the audience or listeners.

그래서인지 선지식의 가르침을 받은 사람도 자신의 선입견에 따라 다르게 이야기합니다. '매일 금강경을 7독 하라고 하셨다. 금강경 7독에 집착하지 말라고 하셨다. 아침저녁으로 1독 하라고 하셨다.' 등 다양합니다. '금강경의 가르침은 기독교의 가르침과는 완전히 다른 가르침이라 말씀하셨다.' 또는 '아니다. 선지식께서는 알고 보면 기독교와 불교는 다르지 않다고 하셨다.' 하는 사람도 있습니다.

사람들의 주장이 각각 달라도, 선지식께서 밝게 해 주시려는 금강경의 진리가 수시로 변하는 것은 아닙니다.

선지식께서는 그 사람의 근기나 수행 정도 또는 주변 환경에 맞게, 한 맛의 진리를 상대에 따라 다르게 말씀하셨는데, 사람들은 자기에게 해주신 처방의 말씀만을 최고의 진리라 판단하기 때문입니다.

Summary

The Buddha in the Diamond Sutra said, "those who are not caught in any dharma are called Bodhisattvas.[31]"

Bodhisattvas understand that hatred towards the others comes from their own prejudice, so they don't blame others. They devote their hatred to the Buddha, knowing it is an illusion. Ordinary people think that hatred is real and is caused by others, so they blame others and sometimes even try to destroy those that they hate.

Bodhisattvas know that hatred is their minds, and that means they understand that all things are created by the mind alone. It leads to the truth of Emptiness that hatred doesn't really exist and it is just an illusion. As hate disappears, Bodhisattvas get peace of mind, and find out that they are not different from their opponents. Then they become truly generous, and begin to love others like themselves.

Bodhisattvas realize that hatred is the cause of various disasters and

정리

실무유법이면 명위보살이라 할 수 있습니다.

보살은 사람과의 갈등에서 발생하는 증오심이 바로 상대가 아닌 나의 색안경에서 오는 자신의 분별심임을 잘 알기에 상대를 원망하지 않습니다. 그것이 착각임을 알고 그 생각을 바쳐 소멸합니다. 반면 보통 사람들은 그 증오심이 상대에게서 오는 것으로 생각하고, 원망하고 심지어는 상대를 제거하려 합니다.

보살은 증오심이 자신의 마음임을 아는 일체유심조를 깨우쳐서, 이것이 착각이요 본래 없음을 아는 공의 진리까지도 깨치는 것입니다. 보살은 증오심이 사라지고 마음에 평화와 안정을 얻게 되며, 이때 알아지는 지혜로서 상대와 내가 다르지 않다는 진리를 깨우치고, 남을 내 몸처럼 사랑하게 되고 마음은 한없이 너그러워집니다.

보살은 증오심이 각종 재앙의 원인이고 착한 마음은 무량복을 불러오는

that generosity brings about good luck, so they eliminate disasters and make their wishes come true.

Bodhisattvas understand that their minds create not only their fortunes but also the whole world. In other words, they know that their minds are omnipotent and they are the great creator who always makes his wishes come true. As they see things based on this truth, they can enter the world of great wisdom. The truth of Consciousness-only is the rules of Bodhisattvas and the identity of Buddha.

As Bodhisattvas get accustomed to the truth of Emptiness, they gain perfect freedom and greater wisdom. Then they can realize the truth of Non-duality, and find out that they are not different from things, other people and finally the Buddha[32]. They can actually feel that they have everything just like the Buddha.

Bodhisattvas who attained the truth of Perfection give rather than receive. When faced with difficulties, they would easily resolve those, because they know that hardships are not real. They have no ego, so they would try to give the right answers to people depending on each person's circumstances and ability.

I summarized the rules and formalities of sentient beings and Bodhisattvas as follows.

---

31 實無有法 名爲菩薩 : Chapter 17, Diamond Sutra

32 The non-difference of subject and object

것임을 실감하며, 재앙을 소멸하고 소원을 이룹니다.

보살은 '내 마음이 길흉화복을 만든 장본인이며, 내 마음은 산하대지(山河大地)를 만들며, 내 마음이 모든 것을 다 이룩하고 시시각각으로 소원을 성취하는 위대한 존재'라는 것을 알게 됩니다. 보살은 이처럼 일체유심조의 진리에 입각하여 사물을 보기에, 중생들과는 다른 탁월한 지혜의 세계에 돌입할 수 있습니다. 일체유심조의 사고 체계는 보살의 법식이요, 부처님의 정체성이라 하겠습니다.

보살이 공(空)의 사고방식에 익숙해질 때, 모든 부자유에서 벗어나 큰 자유를 얻고, 각종 무지에서 벗어나 큰 지혜를 얻습니다. 이 지혜로 불이의 진리를 실감하여 물건과 나가 둘이 아니며(物我一如), 너와 내가 둘이 아님(自他不二)을 발견하고 부처님과 자신이 둘이 아님을 깨닫습니다. 마침내 부처님께서 모든 것을 구족하신 것처럼 자신도 다 구족함을 실감하게 됩니다.

구족의 진리를 깨달은 보살은 사람을 대할 때 구하기보다 도와주려 할 것이며 난관을 대할 때 착각이요 본래 없다는 것을 알고 난관을 소멸할 것입니다. 또한 보살은 아상이 없으므로 설법할 때 자신의 주장을 세우지 않고 상대에 알맞은 수기설법을 할 것입니다.

중생과 보살의 법식을 다음과 같이 정리해 보았습니다.

The Rules and Formalities of Sentient Beings and Bodhisattvas

	Sentient beings	Bodhisattvas
Way of Thinking	• There are people and things outside the mind. • There is dharma.	• All my thoughts are illusions. • There is no dharma. • Truths of Consciousness-only, Emptiness, Non-duality, and Perfection
Way of Conversation	Try to persuade the other	Speak appropriately to the other person's situation
Problem-solving Strategies	• Stay alert • Deliberate on countermeasures • Gather information	• Devote the fear of consequences • Respond to the situation wisely with emotional stability
Success Strategies	All-out effort and earnest desire	Naturally accomplish with confidence
Business Management Principles	• Wealth and prosperity of their own • Principle of Reciprocity	• Wealth and prosperity for all • Giving is receiving
Interpersonal Relations	• Self-display • Think 'what I can get'	• Consideration for others • Think 'what I can give'
Purpose of Spiritual Cultivation	Reaching Nirvana	Pleasing the Buddha

보살과 중생의 법식

	중생衆生	불보살佛菩薩
사고 방식	• 마음밖에 실제로 존재 • 유법有法	• 내 생각은 모두 착각이다. • 실무유법實無有法 • 일체유심조, 공, 불이, 구족
대화 방식	자신의 주장을 내세워 상대를 설득하려 함	상대의 처지와 상태에 알맞은 수기설법
난제 해법	• 정신 바짝 차리고 긴장함 • 대처방법을 심사숙고 • 각종 정보와 데이터 수집	• 난제의 두려움이 착각임을 알고 부처님께 바친다. • 이때 마음이 안정되며 알아지는 지혜로 대처
성공 전략	전력투구 및 간절한 기원	당연히 된다는 자신감으로 자연스럽게 성취
경영 원칙	• 자신, 가족, 직장이 잘되기를 바람 • 주고 받음 Give and Take	• 모든 사람을 이롭게 함 • 베푸는 것이 곧 받는 것
대인 관계	• 자기과시 • 나를 도와줄 수 있는 사람인가?	• 상대 배려 • 내가 어떻게 도와줄 수 있을까?
수도 목적	열반의 세계 진입	부처님 기쁘게 해드리기 위하여 수도

Chapter 3

The Diamond Sutra Interpreted by an Enlightened Master

밝은이가 해석하는 금강경

3장

The Grand Master Huineng Recommended Reciting the Diamond Sutra

When I was nineteen, I met the teachings of the Buddha, and became very fond of studying Buddhist scriptures. I studied not only the Hinayana but also the Mahayana scriptures including the Diamond Sutra, the Lotus Sutra and even the Avatamsaka Sutra.

The Buddha said in many Mahayana scriptures, "The merit and virtue of this Sutra is inconceivable, incalculable and boundless." That means that we can attain the enlightenment of Buddha by receiving, practicing and reciting the Sutra.

At first, I used to recite the Diamond Sutra because of this enticing verse. However, several questions came to my mind. Will it be possible to gain the inconceivable merit and virtue of the Diamond Sutra even if I read it without knowing its meaning? Even though I know the meaning, can I reach the world of enlightenment by just reading it? These questions arose one after another.

혜능대사도 예찬한 금강경 독송

저는 20세 미만의 어린 나이에 부처님의 가르침을 만났고, 가르침을 만나자마자 경전 공부를 무척 좋아하게 되었습니다. 소승 경전은 물론 대승 경전인 금강경을 비롯하여 법화경, 뒤늦게 경전 중의 경전이라는 화엄경까지 닥치는 대로 공부하였습니다.

대승경전에는 '이 경을 수지독송하는 사람은 무량무변 불가사의한 공덕을 얻을 것이다.'라는 표현이 자주 등장하곤 합니다. 경전을 수지독송하여 무량한 공덕을 얻는다는 것은 크게 깨쳐 부처님의 경지에 오른다는 것입니다.

처음에는 이 매력적 말씀에 이끌리어 한때 금강경을 열심히 독송한 적도 있었습니다. 그런데 금강경을 독송하면서 몇 가지 의문이 생겼습니다.

뜻을 모르고 독송해도 무량공덕을 얻고 깨달음의 세계에 도달할 수 있을까?

그런데 설사 뜻을 알고 독송한다고 하여도, 독송하는 것만 가지고서 깨달음의 세계, 밝은 세계에 도달할 수 있을까? 이런 의문이 꼬리에 꼬리를 물고

As I studied the Avatamsaka Sutra, I learned that there were four stages of Buddhist practices: Faith, interpretation, practice and enlightenment[33].

'Anyone who wants to study the Diamond Sutra has to have faith in its contents and interpret it correctly. He or she then has to practice it, and the practice will certainly lead to enlightenment. The one who attains an enlightenment must present it to the master to get it validated and recognised.'

These are the four stages of Buddhist practices.

Grand Master Huineng (683-713), the Sixth Patriarch of Chinese Zen Buddhism, said in the Platform Sutra, "In order to see self-nature and attain the Buddhahood, chant the Diamond Sutra and practice the Prajna Paramita[34]."

I became curious about how to practice the Prajna Paramita. There was no way for me to understand what the Prajna Paramita was like and how to practice the Diamond Sutra. When I was in college, I became devoted to Buddhism and eagerly sought "the inconceivable, incalculable and boundless merit and virtue" of the Diamond Sutra, putting aside studying for my major. However, I couldn't even go near the merit and virtue and eventually gave up reading the Diamond Sutra.

Fortunately, a few years later, I met an enlightened master and learned the four stages of practices of the Diamond Sutra : Faith, interpretation, practice and enlightenment. He told me to recite the Diamond Sutra in the mornings and the evenings.

생겼습니다.

그 후에 화엄경을 공부하면서 수행에는 신해행증(信解行證)의 4단계가 있음을 알았습니다.

'금강경을 공부하려는 사람은 우선 금강경의 내용을 믿어야 한다(信). 그다음에 그것을 올바르게 해석해야 한다(解). 그다음에는 그것을 실천해야 한다(行). 실천한 결과는 반드시 깨달음으로 이어지는데, 그 깨달음이 제대로 된 깨달음인지 밝은 선지식께 점검받고 인정받아야 한다(證).'

또 육조단경을 보니 육조 혜능대사는 '금강경을 부지런히 독송하고 반야행(般若行)을 행하여, 속히 견성하도록 하라.'라고 말씀하셨습니다.

반야행이라 하면 금강경 실천행인 것 같은데, 어떻게 해야 하는가?

내 지혜로는 반야행이 어떤 것인지, 금강경 실천법이 어떤 것인지 전혀 알 길이 없었습니다. 무량공덕의 매력에 끌려 전공 공부를 뒷전으로 하고 금강경 독송에 심취했던 대학생 시절, 결국 경에서 말씀하는 무량공덕 근처에도 가보지 못하고 금강경 독송을 그만두게 되었습니다.

다행히 몇 년 후 선지식을 만나게 되었고, 선지식을 만나 금강경의 신해행증을 공부할 수 있었습니다. 선지식께서는 아침저녁 금강경을 독송하라고 하셨습니다.

He said that chanting the Diamond Sutra in the morning extinguishes disasters during the day, and chanting in the evening prevents disasters overnight. He made sure that we recited the Diamond Sutra while trying to understand what it means, and he often emphasized the importance of putting it into practice.

Chapter 3 of the Diamond Sutra said, "all living beings will eventually be led by me to the final Nirvana, the final ending of the cycle of birth and death." My master interpreted this verse as follows : "Letting go of all thoughts by devoting them to the Buddha". With his teachings, I realized that there was a specific way to practice the Diamond Sutra, and I thought that it must be the Prajna Paramita which Grand Master Huineng mentioned.

---

33 信解行證 : The four kinds of Buddhist practice: Faith, interpretation, practice, and enlightenment

34 Prajñāpāramitā means "the Perfection of Wisdom" in Mahāyāna Buddhism. Prajñāpāramitā refers to a perfected way of seeing the nature of reality, as well as to a particular body of Mahayana scriptures (sūtras) which discusses this wisdom.

아침 금강경 독송은 낮 동안 재앙을 소멸한다고 하셨고 저녁 독송은 저녁부터 다음 날 아침까지 재앙을 소멸한다고 하셨습니다. 그 뜻을 반드시 알려고 하며 독송하게 하셨고, 경의 내용을 실천하도록 자주 강조하셨습니다.

선지식께서는 금강경 3분 「대승정종분」에서 "아개영입 무여열반 이멸도지 我皆令入 無餘涅槃 而滅度之"는 무슨 생각이든지 부처님께 바쳐 그 생각을 소멸하는 것이라고 해석하셨습니다. 이러한 선지식의 말씀을 듣고서 비로소 그동안 궁금하게 여겼던 금강경의 실천 방법이 있다는 것을 알게 되었고, 이 금강경의 실천이란 바로 육조단경에서 혜능대사가 말하는 반야행이라 생각하였습니다.

Chapter 3 of the Diamond Sutra Interpreted by an Enlightened Master

In the previous chapters, I explained the rules and formalities of Bodhisattvas and the identity of Buddha.

If a Bodhisattva explains the Diamond Sutra, what would the explanation be like? It would definitely be different from the commentaries we see on the shelves of the Buddhist book section. As a Bodhisattva's mindset is different from that of sentient beings, a Bodhisattva would interpret the Diamond Sutra totally differently.

First of all, Bodhisattvas will not write books for selfish purposes. Unlike ordinary people, they will have no intention of becoming famous nor making money. They will write a book reluctantly only when there are earnest requests from the faithful. Even if there are no requests, they will write when they think it is essential for the true happiness and enlightenment of people. Because they don't have the ego to become

선지식이 해설하는 금강경 3분

앞 장에서 보살의 법식과 부처님의 정체성으로 일체유심조, 공, 불이, 구족 그리고 수기설법 등 몇 가지 특징을 말씀드렸습니다.

만약 밝은 도인(보살)이 금강경을 해설하신다면 어떻게 하실까?
아마 그 해설은 불교 서적 판매대에 꽂혀 있는 수많은 해설서와는 분명히 다를 것입니다. 보살의 사고방식이 중생들의 사고방식과 사뭇 다르듯이, 보살의 해설은 보통 해설과는 분명히 다를 것입니다.
우선 보살은 보통 사람처럼 자신을 드러내고 독자를 많이 확보하고 싶은 마음, 즉 이기적 목적으로 책을 쓰지 않을 것임은 분명합니다. 책을 쓰되 신심이 있는 사람들의 간절한 요청이 있을 때 마지못해 쓸 것입니다. 또는 설사 사람들의 부탁이 없어도 여러 사람의 진정한 행복과 신심 발심을 위하여 꼭 필요하다고 생각할 때 책을 쓸 것입니다. 보살은 자신을 드러내려는 아상

famous, but have unwavering faith in pleasing Buddha by following his will.

If Bodhisattvas translate the Diamond Sutra, they will not translate it word for word. This is because they understand that the Buddha's words are prescriptions for various hardships that people endure in their daily lives, and those prescriptions are not far from most people's common sense. Bodhisattvas will not argue that their interpretation is valid either, citing the original text in Sanskrit. On the contrary, people who don't fully understand its contents often try to rationalize their arguments by citing the original.

When seeing people and things, Bodhisattvas see not only the surface but also the inner structure. In addition, as they realized the Truth of Emptiness, they understand that even their penetrating insights are also empty. So they will unravel even the most difficult verses of the Diamond Sutra. As they don't have an ego to make their arguments, they will just say what the readers require to be enlightened.

Bodhisattvas will explain the Diamond Sutra in a way to help the readers grow faith in the Buddha, so their commentaries will lead people through the path to enlightenment, the world of Buddha.

The Buddha explained how to attain enlightenment in Chapter 3 of the Diamond Sutra as follows.

A Maha-Bodhisattva[35] must surrender his mind like this,
All living beings, whether born from eggs, from the womb, from moisture, or spontaneously; whether they have form or do not have form; whether they are aware or unaware, whether they are not aware or

은 전혀 없으나, 부처님의 뜻을 잘 받들어 부처님을 기쁘게 하려는 신심은 매우 크기 때문입니다.

보살이 한자로 된 금강경을 해설한다면, 전문용어로 직역하지 않을 것은 확실합니다. 부처님의 말씀은 사람들의 일상생활에서 일어나는 각종 고난에 대한 처방이며, 그 처방은 상식에서 크게 벗어나 있지 않음을 잘 알기 때문입니다. 원전인 산스크리트어를 인용하며 자신의 해설이 타당하다고 주장하지도 않습니다. 내용을 잘 모르는 사람들이 원전을 인용해 자신의 주장을 합리화 시키는 경우가 대부분입니다.

보살은 사람이나 사물의 겉만 보지 않고 이면의 모양을 보는 일체유심조와 그러한 자신의 견해 역시 공空이라는 진리를 깨쳤기에, 사람과 사물의 실상을 정확히 보고 금강경의 난해한 구절을 명쾌하고 시원하게 풀어낼 수 있습니다. 또한 보살은 공을 깨쳤기에 자신의 어떤 주장도 참이 아닌 줄 알고 자신의 주장을 펼치려 하지 않고 독자 수준에 맞추어 수기설법을 합니다.

보살은 부처님께 대한 깊은 신심으로 사람들이 늘 신심 발심하는 마음을 내도록 해설할 것입니다. 따라서 도인의 해설서를 대하면 많은 사람이 신심을 내고 발심하여 결국 부처님의 세계로 들어갑니다.

부처님께서는 금강경 3분에서 밝아지는 방법, 즉 아누다라삼막삼보리를 깨치는 방법, 부처가 되는 방법을 다음과 같이 본격적으로 말씀하셨습니다.

제보살마하살 응여시항복기심
諸菩薩摩訶薩 應如是降伏其心
소유일체중생지류 약난생 약태생 약습생 약화생
所有一切衆生之類 若卵生 若胎生 若濕生 若化生
약유색 약무색 약유상 약무상 약비유상 비무상
若有色 若無色 若有想 若無想 若非有想 非無想

not unaware, all living beings will eventually be led by me to the final Nirvana, the final ending of the cycle of birth and death.

And when this unfathomable, infinite number of living beings have all been liberated, in truth not even a single being has actually been liberated.

Why Subhuti? Because if a disciple still clings to the arbitrary illusions of form or phenomena such as an ego, a personality, a sentient being, or a universal self existing eternally, then that person is not an authentic disciple.[36]

First, let me interpret this verse word for word.

A Maha-Bodhisattva must lead all living beings to the final Nirvana to attain the Buddhahood.

And when he liberated all this infinite number of living beings, not even a single being has actually been liberated.

Because if a Bodhisattva still has a false view of self, human beings, all living beings or wish for longevity, the person is not a Bodhisattva.

As you can see, when you translate the Diamond Sutra word for word, you will inevitably think that it is really hard to understand and even harder to practice.

First of all, the number of sentient beings to liberate is enormous. The number of humans on Earth alone is about 7.6 billion, and if you add the number of birds to this, it will be well over 10 billion. Animals 'born from the womb' include humans, and there are so many other mammals such as dogs, cows, horses, tigers, and so forth. Animals 'born from moisture' mean fish, so if you add the number of fish to this, it will be astronomical.

아개영입무여열반 이멸도지
我皆令入無餘涅槃 而滅度之
여시멸도 무량무수무변중생 실무중생 득멸도자
如是滅度 無量無數無邊衆生 實無衆生 得滅度者
하이고 수보리 약보살 유아상인상중생상수자상 즉비보살
何以故 須菩提 若菩薩 有我相人相衆生相壽者相 卽非菩薩

우선 경의 내용을 직역해 봅니다.

보살마하살은 당연히 이와 같이 그 마음을 항복시켜야 하느니라. 이른바 세상에 있는 온갖 중생인 난생, 태생, 습생, 화생, 유색, 무색, 유상, 무상, 비유상 비무상을 내가 모두 제도하여 무여열반에 들도록 하리라 하라.

이와 같이 한량없고 가이없이 많은 중생을 다 제도하였다 하더라도 실로 제도 받은 중생이 없느니라. 왜냐하면 수보리여, 만일 보살이 아상 인상 중생상 수자상이 있으면 보살이 아니기 때문이다.

이처럼 경전의 말씀을 글자 그대로 해석하면, 밝아지는 방법, 즉 금강경 실천법이 대단히 이해하기 어렵고 실천하기는 더욱 불가능하다고 생각하게 됩니다.

우선 제도하여야 할 중생의 수요가 매우 많습니다. 세계 인구가 약 76억이 되는데, 여기에 닭이니 새니 하는 난생을 합치면, 100억도 훨씬 넘는 천문학적 숫자가 될 것입니다. 약태생, 사람도 태생이지만 개, 소, 말 등 가축은 물론 호랑이 사자 등 포유동물이 다 태생입니다. 약습생, 물고기를 습생이라고 합니다. 습한 곳에서 사는 것, 물고기 숫자까지 합치면 그 수효는 정말 천문학적 숫자가 됩니다.

It doesn't end there. 'Whether they have form or do not have form' mean ghosts. If you add up all these, it will be unimaginable. Then how is it possible to liberate all the living beings and lead them to the final Nirvana? The final Nirvana means becoming a Buddha. It is very difficult to convert a close family member, so it is needless to say that it is impossible to make all living creatures Buddha.

Even though it is impossible, let's say that one led all sentient beings to the final Nirvana. Then the person may have this hope, "I deserve 'the inconceivable, incalculable and boundless merit' and will soon become a Buddha." However, the Diamond Sutra goes on to say, "when this unfathomable, infinite number of living beings have all been liberated, in truth not even a single being has actually been liberated." This verse is really confusing. Some may think that the interpretation is either wrong or too difficult to understand, but you can find the reason in the next verse. The Buddha said, "Why Subhuti? Because if a disciple still clings to the arbitrary illusions of form or phenomena such as an ego, a personality, a sentient being, or a universal self existing eternally, then that person is not an authentic disciple."

As you can see, the Diamond Sutra seems too difficult for ordinary readers to understand, so they can't believe or practice it. However, it is hard to imagine that the Buddha would have said something that people would not believe. The Buddha must have taught good ways for people to practice, and helped them through their journey to enlightenment.

How would an enlightened master interpret these verses?

그다음 약화생, 약유색, 약무색, 약유상, 귀신같은 것까지 다 포함하면 그 수가 얼마나 많습니까? 그런데 그런 많은 수의 중생을 다 제도해서 '무여열반'에 들도록 하라는 것입니다. 무여열반이라는 것은 부처님을 만들라는 것입니다. 친한 가족을 교화시켜 부처님처럼 변화시키기도 매우 어려운데, 이렇게 많은 중생을 제도하여 부처님으로 만드는 것은 도저히 불가능합니다.

수많은 중생을 부처님 만드는 것도 불가능하지만 설사 다 만들었다고 가정해 봅니다. 만일 모든 중생을 부처로 만들었으면 '아, 나는 이런 수많은 중생을 부처님 만들었으니까 나는 곧 도통을 해서 부처가 될 것이다.'라는 희망을 가질 것입니다. 더구나 여기서 '한량없고 끝없는 중생을 다 제도했지만 실제로는 한 중생도 제도 받은 자가 없느니라.'라는 해석은 잘못된 해석이거나 보통 사람의 지혜로 알아듣지 못하는 해석이 됩니다. 그런데 한 중생도 제도 받은 자가 없는 이유를 다음 구절에서 말씀하십니다. '수보리야 만약 어떤 보살이, 아상 인상 중생상 수자상이 있으면 보살이 아니기 때문이다.'라는 것입니다.

이러한 금강경의 해석은 보통 사람들의 지혜로는 도저히 이해할 수 없는 해석이라 하겠습니다. 이해할 수 없으니 믿지 않고, 믿지 못하니 실천할 수도 없습니다. 하지만 부처님께서는 이런 믿지 못 할 말씀은 하지 않으실 것입니다. 잘 이해하고 믿음을 내어 실천할 수 있게 말씀하셨을 것이 분명합니다.

지혜가 밝은 선지식의 해석을 빌린다면 어떠할까요?

Ungrateful minds will become animals born from eggs in the next life. Mammals rely on their mothers while in the wombs, so dependent minds will become animals born from the womb. So let's interpret the 'living beings born from eggs' as ungrateful minds and 'living beings born from the womb' as dependent minds. Then we can understand what this verse means : "all living beings will eventually be led by me to the final Nirvana". It means, "let go of all kinds of thoughts by devoting them to the Buddha". If you devote all your thoughts to the Buddha, he will come into your mind where your ingratitude and dependency had been, and lead you to enlightenment.

An enlightened master makes it possible for people to practice the Diamond Sutra by explaining its meaning like this.

"Dedicate all your thoughts such as ungratefulness and dependency to the Buddha."

This interpretation of the Diamond Sutra actually enables people to practice it, and this is the Prajna Paramita that Grand Master Huineng mentioned.

In other words, the Buddha will interpret Chapter 3 of the Diamond Sutra in a way that enables people to practice it and reach enlightenment.

"If you have ungratefulness or dependency in your minds, devote those to the Buddha. A desire to avoid constitutes 'the living beings born from moisture' like fish, and a desire to show off becomes 'the living beings born spontaneously' like bugs. If these thoughts arise in

"배은망덕한 마음은 알로 까는 보를 받는다. 태생은 태胎로 부모에게 의지하고 있다가 탯줄을 끊고 출생하는데, 의지하는 마음이 태생의 보를 받는다. 그러면 이 난생을 닭이니 새니 이렇게 해석하지 말고 우리 마음속에 배은망덕한 마음으로, 태생은 젖먹이 짐승으로 해석하지 말고 남한테 의지하는 마음으로 해석해 보자. '아개영입 무여열반 이멸도지'는 '이런 마음을 모두 부처님 만들겠다고 하라.'가 되는데, 다시 말하면 마음속에 배반하는 마음이나 남을 의지하는 마음이 떠오르거든 그 마음을 '부처님' 하는 마음으로 바꾸어라. 마음속에서 올라오는 모든 분별심을 '부처님' 하는 마음으로 바꾼다면 분별심이 있던 마음속 그 자리에 부처님이 대신 들어와 분별심을 사라지게 하는 것이다."

이것이 선지식께서 금강경을 실천하게 해석하여, 우리에게 실천의 길을 열어 주시는 방법입니다.

"온갖 떠오르는 생각, 그 배은망덕한 마음, 의지하는 마음 등을 다 부처님께 바쳐라."

이러한 해석은 금강경의 난해한 구절을 일목요연하게 정리할 뿐 아니라, 실천이 가능하게 합니다. 이 실천이라는 것이 바로 6조 혜능대사가 말씀하신 반야행임을 실감하였습니다.

부처님이라면 금강경 3분을 실천하여 밝아질 수 있도록, 다음과 같이 명쾌하게 해석하실 것입니다.

"그대들 마음속에 올라오는 생각에 배반하는 마음, 배은망덕한 마음이 있다면 그 생각을 부처님께 바쳐라. 남에게 의지하고 싶은 생각, 숨거나 피하고 싶은 생각은 습생에 해당하며, 잘난 척하며 자신을 드러내고자 하는 마음은 화생이다. 이런 가지가지 생각이 떠오를 때마다 그 모든 생각을 다 부처님께 바쳐라."

your mind, devote all of them to the Buddha."

If all kinds of thoughts have been devoted to the Buddha, 'not even a single being has actually been liberated." That means that there is not a single being that has a body in the outer world and that the thinking mind itself is also an illusion.

The Buddha explained the reason why 'not a single being has actually been liberated' in the next verse. He said, "Because if a disciple still clings to the arbitrary illusions of form or phenomena such as an ego, a personality, a sentient being, or a universal self existing eternally, then that person is not an authentic disciple."

What is an ego? An ego creates greed, hatred and ignorance[37]. In other words, it is the ego that creates not only the sentient being that has a body outside the mind and but also the sentient being inside the mind. So if we let go of the ego, we will realize that all things are illusions including family, friends, teachers, sins, merits and even the whole world.

Then we will be able to extinguish disasters and make our wishes come true. We will become omnipotent and leave the mundane world, the sea of suffering and enter the Pure Land of the Buddha.

---

35 Mahabhodhisattva, or the Bodhisattva-hero : Bhodhisattva above the stage of Ten Grounds of Bodhisattva way to the Buddhahood. Cf. (Simpji(Bosal) Ten Grounds of Bodhisattva.

36 Chapter 3, Diamond Sutra - A New Translation, diamond-sutra.com

37 The Buddha identified "three poisons," or three negative qualities of the mind that cause most of the problems in the world. The three poisons are: greed (raga, also translated as lust), hatred (dvesha, or anger), and ignorance (moha, or delusion).

이처럼 올라오는 가지가지의 생각을 다 부처님께 바친다면 "실무중생 득멸도자, 한 중생도 제도 받은 자가 없게 된다."라는 말씀입니다. 이것은 마음 밖에 몸뚱이가 존재하는 중생이 없다는 뜻도 되지만, 마음속 중생인 분별심 역시 착각이요, 본래 없음을 깨닫게 된다는 것입니다.

다음 구절에서 그 이유를 설명하십니다. "약보살 유아상 인상 중생상 수자상 즉비보살. 만일 보살이 아상, 인상, 중생상, 수자상이 있으면 보살이 아니기 때문이다."

아상이란 무엇인가?

탐심 진심 치심 내는 놈이 바로 아상입니다. 각종 분별심을 일으키는 놈입니다. 다시 말해 아상이라 하는 놈(분별심)이 마음 밖에 몸뚱이 있는 중생도 만들고, 마음속 중생도 만드는 장본인입니다.

아상을 소멸한다면 마음 밖 삼라만상뿐 아니라 인연 맺은 가족, 친구, 스승 등도 역시 허상이며, 또한 죄와 복, 지옥과 천당 등 모든 것이 아상이 만들어낸 허상임을 알게 됩니다.

또한 아상이 소멸하여 각종 존재가 허상임을 깨닫게 되므로 재앙은 소멸하고 소원은 성취함은 물론, 운명적인 길흉화복(吉凶禍福)을 마음대로 하며 산하대지를 마음대로 움직이게 하는 진리를 깨달아 무상(無常)의 사바세계를 떠나 불생불멸(不生不滅)의 부처님 세계로 들어갑니다.

Chapter 3 of the Diamond Sutra Applied in Real Life

When I met my master for the first time, I was serving as a second lieutenant in the army corps of engineers. My job was to direct and supervise subordinates who were deployed to various military construction projects, and it took considerable physical strength and leadership. Military life was both mentally and physically stressful, but I wasn't healthy and strong enough. I often got nosebleeds, and my insufficient knowledge and leadership caused many conflicts. My military life was truly hell.

One thing that was strange was the fact that other ROTC officers commissioned with me were not having a hard time. They didn't seem to have much better mental and physical abilities and yet, how were they making their military life easier than me? I was curious.

It was only after I met my master and changed my perspective on the

금강경 3분 현실에의 응용

나는 선지식을 처음 만났을 때 육군 공병단 소위로 복무하고 있었습니다. 공병대 장교는 각종 군 공사에 투입되는 부하 사병들이 공사를 잘하도록 지휘 감독합니다. 공사를 지휘 감독하려면 상당한 체력과 지도력이 필요합니다. 어렸을 때부터 몸이 약했고 정신력 또한 스스로 강하지 않다 생각하였지만, 군 생활은 육체적 정신적으로 매우 힘들었습니다. 수시로 코피를 쏟았으며, 부족한 지식과 통솔력으로 말미암아 사흘이 멀다고 갈등과 충돌이 일어나기 일쑤였습니다. 군 생활은 그야말로 지옥이었습니다.

그런데 당시 이상하게도 나와 같이 임관한 학군 출신 동기생들은 군 생활을 어렵지 않게 생활하였습니다. 정신적 육체적 능력이 나보다 별로 나은 것 같지도 않은데, 그들이 어떻게 군 생활은 나보다 훨씬 수월하게 하는 것일까 궁금했습니다.

선지식을 만나 금강경 공부로 세상을 보는 안목이 바뀌고 나서 비로소 그

world through the Diamond Sutra that I understood the reason.

I couldn't wait to be discharged from the army. Everyday, I used to count the number of days left.

"How many months do I have until being discharged? How many days are left?"

This attitude of mine created all kinds of troubles. If you think it's stressful, you will experience stressful situations. If you decide to be happy, you will have delightful times. When I did not know this principle, I had a hard time in the army, but once I realized this truth and applied it in real life, things became less stressful and even enjoyable.

Ten of my classmates served in the corps of engineers with me. Back then, meeting them was my sole comfort. We gathered to complain and exchange information. One day, one of my classmates working in an adjacent unit showed me a ring that he cherished and said, "Keep this ring for me for a while", as if it were a gift.

A few days later, Lieutenant Lee, who was in the same unit, asked me if he could borrow the ring for a while.

"Lieutenant Kim, can I wear that ring for a while?"

It didn't feel right, but it was hard for me to turn down his request, because he said "for a while." Moreover, he was one rank above me. So I lent him the ring, but after a few days, it didn't seem that he would return it.

I couldn't help but feel anxious that I might never get the ring back. Because I remembered the times when I couldn't get the goods back from my friends who borrowed them.

이유를 깨달았습니다.

'제대가 몇 달 남았나? 며칠 남았나?'

매일같이 제대 날짜를 손꼽아 기다리는 나의 사고방식이 각종 고통을 불러왔던 것입니다. 즉 괴롭다고 생각하면 각종 괴로운 사건이 생기는 것이요, 또 행복하다고 마음먹으면 각종 즐거운 일들이 발생하게 됨을 알게 되었습니다. 일체유심조의 원리를 알기 전에는 군 생활이 곧 지옥이었는데, 일체유심조를 이해하고 실생활에 적용하니, 군 생활이 덜 고달프고 즐겁게 바뀌었습니다.

당시 ○○ 야공단에서 군 복무를 하던 우리 동기생의 수효는 10여 명 정도 되었습니다. 어려운 일이 있을 때 동기생을 만나는 것은 유일한 낙이었습니다. 서로 괴로움을 호소하기도 하고 유익한 정보를 교환하기도 하였습니다. 어느 날 인접 부대에서 근무하던 동기생 친구가 자신이 아끼던 반지를 잠시 나에게 보여주면서, 마치 선물이라도 주는 듯 "이 반지 네가 끼고 있어." 하는 것이었습니다.

하루는 내 반지가 좋아 보였는지, 같은 부대에 있던 한 계급 높은 L 중위가 잠시 그 반지를 빌려달라고 하였습니다.

"김 소위, 잠시 내가 그 반지를 껴볼 수 있을까?"

다소 불안한 느낌이 들기도 하였지만, 잠시라는 말에 거절하기 힘들었습니다. 그러나 며칠이 지나도 전혀 돌려줄 기미가 보이지 않았습니다.

반지를 돌려주지 않을까 봐 불안한 생각이 들었습니다. 예전에 학생 때 나에게 물건을 빌려 간 친구들에 몇 번인가 물건을 떼었던 기억이 되살아났습니다.

"Lieutenant Lee, the ring is actually not mine. It's my classmate's and I have to give it back to him. Would you mind returning it?"

I couldn't stand it and asked him to return it officially.

It was only natural for me to ask for the ring back, but he showed no sign of returning it. It was clear that if I kept asking such a person to return it, it would lead to a fight. How can I get it back without fighting? After hesitating for a long time, I asked my master.

'What would he think about this question? What if he thinks it is such a childish question?'

"Do not ask for the ring back. Devote the thought of wanting it back to the Buddha."

His answer was completely different from what I expected.

"Can I get it back by devoting the thought to the Buddha?"

I asked, because I couldn't believe it at all. I kept asking childish questions.

"If you devote the thought well, he will come running frantically to you with the ring."

I firmly believed the words of my master and tried to dedicate the thought to the Buddha. When I gave up my desire to get the ring back, I felt at ease. However, will it really be enough to make him come running with the ring?

I kept devoting the thought, but there was no sign of getting it back even after a month. It was about time I began to think that my master might have been wrong or I might not have been good enough to dedicate the thought properly. I hesitated countless times, "Should I ask for the ring back or not?" On the other hand, whenever I felt that

"L 중위님, 그 반지는 실은 제 것이 아니고 동기생이 잠시 빌려준 반지인데 돌려주어야 합니다. 어서 돌려주시지요."

나는 참다못해 그에게 정식으로 돌려달라고 요청하였습니다.

아주 준 것이 아닌 반지, 그것을 돌려달라는 것은 지극히 상식적이고 당연합니다. 그러나 그 사람은 빙글빙글 웃기만 하지, 반지를 전혀 돌려줄 생각이 없었습니다. 그런 사람에게 자꾸 돌려달라고 요청한다면 결국 그와 싸우게 됩니다. 싸우지 않고 돌려받는 길이 무엇일까?

한참 망설이던 끝에 선지식께 여쭈어보았습니다.

선지식께서는 이 질문에 무어라 답하실까?

어째서 초등학생 같은 질문을 나에게 가져오느냐? 네가 알아서 처리하라 하실까?

그러나 선지식께서는 내 생각과는 영 동떨어지게 답하셨습니다.

"반지를 돌려 달라 요청하지 말고, 돌려받고 싶은 그 마음을 부처님께 바쳐라."

"돌려받고 싶은 생각을 바친다면, 반지를 받을 수 있을까요?"

전혀 믿기지 않았기에 하는 질문이었습니다. 세상 사람들이 들으면 참으로 유치한 질문이었습니다.

"그 생각을 잘 바친다면, 그 사람은 반지를 가지고 정신없이 너에게 달려올 것이다."

나는 선지식의 그 말씀을 고지식하게 믿고 반지를 되찾고 싶은 마음을 부처님께 바치려고 노력하였습니다. 반지를 되돌려 받고 싶은 마음을 포기하니 마음은 참 편해지는데, 과연 선지식의 말씀처럼 그 마음을 바치는 것으로 반지를 정신없이 가져오는 일이 가능할까요?

바치는 공부를 계속하였지만, 반지를 빌려준 지 한 달이 지나도록 돌려준다는 소식은 감감하기만 하였습니다. 이렇게 되니 선지식의 말씀이 틀렸다는 생각도 들고, 내가 제대로 바치지 못했다는 생각도 들면서 '반지를 돌려

way, I devoted the thought to the Buddha.

Surprisingly, when I felt like giving up on the ring, Lieutenant Lee returned the ring abruptly. Why did he bring the ring so suddenly when he showed no sign of returning up until a few days before? After a while, I learned the whole story as to what had happened.

달라고 할까, 말까.'를 수도 없이 되풀이하였습니다. 한편으로는 그런 마음이 들 때마다 열심히 부처님께 마음을 바치고 있었습니다.

어느 순간, 반지 받기를 포기하는 마음이 들었습니다. 그러자 놀랍게도 L중위는 즉시 반지를 돌려주는 것이었습니다. 며칠 전까지 전혀 반지를 돌려줄 기미를 보이지 않던 그가 어째서 반지를 그리 속히 가져오게 되었나? 얼마 후 반지를 돌려받게 된 사실에 대한 전모를 알게 되었습니다.

Validation of an Enlightened Master

My master explained what had happened.

"The superior, who had asked you to borrow the ring for a while, had no intention of returning it in the first place. This was why I stopped you from asking him to return the ring. What should you do if you can't move your superior's mind with an earnest request? This is the time to dedicate your attachment to the ring to the Buddha. People doubt that you can get the ring back only by devoting the thought to the Buddha. They don't believe that the power you can gain from the Buddha would be that strong.

What is the attachment to the ring? It means that you put your mind on it. It's like tying your hands and feet to an object called a ring, making it impossible to move freely. What is the use of asking him to return the ring when you have no power because your hands and feet are tied up.

What is the meaning of devoting the attachment to the ring to the

선지식의 점검

선지식께서 반지 사건을 시원하게 풀이해 주셨습니다.
"반지를 잠시 빌려 달라던 상급자는 아예 돌려줄 생각이 없었다. 그래서 네가 반지를 돌려달라고 말하고 싶은 것을 말린 것이었다. 네가 요구하는 힘만으로는 도저히 상급자의 마음을 움직일 힘이 없다면 어떻게 해야 하나? 이때가 바로 그 반지에 대한 애착심을 부처님께 바칠 때이다. 사람들은 '부처님께 바치는 것만으로 어떻게 상급자의 마음을 움직여 반지를 되돌려 받게 한단 말인가.' 하고 의심한다. 부처님께 바쳐 얻어지는 힘이 그렇게 막강하다고 믿지 못한다.

반지에 대한 애착심이란 무엇인가?

반지에 마음을 잔뜩 붙여놓은 것을 의미한다. 이는 마치 너의 손과 발을 반지라는 물건에 묶어 놓아 자유로이 쓸 수 없게 만드는 것과 같다. 손발이 묶여 아무 힘을 쓸 수 없을 때 반지를 되돌려 달라고 한들, 힘이 없는 너의 말이 무슨 위력을 발휘할 수 있겠느냐?

반지에 대한 애착을 부처님께 바치라는 것은 무슨 뜻인가? 반지에 묶인

Buddha? It's like releasing your hands and feet that had been tied to the ring. If you let go of your attachment, you can exert great power. Then no one can refuse to obey you. As you devote the attachment to the ring to the Buddha, the light of the Buddha comes in, at that moment, the ring becomes the ring of the Buddha, not yours. When it becomes the Buddha's ring, who would dare to have that ring?"

What does it mean to become able to move the ring by taking your mind off of it? What will happen if you can take off your attachment to an object and do whatever you want? What will happen if you take your mind off of all people and things?

Chapter 14 of the Diamond Sutra said, "Buddhas are Buddhas because they have been able to discard all arbitrary conceptions of form and phenomena, they have transcended all perceptions, and have penetrated the illusion of all forms." In other words, if you can take your mind off of all people and things, you will be able to exert the power of the Buddha. You will have control over everything, including destinies and even the whole world.

I called it 'mind' here, but there are many types of minds. The conscious mind is one of them, and it is the part we are aware of and think with. There are six types of consciousness based on the six sense bases[38] which refer to the five physical sense organs and the mind. The sixth consciousness is the level that integrates all the sensory input gathered by the five sense organs. There are deeper levels of consciousness such as the seventh and eighth consciousnesses. The seventh consciousness is called

손발을 풀라는 것과 마찬가지이다. 반지에 대한 애착을 부처님께 바쳐 해탈하면, 이는 마치 묶인 손발을 자유롭게 쓸 수 있어 큰 힘을 발휘할 수 있게 되는 것과 같다. 이때 너의 말은 그 누구도 듣지 않을 수 없게 된다. 반지에 대한 애착을 부처님께 바치면 부처님 광명이 임하고, 그 순간 그 반지는 네 것이 아닌 부처님의 반지가 되는 것이다.

부처님의 반지가 되는 순간, 감히 그 누가 반지를 가지겠느냐?"

사람과 반지에 붙은 마음을 떼어서 반지를 움직일 수 있게 되었다는 것은 무엇을 의미할까요?

물건에 붙은 애착의 마음을 떼어서 물건을 마음대로 할 수 있게 된다면, 어떤 일이 일어날까요?

마음이 붙는 범위를 확대하여 모든 사람과 사물에 붙은 마음을 다 떼어낼 때 어떤 현상이 일어날까요?

"이일체제상 즉명제불, 모든 상을 떠난 것이 곧 부처님이시다." 금강경 14분의 구절입니다.

이처럼 모든 대상에서 붙은 마음을 다 떼어낼 수 있다면 부처님의 위력이 임해서 모든 것을 자신의 마음대로 움직일 수 있는 위력을 발휘할 수 있습니다. 붙은 마음을 떼는 범위가 더 넓어질수록 길흉화복을 자신의 마음대로 할 수 있고, 산하대지까지도 자신의 마음대로 움직일 수 있는 경지에 이르게 됩니다.

여기서 마음이라 하였습니다만, 마음에는 여러 가지가 있습니다. 사물을 인식하거나 이해하는 식識도 그중 하나입니다. 색성향미촉법을 보는 마음은 안식 · 이식 · 비식 · 설식 · 신식 · 의식 등으로 현재의식, 6식이라고 합니다. 그런데 우리 마음에는 현재의식만 있는 것이 아니라 잠재의식도 있는 모양입니다. 잠재의식만 있는 것이 아니라, 더 속 깊은 곳에 불성(佛性)이 있다고

the subconscious mind and the eighth is called the Buddha nature.

What is the subconscious mind? There is a Korean proverb that says, "It is easier to see into a hundred feet of water than to see into the heart of another." It means that you can understand a person's present consciousness, but not the subconsciousness.

The conscious mind includes the six consciousnesses such as eye consciousness, ear consciousness, nose consciousness, tongue consciousness, body consciousness and mental consciousness. The conscious mind conceptualizes all kinds of things in the world based on the six sense objects : forms, sounds, smells, tastes, touch and the Dharma. When you devote the conceptualized thoughts to the Buddha, the subconscious mind is revealed. It is safe to say that the conscious mind is on the outside and the subconscious mind is on the inside.

A person who has been very nice sometimes appears in dreams with a scary look on his face. Then you wonder why such a nice person looks so scary in dreams. The friendly face shows his outer mind and the scary face in dreams reflects his subconscious mind. It is the karmic retribution of previous lives, to be exact.

The conscious mind which is vulnerable to circumstances is totally powerless. It has zero influence on its surroundings. No matter how desperate we are, things don't work out the way we want them to. As the thinking mind is easily disturbed by outer circumstances, it doesn't have the power to create anything. However, the subconscious mind creates everything, because it doesn't get influenced by the circumstances.

The present consciousness is erratic, behaving like a monkey. It can

부처님께서는 말씀하십니다.

잠재의식이란 무엇입니까?

우리나라 속담에 열 길 물속은 알아도 한 길 사람 속은 모른다는 말이 있는데 '열 길 물속'은 겉마음, 즉 현재의식을 말하는 것이고 모른다는 '한 길 사람 속'이란 속마음, 즉 잠재의식입니다.

현재의식, 즉 안식, 이식, 비식 등 6식의 겉마음은 색성향미촉법에 붙어 알음알이를 내다가 그것을 부처님께 바치면 속마음이 드러나게 됩니다. 현재의식을 겉마음이라 한다면 잠재의식을 속마음이라 해도 좋을 것입니다. 사람의 속마음, 이것은 곧 7식입니다.

평소에 아주 부드럽게 느껴졌던 사람도 꿈속에 가끔 무서운 얼굴로 등장합니다. 이때 사람들은 '저 부드러운 사람이 어째서 꿈속에는 그리 두렵게 보일까?'라고 하며 의아해합니다. 부드러운 얼굴이 그의 겉마음이라면 꿈속에 보이는 무서운 얼굴은 자신의 선입견을 소멸한 지혜로 보는 상대의 속마음이요, 정확히 말하면 그와 맺은 전생의 업보라 할 것입니다.

주위 환경에 민감하게 영향을 받는 현재의식으로 마음대로 할 수 있는 것이 하나도 없습니다. 현재의식은 무력하기 짝이 없습니다. 우리가 아무리 간절히 원하여도 그대로 되지 않습니다. 주위 환경에 민감하게 영향을 받아서 수시로 흔들리는 마음은 무엇을 이루는 힘이 되지 못합니다. 그러나 잠재의식은 모든 것을 이루는 힘이 있습니다. 주위 환경에 영향을 받지 않기 때문입니다.

현재의식은 변덕스러워서 아무것도 이루지 못하지만, 잠재의식은 변덕스럽지 않아서 원하는 그대로 모든 것을 성취할 수 있게 합니다.

not achieve anything meaningful. However, the subconsciousness is stable, and makes everything come true.

When we say that we are fulfilling our wishes every moment, that means our subconscious mind is creating reality, not the conscious mind.

Then what is a Bodhisattva's mind?

A Bodhisattva's mind is not erratic like the present consciousness, nor selfish like the subconsciousness. A Bodhisattva's mind is detached from all forms and appearances, and its Buddha nature is revealed. Therefore a Bodhisattva has control on fortunes and even the whole world.

There is a story in the Buddhist scriptures that Shakyamuni Buddha chose the most honest and pure people as his parents when he came to this world. People like Shakyamuni are not just born into this world, they actually choose their parents.

In fact, it is said that Bodhisattvas choose their parents, brothers, sisters and even spouses before their births into this world. They select their friends, teachers and including the day they die. They write the scripts of their own lives.

The Buddha said in the Avatamsaka Sutra that all things that exist in the world are made and drawn by your mind, and that not only the fortunes but also the whole world are virtual images drawn by your mind. There is nothing in this world that is not drawn by your mind.

心如工畫師
能畫諸世間
五蘊實從生

'시시각각으로 소원성취한다, 길흉화복을 만든다.' 하는 것은 우리의 현재 의식이 아니라 잠재의식입니다.

그런데 보살의 마음은 어떤 마음일까요?

보살의 마음은 현재의식처럼 변덕스럽지도 아니하고 잠재의식처럼 이기적이지도 않습니다. 모든 상(相)을 떠나 불성이 드러난 마음, 이것이 보살의 마음입니다. 보살은 모든 사람과 사물에 붙은 마음을 다 떼어낸 분이기에 부처님처럼 길흉화복을 좌지우지하고 산하대지를 마음대로 배치하는 것입니다.

석가여래가 이 땅에 오실 때 어떤 부모를 택하셨을까요? 부모로서 가장 정직하고 순수한 분을 택했다는 이야기가 경전에 나옵니다. 부처님 같으신 분은 태어나실 때 그냥 오시는 게 아니라, 부모도 마음대로 선택해서 오신다는 것입니다.

실제로 도인이나 보살도 태어나기 전에 부모를 택하고, 형제도 처자도 다 택해서 온다고 합니다. 친구도 스승도 심지어는 죽을 날까지 자기가 스스로 택합니다. 도인은 자기 마음대로 인생을 꾸밉니다.

부처님께서는 화엄경에서 세상에 존재하는 사람, 사물 모두 그대 마음이 만들고 그린 것이며 길흉화복은 물론 산하대지도 그대 마음이 그려낸 허상이니 이 세상에 존재하는 모든 것 중 그대 마음이 그려내지 않은 것이 하나도 없다고 하셨습니다.

심여공화사 心如工畵師
마음은 무엇이든 만들어내고 그려내는 달인
능화제세간 能畵諸世間
사람, 사물 등 세상의 모든 것을 다 그려낸다.
오온실종생 五蘊實從生

無法而不造

A mind is a master that draws everything.

It draws and creates all people and things in this world

Not only mental but also material things are drawn by a mind.

There is nothing in this world that is not created by a mind.

A person who writes a good screenplay wants to make it into a movie, so he writes a script, produces and even directs it. As the director, he casts actors and actresses, and produces a good movie.

Parents and siblings are actually just actors and actresses who play their roles in this movie. To make it more fun, the director puts loved ones and enemies in it. There comes a hero who wins a fierce competition, and he tells a story that will remain in history. The roles of loved ones, enemies, and heroes, and their words, backgrounds, and stories are all scripted and directed by the director himself.

He also plays the leading or supporting role, laughing, crying and doing all kinds of things in this movie. Everything is being done according to the script that he wrote.

What is the difference between Bodhisattvas and ordinary people? Bodhisattvas live their lives, knowing that the world is unfolding according to the script they wrote, but ordinary people live in the world, not knowing that everything is their own creation. However, if ordinary people devote all their thoughts and feelings to the Buddha, they also can reach the place where there is nothing to dedicate any more. Then their minds turn into those of Bodhisattvas, and they

> 정신적인 것은 물론 물질적인 것도 다 마음이 그려낸 것
> 무법이부조 無法而不造
> 이 세상에 모든 것은 다 마음이 만들지 않은 것이 없다.

비유하면 극본을 잘 쓰는 사람이 영화도 만들고자 하여, 극본을 쓰고 제작, 감독까지 합니다. 감독으로서 극본에 쓴 대로 배역을 정해서 배우를 뽑고 촬영해서 멋진 영화를 만듭니다.

이 영화에서 부모 형제는 감독인 자신이 정한 배우가 역할을 맡은 것뿐입니다. 영화를 재미있게 하려고 사랑이 등장하고 원수가 등장합니다. 생존 경쟁 끝에 승리하는 영웅호걸이 나오고, 그는 역사에 남을 유명한 이야기를 합니다. 사랑하는 사람, 원수, 영웅호걸의 배역과 그들의 말, 배경, 스토리 등 모두 자신이 대본을 쓰고 자신이 감독하는 것입니다.

자신도 그 영화의 주인공으로, 또는 조연으로 등장하며 울고, 웃고, 각종 일을 다 합니다. 모두 다 자신이 쓴 극본에 의해 진행됩니다.

보살과 중생은 어떤 점이 다를까요?
보살은 자신이 쓴 극본에 의해 이 세상이 전개됨을 알고 세상을 살고, 중생은 자신이 쓴 극본에 의해 이 세상이 진행되는 줄 모르고 세상을 산다는 점이 다릅니다. 그러나 중생도 인생의 삶 속에 등장하는 여러 사람, 가령 부모, 형제, 처자 등이 참이 아닌 줄 알고, 희로애락의 각종 분별심을 부처님께 다 바치다 보면 결국 바칠 것이 없는 자리에 도달합니다. 이때 비로소 중

realize that the world is not real and they have created it as the writer and director of this movie called 'life'.

If you knew that this world was a shadow of your mind and lived in it, nothing would be difficult for you. All misfortunes will disappear at once. You will realize that poverty and ignorance are just illusions, and you will finally realize that you are the prodigal son who has returned home, and will enter the world of the Buddha.

---

38 In Buddhism, the six sense bases refer to the five physical sense organs(eye, ear, nose, tongue, body), the mind (referred to as the sixth consciousness) and their associated objects (visual forms, sounds, odors, flavors, touch and mental objects).

생의 마음은 도인의 마음으로 변화하게 되며, 이 세상이 참이 아니라 자신이 극본을 쓰고 감독을 하고 연출하는 것을 알게 됩니다.

　이 세상이 자기 마음의 그림자라고 알고 세상을 산다면 그에게는 어려운 일은 하나도 없을 것입니다. 모든 불행이 일시에 사라집니다. 모든 무지무능이 다 허상임을 알게 되고, 자신은 돌아온 탕자임을 비로소 깨닫게 되고 부처님 세계로 들어갑니다.

Part 2

The True Meaning of Religion

제**2**부

종교의 참뜻은?

Chapter 4

True Dharma and False Dharma

정법(正法)과 사법(邪法)

4장

What Is True Dharma?

There are so many teachings in the world. Most of those are useful in carrying out day-to-day tasks and protecting the body and mind. The skills and knowledge we learn at school are such teachings.

However, some teachings are not intended to help people achieve worldly purposes. Those are teachings that improve personality, release the ego and pursue eternal life. This is the case with the teachings of Confucianism saying that anyone who wants to govern the whole world, should first cultivate himself and regulate his own family and govern his own state[39]. The teachings of Jesus and the Buddha are also the case : 'Do unto others as you would have them do unto you.', 'All dharmas lack inherent existence.'

Shakyamuni Buddha gave us various teachings depending on the student's ability and the environment he was in. Even if there was something the Buddha wanted to say, he had no choice but to say things

정법이란 무엇인가?

　세상에는 수많은 가르침이 있습니다. 대부분 세상을 사는 데 도움이 되거나 필요한 가르침이고, 몸과 마음을 보호하고 편안하게 합니다. 대학에서 배우는 전문지식이나 평생교육원에서 배우는 각종 지식 역시 그런 가르침입니다.
　그러나 세상에는 현세에 잘 먹고 잘사는, 즉 이기적인 목적을 달성하기 위한 것이 아닌 가르침도 있습니다. 인격을 향상시키는 가르침, 아상을 소멸하고 영원한 삶을 추구하는 가르침입니다. 하늘의 뜻을 잘 받들며 수신제가修身齊家한 연후에 치국평천하治國平天下하라는 유교의 가르침, 모든 사람을 자신의 몸처럼 사랑하라는 예수님의 가르침이 그러하고, 제법諸法이 무아無我임을 깨쳐 생사해탈하라는 부처님의 가르침이 그러합니다.
　영원한 스승인 석가여래께서는 사람에 따라 또 그가 처한 환경에 따라, 고통의 삶에서 벗어나 영생을 사는 다양한 가르침을 주셨습니다. 석가여래께서 꼭 하시고 싶으신 말씀이 있어도, 어쩔 수 없이 사람들의 수준이나 처한

appropriate to the people's capabilities. However, the younger students did not know what the Buddha really wanted to say, so they formed various sects, saying, "This is the true meaning of the Buddha's teachings."

Over the years, the Buddha's teachings have been influenced by cultural and environmental changes, creating numerous ways of practices. Currently in Korea, there are Buddhist practices such as Zen meditation, Buddhist chanting, scripture reading and so forth.

People tend to think that the teachings they believe in are the most reliable. Practitioners of Zen meditation say that it is the only true dharma and other practices are false even those taught by the Buddha.

Some people think that the teaching they believe in is true dharma that enlightens people's minds, even if it is completely different from the Buddha's will. However, only a true dharma enables unfortunate people to become happy and incompetent people to become competent. Only a true dharma can save their followers. People who follow a false dharma can never reach enlightenment and may even fall into evil.

It has become almost impossible for ordinary people to figure out which teaching is a true dharma that enlightens people's minds. What on earth is a true dharma?

The Buddha said in chapter 26 of the Diamond Sutra.

Should anyone, looking at an image or reputation of the Buddha, claim to know the Buddha and worship him, that person would be mistaken,

환경에 알맞은 말씀을 하실 수밖에 없었습니다. 그러나 후학들은 부처님께서 꼭 하시고 싶은 말씀이 무엇인지 모르기에, 자신의 견해대로 '부처님의 참뜻은 이것이다.' 하면서 여러 종파를 형성하였습니다.

오랜 세월이 흐르는 동안, 부처님께서 말씀하신 가르침은 문화와 환경에 영향을 받아 수많은 수행법을 새롭게 탄생시켰습니다. 현재 우리나라에는 마음을 안정시키고 지혜를 얻을 수 있는 참선, 염불, 간경看經 수행 등이 있습니다.

대체로 사람들은 자신이 믿는 가르침을 최고라 생각합니다. 참선 수행이 최고라 믿는 사람들은 참선 수행만이 정법正法이요, 다른 가르침은 비록 부처님께서 말씀하신 가르침이라 하더라도 정법이 아닌 사법邪法이라 생각합니다.

또, 깨친 이가 보기에는 부처님의 뜻과는 전혀 달라도, 어떤 사람들은 자기가 믿는 가르침만이 진정한 불교이며 밝아지는 정법이라 생각합니다.

그러나 정법의 가르침을 따를 때, 불행한 사람이 행복하게 변하고 무지무능한 사람이 능력 있고 지혜롭게 변하며 영생을 살 수 있습니다. 삿된 가르침을 따르는 사람은 결코 밝아질 수 없고 구원받을 수 없음은 물론, 심지어 악도에 떨어질 수도 있습니다.

수많은 가르침 중 어떤 가르침이 밝아지는 가르침이며 참된 정법인지, 삿된 가르침인지, 보통 사람의 지혜로는 도저히 갈피를 잡을 수 없습니다.
과연 어떤 가르침이 정법일까요?
부처님께서 정법과 사법에 관한 구분을 금강경 26분에 좀 더 실감 나게 규명하십니다.

약이색견아 이음성구아 시인행사도 불능견여래

not knowing the true Buddha[40].

In other words, 'an image' and 'reputation' are just illusions created by the analytical mind. If a person judges or understands the Buddha based on this image or reputation, he doesn't understand that the mind creates the reality so it is an illusion. That means that he is not wise enough to teach others.

When a person who is not wise is asked a question, he would try to present a correct answer by using all his knowledge. However a person who is wise enough to understand the truth of Consciousness-only and Emptiness does not use knowledge, but only reminds the person who asked the question that there is a right answer in their own mind.

Let us say that a son of a loving father said, "Father, if you pass on all of your wealth to me, I will make more money and take good care of you." If the father was not wise, he would be touched and give all his property to his son.

However, a wise person would try to teach his son how to become rich, rather than handing over his wealth. This is because he believes that this is the right way to love his child.

A son of a renowned scholar who has various knowledge and information, said to his father, "If you give me what you have, I can easily go to a top school and become a great scholar like you."

A child of a person who faithfully believes in Buddhism and has reached a high level of practice, would say to his or her father, "I want to experience the high level of practice like you. Please tell me the

若以色見我 以音聲求我 是人行邪道 不能見如來
만일 겉으로 드러난 모양으로, 겉으로 들리는 명성으로 부처님을 판단하는 사람은 사도邪道를 행하는 사람이다. 이 사람은 사도를 행하므로 정도正道를 모른다.

겉으로 드러난 모양은 자신의 마음속 분별심이 만들어낸 허상이며, 명성은 자신의 선입견으로 판단한 허명虛名입니다. 이렇게 모양이나 명성으로 부처님을 판단하고 이해하는 사람은 자신의 분별심이나 선입견이 현실을 만든다는 일체유심조의 진리와 그것이 착각이요 본래 없다는 공의 진리를 모르는 사람입니다. 이런 사람은 올바른 지혜가 없기에 타인을 올바르게 인도하지 못합니다.

일체유심조나 공의 진리를 제대로 이해하지 못하는 지혜롭지 못한 사람은 상대가 어려운 질문을 하면 자신이 알고 있는 지식을 총동원하여 정답을 제시합니다. 그러나 일체유심조와 공을 제대로 이해하며 실천하는 지혜로운 이는 자신의 지식을 활용하는 것이 아니라, 질문한 사람의 마음속에 난해한 질문에 대한 해답이 분명히 있음을 일깨워 줄 뿐입니다.

큰 부자에게 끔찍하게 사랑하는 외아들이 있습니다. 아들이 "제게 아버지의 재산을 물려주시면 더 큰돈을 벌어 부모님을 물질적으로 부족함 없이, 성심껏 모셔서 물심양면으로 효도하겠습니다."라고 합니다. 지혜롭지 못한 사람은 감격하며 자신의 유산을 모두 자식에게 주어 버릴 수도 있습니다.

그러나 일체유심조와 공의 진리를 분명히 이해하고 실천하는 지혜로운 사람은 자식에게 재산을 물려주기보다 참 부자가 되는 방법을 가르쳐 주려 할 것입니다. 그것이 자식을 진정으로 사랑하는 길임을 잘 알기 때문입니다.

각종 지식과 정보를 많이 소유한 어떤 사람에게 사랑하는 자식이 "아버지가 가진 것을 제게 주시면 제가 일류학교에 쉽게 진학하고 나아가서는 큰 학

secret." What should he say to his child?

Ordinary parents will try to help their children to succeed in life by giving the right answer without hesitation. However, wise people will ask good questions to let their children think and become aware of the truth on their own. It will help them become insightful and grasp not only the superficial phenomenon but also the principles behind it.

Those who do not understand that all are mind-created illusions do not recognize the greatness of an enlightened master, even if they meet the Buddha. Even if they hear the words of unprecedented and precious truths, they can not learn anything from the words, because they are biased by their prejudices. Even the Buddha's words in scriptures can become a false dharma, if those were taught by a person who doesn't understand the truth of Consciousness-only and Emptiness. Only an enlightened master can teach a true dharma, and only a true dharma can brighten up people's minds.

My master explained about the true dharma as follows.

"There are many teachings out there that make people happy and enlightened. Among them, some were mentioned by the Buddha and the Great Patriarchs, and others were written by wise people in the world. Most Buddhists think that those are the true dharma that would lead them to enlightenment, because those are the words of the Buddha or the Great Patriarchs. However, that does not make those teachings true and viable.

Then what is the true dharma? Even if the Buddha said something,

자도 될 것 같습니다."라며 요구합니다.

또 불교를 독실하게 믿어 높은 수행의 경지에 이른 사람에게 사랑하는 자식이 "저도 아버지처럼 부처님의 높은 경지를 체험하고 싶습니다. 비법을 일러주십시오."라고 합니다. 어떻게 대답해야 할까요?

평범한 부모들은 자신이 아는 모든 지식을 동원하여 자식에게 정답을 일러주고 족집게 과외를 시켜서라도 조속한 시일 내에 자식에게 성공하도록 할 것입니다. 그러나 지혜로운 이는 깨칠 바를 일러주어 스스로 깨닫게 하며, 혼자서 깊이 생각하고 탐구하도록 교육합니다. 겉만 아니라 속까지 보는 연습을 시켜서 지혜로운 사람을 만드는 참교육을 할 것입니다.

일체유심조와 공의 진리를 이해하지 못한 사람은 부처님 같은 위대한 사람을 만나도 그 위대성을 감지하지 못하며, 설령 전대미문의 귀한 진리를 들어도 자신의 선입견에 가려 이해하지 못합니다. 부처님께서 설하신 경전 말씀이라도 일체유심조나 공을 모르는 사람이 설명하면 단순한 지식교육이 되고 선입견만을 키우게 하므로 사법이 되며, 이 진리를 깨친 지혜로운 사람이 설說하면 상대의 지혜를 밝게 하는 정법이 되는 것입니다.

선지식께서는 정법에 대해 다음과 같이 구체적으로 말씀하셨습니다.

"사람을 행복하고 밝게 한다는 여러 가르침이 있다. 이 중 부처님이나 조사 스님의 말씀도 있으며, 지혜롭고 경험이 많은 사람들이 한 이야기도 있다. 불자들은 부처님께서 경전에 이렇게 말씀하셨으니 또는 조사 스님 어록에 분명히 있으니, 정법이요 밝아지는 가르침이라 생각한다. 그러나 그 사실만으로 정법이 될 수는 없다.

그러면 어떤 가르침이 정법인가?

부처님께서 하신 말씀이라도, 수도하여 확철대오 한 선지식께서 풀어 말

it becomes authentic only when an enlightened master interprets it. Unenlightened person's interpretation does nothing to help people, but sometimes does serious harm."

A college lecturer who fully understands the subject through research and experiment can effectively deliver knowledge to students. However, one who repeats what others said without understanding the subject may not deliver it properly, only making the students ignorant. This can be a great guide in finding the right teaching in this chaotic era of rampant fakes.

The Buddha delivered various sermons according to the students' ability for forty-nine years. To the lesser-minded people who did not understand the truth of Consciousness-only and Emptiness, the Buddha gave sermons about the great law of cause and effect. Those sermons encouraged people to do good deeds to make merit and stay away from bad behaviors to avoid being punished.

However, the preachings of the Prajna period which contain the truth of Consciousness-only and Emptiness enlighten people's mind, so those are authentic.

My master said that Chapter 3, 4 and 5 of the Diamond Sutra contain the whole meanings of the entire scripture. That is the gist of authentic dharma : reality is a mind-created illusion. The Diamond Sutra explains how a Bodhisattva can become a Buddha by cultivating his mind.

It has been said that the Buddha spoke the Diamond Sutra when he was the brightest. Especially, Chapter 3, 4 and 5 explain how ordinary people become Bodhisattvas and Bodhisattvas become Buddhas.

씀하셔야 이것이 중생들의 피가 되고 살이 되는 정법이다. 깨치지 못한 사람이 말하면 중생들에게 아무 도움을 주지 못하고 심지어는 심각한 해가 되는 사법이 될 수 있다."

비유하면 대학에서 강의할 때 교재 내용을 연구하고 체험하여 실감을 느낀 강사는 학생들에게 올바르게 전달하여 학생들을 유능하게 합니다. 그러나 내용을 잘 모르면서 다른 사람이 강의한 것을 암기하였다가 앵무새처럼 전달하는 강사는 제대로 전할 수 없기에, 학생들을 무능하게 하는 이치입니다. 이는 사법이 난무하는 혼돈의 시대에 올바른 가르침을 찾는 훌륭한 지침이 될 수 있습니다.

부처님께서는 49년 동안 중생들의 근기에 맞추어 다양한 설법을 하셨습니다. 일체유심조나 공의 진리를 이해하지 못할 정도로 하근기의 사람에게 하신 설법, 말하자면 복을 지어서 복을 받고 죄지어서 벌을 받는다는 인과응보의 설법은 사람에게 나쁜 일을 하지 못하게 하는 정도입니다.

그러나 일체유심조와 공의 진리가 담긴 반야부의 설법은 사람의 마음을 지혜롭게, 또 밝게 할 수 있으므로 정법이라고 하겠습니다.

선지식께서는 금강경 3, 4, 5분이 금강경 전체의 뜻을 다 포함하고 있으며 이는 일체유심조와 공의 진리를 다 담고 있는 정법의 핵심이라고 하셨습니다. 부처님께서 설하신 금강경은 시대와 장소에 관계없이 보살이 마음을 닦아 부처가 되는 방법을 잘 설명하고 있습니다.

금강경은 부처님께서 가장 밝으실 때 설하신 가르침으로, 특히 금강경 3, 4, 5분에는 중생이 변하여 보살이 되고, 보살이 변하여 부처가 되는 가장 핵심적인 방법이 있습니다.

Who is a Bodhisattva?

The Buddha said in the Diamond Sutra that "Those who are not caught in any dharma are called Bodhisattvas[41]." That means that Bodhisattvas understand the truths of Consciousness-only and Emptiness and perfect themselves for the benefit of others. Chapter 3 of the Diamond Sutra is about the act of serving Buddha by awakening to the truth of Consciousness-only. This is Bodhisattvas' act of perfecting themselves. Chapter 4 is about the act of serving Buddha by realizing the truth of Emptiness. This is Bodhisattvas' act of perfecting others. Chapter 5 emphasizes the identity of Buddha that has no form. This means Bodhisattvas' letting go of the ego to become Buddha.

Thus, Chapter 3,4 and 5 of the Diamond Sutra are about practicing the truths of Consciousness-only and Emptiness, so those are authentic dharma that changes ignorance into wisdom and anger into mercy. That means that this is the true dharma whose followers would become Buddhas.

---

39 修身齊家治國平天下 : A quote from the Great Learning which is one of the Four Books and Five Classics, the most important classics of Chinese Confucianism.

40 Chapter 26, Diamond Sutra - A New Translation, diamond-sutra.com

41 實無有法 名爲菩薩 : Chapter 17, Diamond Sutra

보살은 어떤 분인가요?

"실무유법 명위보살"이라는 말씀처럼, 일체유심조의 진리와 공의 진리를 깨쳐 부처님의 뜻을 기쁘게 하는 사람이며 자리이타自利利他를 실천하는 밝은 사람을 말합니다.

금강경 제3분은 일체유심조의 진리를 깨쳐 부처님을 시봉하는 자리행自利行을 실천하는 내용이고, 제4분은 공의 진리를 깨쳐 부처님을 시봉하는 이타행利他行을 실천하는 내용입니다. 금강경 제5분에는 '형상이 없는 부처님'의 정체성을 강조하여 보살의 마음속 아상을 소멸하고 부처님을 닮게 한다는 뜻이 담겨 있습니다.

금강경 3, 4, 5분이 곧 일체유심조와 공의 진리를 실천하는 내용이라 모두 정법입니다. 이 정법이 어리석음을 지혜로, 사나운 사람을 자비로운 사람으로 만들어 결국 부처가 되게 합니다.

Chapter 3 of the Diamond Sutra - All Things Are Created by Mind Alone

The Buddha taught in Chapter 3 of the Diamond Sutra what people should do to become enlightened.

all living beings will eventually be led by me to the final Nirvana, the final ending of the cycle of birth and death. And when this unfathomable, infinite number of living beings have all been liberated, in truth not even a single being has actually been liberated. [42]

"All living beings will eventually be led by me to the final Nirvana" means that ones who want to cultivate their minds should devote all thoughts to the Buddha.

My master interpreted the Diamond Sutra in a way that people can actually put it into practice. He also explained the process of reaching enlightenment by practicing the Diamond Sutra.

금강경 3분 일체유심조

부처님께서는 금강경 3분에서 밝아지고자 하는 사람이 마땅히 할 일을 말씀하십니다.

일체중생 아개영입 무여열반 이멸도지
一切衆生 我皆令入 無餘涅槃 而滅度之
여시멸도 무량무수 무변중생 실무중생 득멸도자
如是滅度 無量無數 無邊衆生 實無衆生 得滅度者

"아개영입 무여열반 이멸도지"는 '자신의 마음속에 올라오는 가지가지의 모든 생각은 무엇이든지 부처님께 바쳐라.' 하는 뜻입니다 (제3장 참조).
선지식께서는 이처럼 금강경을 이해하기 쉽고 실천할 수 있게 해설하셨습니다.
금강경 수행을 통하여 아상이 소멸하고 드디어 밝아지는 과정을 다음과 같이 구체적으로 말씀하시기도 하셨습니다.

"The Buddha mentioned the three types of learning[43] as the basis of practice : precepts, meditation and wisdom. Observing precepts calms the mind, and this quiet mind leads to wisdom. In the Diamond Sutra practice, devoting all thoughts to the Buddha is the precepts, and the joy you experience as a result is the meditation. This pure joy eliminates disasters and fulfills wishes. It has the power to turn poverty into abundance, weakness into strength and ignorance into wisdom.

In the beginning, small ignorance changes into small wisdom, and if you keep devoting thought traps of the ego, the root of ignorance will be eradicated and lead to enlightenment."

My master explained more specifically for practitioners as follows.
"Recite Maitreya Buddha with your heart and listen with your ears. Practice devoting all your thoughts to the Buddha. If you keep the thoughts in your mind, they will make you ill. If you suppress those, they will eventually explode and become a disaster."
Recite the Diamond Sutra in the morning and evening as if you were listening to the Dharma talk of the Buddha.
The body must move regularly to become healthy, and the mind must be left undisturbed to become healthy.
If you practice like this for a hundred days at a time and repeat about ten times, you will gain a quiet mind and wisdom. You will know where you came from. You will also know other people's previous lives. It is called the power to know past lives[44]. This is because you let go of the ego. Only when you release the ego, will you become a true member of society, making yourself and others genuinely happy."

"부처님께서는 일찍이 계정혜戒定慧는 수행의 기본으로, 삼학三學이라고 하셨다. 계戒를 지니면 마음이 안정되고, 마음이 안정되면 지혜가 난다. 금강경 수행에서 금강경을 독송하고 무슨 생각이든지 부처님께 바치는 행위는 말하자면 계에 해당한다. 계를 잘 지니면 아상이 소멸하여 마음이 안정되고 깊어지면서 환희심이 난다. 이 환희심은 각종 재앙을 소멸하고 소원을 성취하게 한다. 빈곤을 풍요로, 병약함을 건강으로, 무지를 지혜로 만드는 힘이 있다.

처음에는 작은 무지無智가 사라지고 작은 지혜가 난다. 부처님께 바치는 연습을 꾸준히 지속하면 무지가 뿌리째 빠져 큰 깨달음으로 이어진다."

수행자들을 위하여 다음과 같이 좀 더 구체적으로 말씀하시기도 하셨습니다.

"미륵존여래불을 마음으로 읽어서 귀로 듣도록 하면서, 무슨 생각이든지 부처님께 바치는 마음을 연습하여라. 궁리를 바치지 않고 가지면 병이 되고, 눌러 참으면 결국 폭발하여 재앙이 된다.

아침저녁으로 금강경을 읽되, 직접 부처님 앞에서 강의 듣는다 생각하며 읽어라. 육체는 규칙적으로 움직여야 건강해지고, 정신은 절대로 가만두어야 건강해진다. 이같이 공부하기를 백일을 1기로 하여 10회가량 되풀이하면 마음이 차츰 안정되고 지혜가 나면서 자신이 어디서 왔는지 그 뜻을 알게 될 것이다. 자신이 어디서 왔는지 알게 되면 다른 사람의 전생도 알게 되는데, 세상에서는 이것을 숙명통宿命通이라 한다.

일체유심조와 공의 진리를 실천해 아상이 없어지면 숙명통을 얻는다. 아상이 없어져야 비로소 진정한 사회인이 되며, 행복해지고 세상 사람들을 살기 편안하게 할 수 있다."

When you devote your thinking mind to the Buddha, your mind will become the Buddha's mind. Distracting and uneasy thoughts are created by your thinking mind, and those are all illusions. When you realize this truth, your mind will be filled with unlimited happiness, that is stillness of mind, the Buddha's mind.

In other words, practicing the truths of Consciousness-only and Emptiness is the precept, quieting the mind as a result is the meditation. And this quiet mind eliminates disasters, fulfills wishes and leads to the wisdom.

The following is the experience of a person who was reborn as a new Buddhist by practicing the Diamond Sutra, eliminating serious disasters and fulfilling wishes.

Dr. H was one of the most respected intellectuals in Korea. He was a law school professor at the prestigious S University and an editorial writer for the D daily newspaper.

It was the summer after the May 16 military revolution. Dr. H, who was secretly dissatisfied with the military revolution forces, wrote an editorial titled "National Referendum is not a panacea." This editorial provoked the government, and Dr. H ended up in prison without even a warrant. It was no surprise under the military government.

As a renowned law school professor, he had numerous students who had already become prosecutors or judges, and many of them often visited to comfort him. He was not only unashamed of what he did, but also optimistic about the possibility of being released from prison anytime soon. Time passed and winter came, and yet, he did not get a

마음속의 각종 분별심은 부처님께 바칠 때 부처님의 마음으로 바뀝니다. 산만하고 어지러운 이 마음이 자신의 분별심이며 착각으로 본래 없다는 것이 알아질 때, 변덕스러운 중생의 마음은 부처님처럼 흔들리지 않는 마음不動心이 되며 환희심이 납니다.

즉, 일체유심조와 공의 진리를 실천하는 것은 계戒, 산만하고 어지러운 마음이 안정된 마음으로 바뀌는 것은 정定입니다. 이 안정된 마음은 각종 재앙을 소멸시키고 소원을 이루게 하며 무지를 변화하여 올바른 혜慧에 이르게 합니다.

다음은 선지식께 직접 들은 실감 나는 이야기로, 금강경을 구체적으로 실천하여 심각한 재앙을 소멸하고 소원을 성취하여 새 불자로 거듭 태어난 체험입니다.

H 박사는 우리나라에서 매우 존경받는 최고 지식인 중 한 사람이었다. 그는 명문 S대 법과대학 교수이며 D 신문의 논설위원이기도 하였다.

5.16이 나고 얼마 지나지 않은 여름, 군사혁명 세력에 은근히 불만이 있었던 H 박사는 "국민투표만이 만능이 아니다."라는 제목의 사설을 신문에 기고하였다. 이 내용은 혁명정부의 심기를 불편하게 하였고, 결국 H 박사는 판사의 영장도 없이 감옥에 갇히는 신세가 되었다. 그 시절에 판사의 영장 없이 구속되는 것은 놀라운 일이 아니었다.

법학 교수로서 수많은 판검사를 제자로 둔 H 박사는 자신의 마음이 떳떳할 뿐 아니라 법조계 제자들의 위로가 이어졌기에 곧 감옥에서 풀려나리라고 낙관하였다. 그러나 가을이 지나고 초겨울이 되도록 재판 한번 받지 못하였고, 감옥에서 풀려날 낌새도 보이지 않았다. 언제 풀려날지 모르는 막막한 심경이 되자, H 박사의 부인은 급하게 나를 찾아왔다.

single court appearance. There was no hope of being released. Feeling hopeless, Dr. H's wife came to my master.

"His students who were saying that he would soon be released have given up. And those who comforted him have left. At first, he was confident and optimistic about everything, but now he looks frustrated. It seems that he has given up on all the hopes of life, not to mention getting out of prison. How can he get out of prison?"

"Your husband must have lost his dignified look. His face must appear to be depressed and shabby, like a prisoner. Looking like a prisoner is an indication that his mind is the mind of a prisoner. That means that there is no hope of getting out of prison. So then, how can he be released from prison? There is no way other than to change the prisoner's mind into the Buddha's mind. He should devote the prisoner's mind, the growing sense of fear to the Buddha. Then his mind will become the Buddha's mind, and no one will dare to keep him in prison. Tell him to recite the Diamond Sutra seven times a day and devote the hatred of the ruler to the Buddha. Whenever he feels hate, he should know that it is an illusion and dedicate it to the Buddha."

From then on, Dr. H recited the Diamond Sutra seven times a day, and devoted all his hatred and pessimistic thoughts to the Buddha. As he recited the Diamond Dutra, he gradually realized that all are mind-created illusions. When the hatred disappeared from his mind, he lost track of time reading the Diamond Sutra and forgot all worries about the future.

One day, he felt unlimited happiness, when he was reading the phrase, "it neither is a dharma, nor is it not a dharma" in Chapter 7

"많은 법조계 제자들도 두 손 들었고, 위로하던 사람들도 이제는 다 그이 곁을 떠났습니다. 그이는 처음에는 자신만만하고 매사에 낙관적이었지만, 이제는 실망의 기색이 역력합니다. 감옥에서 벗어나리라는 기대는 물론, 인생의 모든 희망을 다 포기한 심정인 것 같습니다. 언제 감옥에서 풀려날지 기약이 없습니다. 어떻게 하면 감옥에서 벗어날 수 있겠습니까?"

"지금 남편의 얼굴은 예전에 당당하던 모습은 사라지고 마치 죄수와 같이 초라해 보일 것이오. 얼굴이 죄수처럼 보이는 것은 마음이 죄수의 마음이기 때문이며, 그러면 감옥에서 풀려날 희망이 없소.

어떻게 해야 감옥에서 벗어나겠소?

죄수의 마음을 부처님 마음으로 바꾸는 길밖에 없소.

어떻게 바꿀 수 있는가?

죄수의 마음, 두려운 마음이 착각인 줄 알고 부처님께 바치는 것이오. 자신의 마음이 착각인 줄 알고 부처님께 바쳐 부처님 마음이 되면, 그 누구도 당신 남편을 감옥에 붙들어 둘 수 없을 것이오.

지금부터 내 말대로 하라고 전하시오. 하루에 금강경을 7번 독송하고, 통치자에 대해 미운 생각이 들거든 그 생각이 착각임을 깨닫고 정성껏 부처님께 바치라 하시오."

H 박사는 내 말대로 성심껏 금강경을 하루에 7독하며 각종 증오심이나 비관적인 생각을 정성껏 부처님께 바쳤다. H 박사는 금강경을 독송하며, 증오심이 착각이라는 공의 진리를 깨치게 되었다. 마음속에서 증오심이 사라지자 독송의 기쁨에 젖어 시간 가는 줄 몰랐으며 미래 걱정도 겨울 추위도 다 잊게 되었다.

환희심으로 금강경을 독송하며 '비법 비비법非法 非非法'이라는 구절에 실감을 느꼈다. 그러던 어느 날 H 박사는 군사혁명 정부에 대한 노여움이 풀리

of the Diamond Sutra. And on that day, he was released without any conditions. Afterwards, he let go of the anger at the military government, and the president also appointed him as a minister, as he was freed from karma. There is no self and others in the principle of karma.

As you can see in this story, we can eliminate disasters and fulfill wishes by devoting the ego that is greed, anger and ignorance to the Buddha. This is the natural result of practicing true dharma.

---

42 Chapter 3, Diamond Sutra - A New Translation, diamond-sutra.com

43 The three vehicles of learning, or the ways to attaining enlightenment: The precepts (sila or moral precepts); meditation (dhyana or contemplation); and wisdom (prajna or transcendental discernment) Precepts to avoid evil acts in body, speech, and mind; concentration or meditation to maintain the equanimity of the mind; the transcendental wisdom to understand the emptiness of all phenomena.

44 The miraculous power of knowing the past lives (宿命通): One of the six psychic powers, the psychic power to know the former lives of oneself and others.

는 것을 느끼면서, 아무 조건도 없이 감옥에서 풀려났다. 업보란 자타가 없는지라, 대통령 역시 마음이 풀려 뒤에 그를 장관으로 중용하였다.

이처럼 탐진치, 즉 아상을 부처님께 바쳐서 마음속 업보 업장이 소멸되고 환희심이 생기면 재앙을 소멸하고 소원이 다 이루어집니다. 이는 정법 수행의 당연한 결과라 하겠습니다.

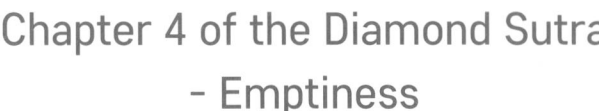

Chapter 4 of the Diamond Sutra - Emptiness

The Buddha said in Chapter 4 of the Diamond Sutra

Furthermore, Subhuti, in the practice of compassion and charity a disciple should be detached. That is to say, he should practice compassion and charity without regard to appearances, without regard to form, without regard to sound, smell, taste, touch, or any quality of any kind. Subhuti, this is how the disciple should practice compassion and charity. Why? Because practicing compassion and charity without attachment is the way to reaching the Highest Perfect Wisdom, it is the way to becoming a living Buddha.[45]

What does this mean?

People desire to get ahead. They work hard to be qualified for a good job. They want to go to prestigious schools, get good grades, get a top-notch job and make a lot of money. Why do they want all these? This is

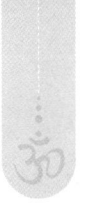

금강경 4분 공(空)

부처님께서 금강경 4분에서 다음과 같이 말씀하십니다.

보살 어법 응무소주 행어보시
菩薩 於法 應無所住 行於布施
소위부주색보시 부주성향미촉법보시
謂不住色布施 不住聲香味觸法布施

무슨 뜻일까요?

사람들은 출세하고 싶은 욕망이 있습니다. 출세를 위하여 공부하고 자격을 갖추려 합니다. 이왕이면 좋은 학교에 가서 성적을 잘 받으려 하고 학교를 졸업하면 일류 직장에 들어가 돈을 많이 벌고자 합니다. 왜 사람들은 좋은 학교, 출세, 성공, 돈 많이 벌기를 희망할까요? 한恨이 발동하였기 때문입니다.

because Han(恨)⁴⁶ was triggered.

In people's hearts, there are Han of poverty, Han of honor and Han of love, as they repeatedly committed sins in countless former lives because of the three poisons : greed, hatred and ignorance. Han is triggered by a cause(Nidana⁴⁷), so people pursue prestigious schools, seek love, and expect huge success in business. Every time they do something, they have a purpose, because this Han is triggered.

The Buddha said, "in the practice of compassion and charity a disciple should be detached." This means that when you do something, you should not be attracted to Han or karma in your heart. The Buddha also said, "he should practice compassion and charity without regard to appearances, without regard to form, without regard to sound, smell, taste, touch, or any quality of any kind." This means that you should not be attracted to karma due to color, sound, scent or taste.

Ordinary people, who are attracted to karma or Han, pursue prestigious schools and beautiful partners, thinking these will bring happiness.

The Buddha said, "practicing compassion and charity without attachment is the way to reaching the Highest Perfect Wisdom, it is the way to becoming a living Buddha." This means that you pursue the best, every time you do something, but it is all illusions created by your karma. If you follow these illusions, you will become ignorant and be faced with disasters. So do not follow the illusions, just work to serve the Buddha.

사람들은 무시겁으로 탐진치로 인한 죄업을 지었기에, 마음속에 빈궁의 한, 명예의 한, 사랑의 한이 존재합니다. 인연에 따라 한이 발동하므로 학교에 다닐 때는 일류를, 사람을 만날 때는 사랑을 구하고, 사업할 때는 큰 성공을 기대합니다. 무슨 일을 할 때마다 목적이 생기는 것은 이러한 한恨에 따른 업業의 발동으로 보면 틀림없습니다.

부처님께서 "어법 응무소주 행어보시" 하신 것은, 무슨 일을 할 때 마음속의 한이나 업보에 이끌려 행동하지 말라는 뜻입니다. "부주색보시 부주성향미촉법보시"는 색色으로 인한 업보, 소리 향기 맛 등으로 인한 업보에 이끌려 마음을 내지 말라는 말씀입니다.

업보나 한에 이끌려 마음을 내는 보통 사람들은 일류 학교가 행복을 가져온다고 착각하고 일류 학교를 지향하며, 보드라운 사람이 행복을 가져온다고 생각하여 미인을 추구합니다.

"보살 응여시보시 부주어상"은 무슨 뜻일까요?

'사람들은 무슨 일을 할 때 일류나 성공을 지향하는데, 사실 알고 보면 이것은 모두 업보가 지어낸 허상이다. 이 허상을 따르면 무지(無智)하게 되고 재앙이 일어나니 일류나 성공을 지향하지 말고, 이 마음이 착각인 줄 알고 부처님을 지향하여 일하라.'라는 뜻입니다.

People's minds are alway seeking their karma to be attached to it. It can be money, honor or enlightenment. "Practicing without attachment" means that you should change the attachment into reverence for the Buddha. What can't your mind be attached to?

My master said that minds cannot be attached to the Buddha that has no form or karma. He said, "when you do something, work toward the Buddha. Always be with the Buddha." Because this is the way to enlighten your mind, get out of trouble and reach enlightenment.

Students should go to school not to get ahead and succeed, but to practice the Buddha's mind. When working in society, people should not have any purpose, but work to serve the Buddha.

"In the practice of compassion and charity a disciple should be detached" means that we should live a life to be with and serve the Buddha. Practitioners also should not practice to attain freedom or enlightenment, but to please the Buddha.

In the Analects of Confucius[48], there is a saying, "Knowing does not surpass liking, yet even liking cannot surpass the act of enjoying." It was written more than 2,500 years ago, but it is still frequently quoted by CEOs around the world. This means that if there is a secret to being good at something, it is to enjoy doing it. If you are forcing yourself to do something, no matter how intelligent you are or how hard you try, you can not beat someone who is enjoying it.

Then how can you enjoy doing things that you do?

You should realize that the thoughts and feelings associated with your lack of willingness to do things are just illusions.

"부주어상不住於相"은 업보가 없는 곳을 말합니다. 사람의 마음은 항상 업보가 있는 곳, 즉 마음이 붙을 곳을 찾기 마련입니다. 돈이나 명예에 마음이 붙을 수 있습니다. 도통에 마음이 붙을 수도 있습니다. 마음이 붙지 아니한 곳을 지향하라는 것은, 무슨 일을 하든지 돈·명예·도통에 붙은 마음이 착각인 줄 알고, 오직 그 마음을 부처님 시봉하는 마음으로 바꾸어 일하라는 뜻입니다. 그런데 과연 '부주어상', 마음이 붙을 수 없는 곳은 어디인가요?

선지식께서는 업보가 없는 곳, 마음이 붙지 못하는 곳은 오직 형상 없는 부처님이라 하십니다. 무슨 일을 하고자 할 때 형상 없는 부처님을 지향하여 마음을 내라, 항상 부처님과 함께 하는 삶을 살라는 말씀입니다. 이렇게 할 때 부처님의 광명이 내 마음에 임하시어 일체유심조와 공의 진리를 깨쳐서 고난에서 벗어나고, 무지와 무능에서 멀어집니다.

학생은 출세와 성공을 목표로 하지 말고, 부처님 시봉하는 마음을 연습하기 위하여 학교에 가라는 말이요, 직장인 경영자 정치인 등 사회에서도 어떤 목적을 가지지 말고 오직 부처님 시봉하기 위하여 일하는 마음을 내라는 것입니다.

다시 말해 "응무소주 행어보시應無所住 行於布施"란, 이기적 목적을 위해서 일하지 말고, 항상 부처님 시봉하는 삶, 부처님과 함께하는 삶을 살라는 말씀입니다. 수도인도 행복하고 자유롭기 위하여, 또는 도통하기 위하여 수도하지 말고 부처님 기쁘게 해 드리기 위하여 수도하라는 말씀입니다.

『논어』에 "지지자불여호지자 호지자 불여낙지자知之者 不如好之者 好之者 不如樂之者"라는 문장이 있습니다. 2,500여 년 전의 글입니다만, 21세기 최고경영자들도 즐겨 사용합니다. 일이나 공부를 잘하는 비결이 있다면, 그것을 좋아하거나 즐겨하라는 말씀입니다. 싫어하며 억지로 하는 사람은 아무리 머리가 좋아도 또 아무리 노력해도, 즐겁게 하는 사람을 따라잡을 수 없습니다.

공부를 즐기는 근본 원리는 무엇일까요?

공부하기 싫은 마음이 착각이며 본래 없음을 깨닫는 것입니다.

In other words, when you attain the truth of Emptiness by reciting the Diamond Sutra, your laziness and procrastination will disappear. You will enjoy doing the things you do, and become an accomplished and competent member of society. Furthermore, you will finally enter the enlightenment of the Buddha.

---

45 Chapter 4, Diamond Sutra - A New Translation, diamond-sutra.com

46 The definition of Han in Korean is something that is unique to the people of Korea. The word comes from the Chinese Character 恨 (Han) which means resentment, sorrow, or regret. Han, in Korean, has many different translations in English, but no word truly describes what it means.

47 Nidāna is a Sanskrit and Pali word that means "cause, motivation or occasion" depending on the context.

48 The Analects (論語), also known as the Analects of Confucius, the Sayings of Confucius, or the Lun Yu, is an ancient Chinese book composed of a large collection of sayings and ideas attributed to the Chinese philosopher Confucius and his contemporaries, traditionally believed to have been compiled and written by Confucius's followers.

다시 말하면 금강경을 독송하여 공의 진리를 깨칠 때, 싫은 마음이 사라져 공부를 즐기게 되고, 둔재가 변하여 인재와 영재가 됩니다. 더 나아가서는 밝은 부처님의 세계로 들어가게 됩니다.

True Dharma in Chapter 5 of the Diamond Sutra

"Subhuti, what do you think? Can the Buddha be recognized by means of his bodily form?"

"No, Most Honored One, the Buddha cannot be recognized by means of his bodily form. Why? Because when the Buddha speaks of bodily form, it is not a real form, but only an illusion."

The Buddha then spoke to Subhuti: "All that has a form is illusive and unreal. When you see that all forms are illusive and unreal, then you will begin to perceive your true Buddha nature." [49]

Chapter 5 of the Diamond Sutra begins with a question of the Buddha, "Can the Buddha be recognized by means of his bodily form?" This is about the identity of the Buddha.

The message of Chapter 3 is that you should devote all thoughts to the Buddha, and that of Chapter 4 is that you should work or practice

금강경 5분에 나타난 정법

수보리 어의운하 가이신상 견여래부
須菩提 於意云何 可以身相 見如來不
불야 세존 불가이신상 득견여래
不也 世尊 不可以身相 得見如來
하이고 여래소설 신상 즉비신상
何以故 如來所說 身相 卽非身相
불고수보리
佛告須菩提
범소유상 개시허망 약견제상 비상 즉견여래
凡所有相 皆是虛妄 若見諸相 非相 卽見如來

"수보리 어의운하 가이신상 견여래부"로 시작되는 금강경 5분은 부처님의 정체성을 밝히는 내용입니다.

금강경 3분에 무슨 생각이든지 부처님께 바치라고 하였고, 4분에서 일이

only to please the Buddha, not for selfish purposes. And Chapter 5 begins with the question, 'does the Buddha have a shape and form?'

As Subhuti answered, "No, Most Honored One, the Buddha cannot be recognized by means of his bodily form.", the Buddha that we devote our thoughts to has no bodily form. The Buddha is not a being that we can ascertain by assuming the characteristics of the body or the mind.

The Buddha that you can fathom with your brain is not the 'True Buddha'. It is the Buddha you perceive through your prejudice, the Buddha created by your karma.

"All that has a form is illusive and unreal."

Wise people who have been liberated from desires interpret this phrase that "All my thoughts are wrong." Those who have big egos, the attachment to the body, interpret this literally, thinking "all that has a form" means the things we can see with our eyes.

"When you see that all forms are illusive and unreal, then you will begin to perceive your true Buddha nature."

When you understand that your thoughts and judgements are all illusions, you will be able to enter the world of the Buddha. If you believe that your thoughts are real, there will be no way for you to get out of this world of pain. If you want to enter the peaceful world of the Buddha, you should know that your thoughts and judgements are just illusions.

With this interpretation, the Diamond Sutra makes sense and becomes practicable.

You can practice Chapter 3 of the Diamond Sutra, by devoting all

나 공부를 할 때 이기적 목적으로 하지 말고 오직 부처님 기쁘게 해 드리기 위하여서 하라고 하였습니다. 5분에서는 '그 부처님은 형상이 있는가?' 하는 질문으로 시작합니다.

"불야 세존 불가이신상 득견여래"라고 수보리 존자가 대답한 것처럼, 우리가 바치는 부처님은 형상이 있는 부처님이 아닙니다. 부처님은 몸의 모습이나 마음의 특징을 추측하거나 판단하여 알 수 있는 존재가 아닙니다.

머리를 써서 추측할 수 있는 부처님은 내가 생각하는 부처님, 내 선입견으로 보는 부처님일지언정 '참 부처님'이 아니며, 나의 업보가 만든 부처님입니다.

"범소유상 개시허망"

애욕을 해탈하여 지혜롭게 된 사람은 '내 생각은 다 틀린 것이다.'라고 해석합니다. 왜냐하면 범소유상을 눈에 보이는 모든 형상이라 해석하는 사람은 아상이 큰 사람, 몸뚱이 착(着)이 큰 사람이기 때문입니다.

"약견제상 비상 즉견여래"

'내 생각, 판단이 착각이고 본래 없는 것을 알았을 때, 부처님 세계에 들어갈 수 있다. 내 판단이 꼭 옳은 줄 안다면 항상 중생 세계에서 각종 고통에 시달리며 벗어날 길이 없다. 이 고통의 세계를 벗어나 편안하고 즐거운 부처님 세계로 들어가려면 자신의 판단이 착각이요 본래 없는 것임을 알라.'라고 하십니다.

이렇게 해석하면 금강경의 문맥이 통하고 실천할 수 있어서 깨달음이 가능합니다.

금강경 3분에서는 '무슨 생각이든지 부처님께 바쳐라.' 하고 말씀하신 것을 실천하여 일체유심조의 진리를 깨쳐서 사람들을 지혜롭게 합니다.

thoughts to the Buddha, and attain the truth that all things are mind-created illusions. It will make you wise. Doing whatever work you do only to please the Buddha is like practicing Chapter 4 of the Diamond Sutra. In this way, you will attain the truth of Emptiness and become competent.

In Chapter 5 of the Diamond sutra, there is a famous four-line stanza[50] that says.

> *All that has a form is illusive and unreal. When you see that all forms are illusive and unreal, then you will begin to perceive your true Buddha nature.*[51]

You can understand the life of the Buddha and resemble him, by reciting this four-line stanza of the Diamond Sutra. And then you will make "inconceivable, incalculable and boundless" merit, and reach enlightenment.

---

49 Chapter 5, Diamond Sutra - A New Translation, diamond-sutra.com

50 凡所有相 皆是虛妄 若見諸相非相 即見如來

51 Chapter 5, Diamond Sutra - A New Translation, diamond-sutra.com

4분에서는 무슨 일을 하든지 부처님 기쁘게 해 드리는 마음가짐으로 하여, 사람들은 공의 진리를 깨치게 되므로 능력자가 됩니다.

5분에서는 금강경 전체의 뜻을 내포하고 있는 이 사구게를 수지독송하므로, 사람들은 부처님의 삶을 이해하고 닮아가게 되며 무량공덕을 성취하여 밝아진다는 것입니다.

Practicing Chapter 5 of the Diamond Sutra

It is clear that many people will become more familiar with the Diamond Sutra, if they find that it addresses life's challenges and makes people happy. There was a man who overcame a severe crisis, by applying the fundamental principle of the Diamond Sutra to his life.

He was anxious, because he was pressed to repay his debt for a long time. He suffered enduring debt dunning, with no prospect of paying off the debt in the near future.

If you were told there is a spiritual master who helps people overcome difficulties when you are in need, of course, you will try to find him. Fortunately, the man who was seriously in debt was able to meet the master.

The following are the words of the master who helped him resolve the crisis.

"No one in the world will be able to solve your difficulties on your behalf.

금강경 5분의 실천

　금강경 사구게를 생활 속의 각종 난제에 적용하여 그 난제를 해결하고 행복한 삶을 살게 된다는 것을 알게 되면, 많은 사람이 금강경과 더욱 친근해질 것입니다. 절체절명의 위기를 당한 사람이 금강경 사구게의 대원칙을 생활에 적용하여 어떻게 위기에서 벗어나는지, 근본 원리를 말씀드립니다.
　어떤 사람이 지금 사흘이 멀다고 빚 독촉을 받아서 너무나 힘듭니다. 가까운 장래에 그 빚을 갚을 희망도 없습니다.
　만약 궁지에 몰린 사람들이 어려울 때 모든 난관을 다 극복하게 해준다는 도인의 소문을 듣는다면, 당연히 그 도인을 찾아 나설 것입니다. 다행히 그는 도인을 만나게 되었습니다.
　다음은 절체절명의 위기에 처한 그 사람을 난관으로부터 구출해낸 도인의 말씀입니다.

　"천하의 도사도 그대의 난관을 해결해 줄 수 없을 것이다. 그대는 오직 금

You will be able to find a solution only by practicing the teachings of the Diamond Sutra. Listen to me now and answer my questions honestly.

Do you think the agony of being pressed for debt is not a thought or imagination, but an absolute reality? Or do you think that it may not be a reality?"

"Of course, this is reality. I can not believe that this is an imagination, not reality."

"It is actually an illusion, not reality. You firmly believe this is an absolute reality, because your mind became dark due to the sins you committed in countless former lives. If you practice the Diamond Sutra, and understand that all are mind-created illusions, then you will realize the truth immediately.

What is the truth?

It is that being pressed for debt is just a thought, not a reality. In other words, suffering is inherently absent. The thought that you are suffering makes you suffer. Get out of the illusion that this is reality. Believe that only the thought exists. If you believe so, it will be the first step out of trouble.

The Buddha said, "when you see that all forms are illusive and unreal, then you will begin to perceive your true Buddha nature." For the next step, you should put this into practice. "All forms" means that your idea of believing that this reality is painful. So when you realize that your thought that you are in pain is a delusion, "then you will begin to perceive your true Buddha nature." Your difficulties will disappear by themselves, and you will reach infinite happiness.

Practice the Diamond Sutra like this. First of all, believe that your

강경 가르침을 실천하여 해법을 찾을 수 있을 것이다. 지금 내 말을 잘 듣고 질문에 성실히 대답해 보아라.

그대는 빚 독촉을 받는 괴로움이 궁리나 상상이 아닌 엄연한 현실이라고 생각하는가? 또는 나는 빚 독촉을 받고 있다고 생각할 뿐 이것이 반드시 현실이 아닐 수도 있다고 믿는가?"

"당연히 빚 독촉의 괴로움은 엄연한 현실이고 사실입니다. 나는 빚 갚으라고 독촉받고 있다고 생각할 뿐, 이것은 현실이 아니라는 생각을 할 수 없습니다."

"빚 독촉의 괴로움이 엄연한 현실이라는 것은 실은 착각이고 사실이 아니다. 그대가 그렇게 굳게 믿는 것은, 수많은 죄업으로 인하여 마음이 어두컴컴해져서 생긴 착각의 결과다. 그대가 금강경 공부로 그렇게 믿는 마음이 모두 착각이라 볼 수 있게 된다면 바로 올바른 판단에 도달하게 될 것이다.

무엇이 올바른 판단인가?

나는 빚 독촉을 받고 있다는 것은 생각일 뿐 현실이 아니라는 깨달음이다. 괴로움이란 본래 없는 것이다. 괴롭다는 생각이 사람을 괴롭게 하는 것일 뿐이다. 이 괴로움이 현실이라는 생각에서 벗어나라. 괴롭다는 생각만이 존재할 뿐이라고 믿어라. 그렇게 믿게 되면, 그것이 일차 난관을 돌파한 것이니라.

그다음은 금강경 사구게의 가르침, '약견제상 비상'을 실천하면 된다. 여기서 '약견제상'이란 이 현실이 괴롭다고 믿는 그대의 생각을 말한다. '비상'은 '그 생각이 참이 아닌 줄 알면' 하는 뜻이다. '약견제상 비상 즉견여래'는 '괴로워 미치겠다는 생각이 참이 아닌 줄 알게 된다면 고난이 확실히 사라지고 참으로 즐거워진다.'라는 뜻이다.

이렇게 금강경의 가르침을 실천해 보아라. 우선 '빚쟁이에게 시달림을 받

suffering is not reality but a thought. This is the first step to resolve the difficult situation. As long as you believe that it is reality, not an illusion, you have no hope of getting out of pain. Know that it is only a thought and devote the thought to the Buddha. If it is not easy to dedicate, recite the Maitreya Buddha with your heart. Keep devoting the thought until you realize that your suffering is not reality but an illusion. The time will surely come when you feel comfortable, and then your trouble will already be resolved perfectly."

It would be safe to say that true dharma is the teachings that lead people to enlightened wisdom, and false dharma, on the other hand, is the teachings that lead to darkness. Let's look at the table so that we can understand the characteristics of true and false dharma.

	False Dharma	True Dharma
How to Train	• Pursuing the right answer • Conveying knowledge	• Letting students find the answer by themselves, by giving guidance • Developing wisdom
Result of Practice	• Overcoming adversity • Worldly success • Temporary success and happiness • Starting over in the face of adversity	• Adversity is a blessing • Stability of mind • Enduring confidence • Adversity is an illusion
Characteristics of a Teacher	• Person with a lot of knowledge • Person with the ego	• Person who attained the truth of Consciousness-only • Person without the ego

는 괴로움이 실은 현실이 아니고 생각일 뿐'이라는 믿음이 문제를 해결할 1차 과제다. 괴로움이 생각이 아니라 현실이라 믿는 한, 그대는 고통에서 영원히 벗어날 희망이 없다. 그대가 생각하는 고통이란 현실이나 사실이 아닌 오직 생각이요 궁리일 뿐임을 알고 그 생각을 부처님께 바쳐보아라. 바치기 쉽지 않으면 그 생각에 대고 '미륵존여래불'을 정성껏 하여라.

언제까지?

그 괴로움이 현실이 아니요, 착각이라는 깨달음이 올 때까지 정성껏 부처님께 바치는 것이다. 언제인가 마음이 편안해질 것이며, 그때 현실 문제는 이미 깨끗이 해결되어 있을 것이다."

밝은 지혜에 이르는 가르침을 정법이라 하고, 사람을 어두움에 이르게 하는 가르침을 사법이라 할 수 있습니다. 이 특징을 실감 나게 이해할 수 있도록 표로 살펴보겠습니다.

정법과 사법의 비교

	사법邪法	정법正法
교육 방법	• 정답을 추구하는 교육 • 지식 전달 교육	• 힌트를 주어 스스로 답을 찾는 교육 • 지혜 개발 교육
수행결과	• 역경 해결 • 겉으로 드러나는 성공 • 일시적이고 일회성인 성공과 행복 • 역경이 올 때마다 다시 노력해야 함	• 역경이 곧 축복 • 마음속 깊은 안정감 • 세세생생 지속되는 자신감 • 역경이 착각이며 본래 없다
스승의 특성	• 지식이 풍부한 사람 • 아상(이기심 탐진치)이 있음	• 일체유심조를 깨친 사람 • 아상(이기심 탐진치)이 없음

Who is an Enlightened Master?

Whenever I saw the Seokguram Grotto, the world's famous artwork, the benevolent countenance of the Buddha, I felt relieved of anxiety. So I thought that the Buddha was there.

However, the Buddha was not there, because the Buddha has no bodily form.

Whenever I visited a mountain temple where I could hear the tinkling of a wind-bell and the sound of rushing water, I felt at ease. So I thought that the Buddha was there.

However, the Buddha was not there, because the Buddha was even in the dirty streets.

I thought that a mother's love for her child, the unconditional and sacrificial love, is the most beautiful thing in the world, so I thought that the Buddha was there.

선지식이란?

　세계인들이 극찬하는 예술작품, 석굴암의 자비로우신 존안尊顏. 이 모습을 대할 때마다 각박한 마음이 부드러워졌고 불안한 마음이 편안해졌습니다.
　그래서 그곳에 부처님이 계신 줄 알았습니다.
　그러나 부처님은 그곳에 계시지 않았습니다.
　왜냐하면 부처님은 모양이 아님을 알았기 때문입니다.

　기암괴석 속의 계곡물, 풍경소리 들리는 산사山寺, 그리고 산사 속 맑디맑은 모습의 스님들. 그곳에 갈 때마다 마음이 쉬었습니다.
　그래서 산사에 부처님이 계신 줄 알았습니다.
　그러나 부처님은 그곳에 계시지 않았습니다.
　왜냐하면 부처님은 지저분한 저잣거리에도 계심을 알았기 때문입니다.

　조건 없이 베푸는 사랑. 목숨까지 마다할 헌신적 사랑. 세상에 가장 아름다운 마음, 어머니 사랑. 여기에 부처님이 계신 줄 알았습니다.

But now, I understand that the Buddha is not there, because I realized that there is no sorrow, or sacrifice in the Buddha' love.

The Avatamsaka Sutra, the most influential, the most grandiose, the most comprehensive, and the most beautifully arrayed of the Buddhist scriptures. I thought that the Buddha was there, in the Avatamsaka Sutra.

However, the Buddha was not there, because the Buddha was not in words or letters. The Buddha can not be known through religious faith, because the Buddha has no solid foundation in any reality.

When I was troubled, and faced hardships, I chanted Avalokiteshvara over and over with all my heart. Then, like a miracle, the pain disappeared and the problems were solved. So I thought that the Buddha was in the miracle of solving the problem.

However, now I know that the Buddha is not in the miracle, because I realized that miracles happen and difficulties are resolved when I let go of the worries in my mind. The miracles are the manifestation of the true self being revealed in my mind.

Now I understand. There was an enlightened master who said, "Don't look for the Buddha outside your mind, because there is no Buddha who gives you blessings. When you realize that all your thoughts and judgments are wrong, you will find the Buddha in your mind."

The truth is called the authentic dharma, and a teacher who teaches the true dharma is the enlightened master. If there is a virtuous master who enlightens me with the true dharma, he will be my Buddha.

그러나 부처님은 거기에 계시지 않음을 알겠습니다.

왜냐하면 제가 깨닫게 된 부처님의 사랑은 흔적이 없는 사랑이요, 희생이 동반되지 않는 사랑이요, 애절함이 없는 사랑이었기 때문입니다.

불교 최고의 경전, 마음 밝게 해주는 무상無上의 지침서, 대방광불화엄경의 장엄한 가르침.

부처님은 당연히 그 속에 계신 줄 알았습니다.

그러나 부처님은 그곳에 계시지 않았습니다. 왜냐하면 부처님은 문자에 있지 아니하고 교敎를 통해 도저히 알 수 없는 무실무허無實無虛의 존재임을 깨우치게 되었기 때문입니다.

마음이 괴롭고 난제가 산적할 때 정성껏 관세음보살을 염하였습니다. 몸과 마음을 다하여 관세음보살, 관세음보살 하였습니다. 그랬더니 정말 기적처럼 괴로움이 사라지고 난제가 해결되었습니다.

그래서 부처님은 그 난제 해결의 기적 속에 계신 줄 알았습니다.

그러나 부처님은 그 난제 해결이나 기적에 있지 않음을 알게 되었습니다.

왜냐하면 난제 해결이나 기적은 제 마음의 번뇌가 사라질 때 드러나는 제 마음속의 참나眞我의 발현임을 알게 되었기 때문입니다.

이제 알았습니다.

"부처님을 마음 밖에서 찾지 말라. 가피를 내려 주시는 부처님은 아니 계시다. 그대의 생각과 판단이 모두 틀린다는 사실을 깨달을 때, 비로소 그대 마음속에 부처를 찾을 수 있으리라."

이 진리를 일깨워 주는 분이 있었습니다.

그 진리를 정법正法이라 하고 정법을 일러주는 분을 선지식이라 하였습니다.

정법으로 나를 밝게 해주는 이가 있다면 그분은 내 부처님이 될 것입니다.

Chapter 5

The World of Diamond Wisdom

5장

금강반야의 세계

The World of Diamond Wisdom

Buddhism is a teaching that leads to enlightenment by cultivating the mind. If we let go of greed, anger and ignorance, the innate wisdom will reveal itself.

What is wisdom?

Is the inner wisdom that the Buddha spoke of different from what we know?

Some people say they are the same, others say they are completely different, but which is right?

In order to figure this out, it is necessary to study Chapter 13 of the Diamond Sutra. Once you understand what the Diamond Wisdom is, the difference between the wisdom that the Buddha said and the wisdom that people say will become clear to you.

Chapter 13 begins with the question of Subhuti.

금강반야의 세계

불교를 마음 닦아 밝아지는 가르침이라고 합니다. 마음 닦아 탐진치를 소멸하면 부처님처럼 본연의 지혜가 드러난다는 뜻입니다.

지혜란 무엇인가요?

부처님께서 말씀하시는 본래 갖추어져 있는 지혜와 세상 사람들이 말하는 지혜는 어떤 차이가 있을까요?

어떤 사람은 같다고, 어떤 사람은 전혀 다르다고 말하는 데 정말 그러할까요?

이러한 것을 알기 위해서 우선 금강경 13분 「여법수지분」을 공부하는 것이 필요합니다. 13분의 핵심 내용인 금강반야가 무엇인지 알게 되면 자연스럽게 부처님께서 말씀하시는 지혜와 사람들이 말하는 지혜의 뜻과 차이점이 분명해질 것입니다.

금강경 13분은 수보리 존자의 질문으로 시작합니다.

"By what name shall we know this Sutra, so that it can be honored and studied?"

The Buddha replied,

"This Sutra shall be known as 'The Diamond Wisdom that cuts through Illusion.'"

Subhuti said to the Buddha,
"By what name shall we know this Sutra,
so that it can be honored and studied?"
The lord Buddha replied,
"This Sutra shall be known as
'The Diamond Wisdom that cuts through Illusion'.
By this name it shall be revered and studied and observed.[52]

To sum up, "Do not wander around looking for something great out of your mind. The world outside your mind does not really exist, even though you think otherwise. The world is not real. It is an illusion created by your mind." Chapter 13 of the Diamond Sutra emphasizes to realize that all are mind-created illusions, so it should be called "the Diamond Wisdom."

Diamond is the hardest material on earth, so "the Diamond Wisdom" means the hardest wisdom. Some wisdom may be solid, while others are not.

"이 경의 이름을 무엇이라 하며, 가르침의 핵심을 무엇이라 생각하며 공부할까요?" 이에 부처님께서는 "이 경은 금강과 같은 지혜로, 생사를 해탈하는 진리로 알고 공부하여라."라고 말씀하십니다.

이시 수보리백불언 爾時 須菩提白佛言
세존 당하명차경 世尊 當何名此經
아등 운하봉지 我等 云何奉持
불고수보리 佛告須菩提
시경 명위금강반야바라밀 是經 名爲金剛般若波羅蜜
이시명자 여당봉지 以是名字 汝當奉持

그때 수보리 존자가 부처님께 말씀드리기를
부처님이시여 이 경의 이름은 무엇이라 하며
우리는 어떤 마음으로 받들어 가지겠습니까?
부처님께서 수보리 존자에게 말씀하시기를
이 경은 금강반야바라밀경이며
그 이름으로 그대들은 받들어 가지어라.

지금까지 공부한 내용을 정리한다면, "좋은 것을 찾기 위해서 마음 밖의 것을 찾아 헤매지 말라. 마음 밖의 세계는 그대들이 상상하는 것처럼 실제로 존재하는 것이 아니기 때문이다. 현실세계란 참이 아니라 그대들의 마음이 만들어낸 허상이다."라는 것이며, 13분에서는 현실세계가 마음이 만들어낸 허상이라고 깨닫는 지혜가 있다면, 이것이 지혜 중 최고의 지혜, 즉 금강반야임을 강조하고 있습니다.

"시경 명위 금강반야바라밀"이라는 말씀 중 금강이라고 하는 것은 물질

It is not easy to understand the true meaning of wisdom, but it seems to be more difficult to know what the solid wisdom that Buddha is talking about. What is solid wisdom?

Wisdom is the ability to solve difficult problems. If you can solve some problems easily, but are unable to solve other more difficult problems, that means that you are not wise enough. In other words, the wisdom you have is not solid enough. Therefore, solid wisdom is the ability that can solve any difficult problem.

If it is wisdom that can resolve a life-threatening crisis, it would be even more solid.

---

52 Chapter 13, Diamond Sutra - A New Translation, diamond-sutra.com

중 가장 단단한 물질인 금강석, 즉 다이아몬드를 말합니다. 금강반야란 가장 단단한 지혜라는 뜻입니다. 지혜 중에는 단단한 지혜도 있고, 단단하지 않은 지혜도 있는가 봅니다.

지혜라는 참뜻을 이해하는 것도 쉽지 않은데, 부처님께서 말씀하시는 단단한 지혜란 과연 무엇일까요?

지혜란 쉽게 말해서 자신에게 닥친 어려운 문제를 해결하는 능력이라 할 수 있습니다. 쉬운 문제는 해결해도 어려운 문제를 해결하지 못하는 지혜라면 이런 지혜는 단단한 지혜라 할 수 없을 것입니다. 그러므로 단단한 지혜란 어떤 어려운 문제도 해결할 수 있는 지혜입니다.

절체절명의 위기를 해결할 수 있는 지혜라면, 이것이야말로 더욱 단단한 지혜일 것입니다.

The Three Kinds of Wisdom in Buddhism and The Diamond Wisdom

In order to understand the meaning of solid wisdom, let's see the three kinds of wisdom in Buddhism.

First is Munhye(聞慧), wisdom attained through seeing and listening to teaching. Second is Sahye(思慧), wisdom attained through speculation. Third is Suhye(修慧), wisdom attained through spiritual cultivation. When you let go of the thinking mind, this innate wisdom is revealed.

Munhye refers to the wisdom that students gain from studying at school. If you can solve difficult problems at work with the knowledge you learned at school, that means you have Munhye. This is wisdom gained through acquiring knowledge and information.

People with knowledge and information will be better at resolving difficulties than others. Many Korean companies prefer college

불가에서 말하는 세 가지 지혜와
금강반야

'단단한 지혜'의 뜻을 알기 위하여 불가에서 흔히 말하는 세 가지 지혜를 살펴보도록 하겠습니다.

첫 번째 지혜는 문혜(聞慧)로, '보고 들어서 얻는 지혜'입니다. 두 번째 사혜(思慧)는 생각하고 또 생각해서, 즉 '심사숙고하여 얻어지는 지혜'입니다. 그다음으로 '마음을 닦아서 얻는 지혜'인 수혜(修慧)가 있습니다. 수혜는 마음 닦아 분별심이 사라지면 마음속의 지혜 광명이 드러나는 것입니다.

문혜는 보고 들어서 얻는 지혜, 말하자면 학생들이 학교에서 공부하여 얻어진 지혜를 말합니다. 학교에서 얻은 지식으로 직장에서 어려운 문제를 해결할 수 있다면 이것은 각종 정보와 지식을 통해서 얻은 지혜로, 문혜입니다.

지식이 많은 사람, 다양한 정보를 알고 있는 사람은 어려운 일에 맞닥뜨렸을 때 지식이나 정보가 부족한 사람들에 비하여 해결 능력이 뛰어날 것입니다. 우리나라 기업들은 중·고등학교 출신보다 대학 출신을 우대하는데, 이

graduates to middle or high school graduates, because they believe that college graduates have more of this wisdom, Munhye. However, Munhye cannot be said to be solid wisdom, because it often fails to answer numerous challenges in life.

While Munhye is wisdom gained by seeing and listening, Sahye is wisdom gained by ceaseless thinking. Sahye can be obtained, when you study and think deeply about a solution to a problem. It also involves collaboration with others to find a better answer. In this way, you can eliminate more of your prejudices, allowing a much wider range of solutions.

Contemplating on how to solve a difficult problem and listening to other people's opinions will eliminate your prejudices, so you can attain more universal wisdom. This is a higher level of wisdom, so it would be safe to say that it is more solid wisdom than Munhye.

Suhye is gained, by letting go of the thinking mind which is the root of greed, anger and ignorance. If you keep devoting the thinking mind until it's completely gone, you can get rid of prejudices deeply embedded in your mind. The prejudices are the karma from former lives, and when they are gone, the innate wisdom hidden deep inside is revealed. This is the highest level of wisdom.

Among the three kinds of wisdom, only Suhye has the power to read people's minds, because Suhye is gained when you let go of the ego through spiritual cultivation. This is because once you release the ego,

는 대학 출신이 중·고등학교 출신보다 지식과 정보에서 얻은 지혜, 즉 문혜를 더 많이 가지고 있다고 보기 때문입니다. 그러나 이렇게 지식과 정보를 통하여 얻은 문혜는 단단한 지혜라 할 수 없습니다. 문혜는 주위의 수많은 난제에 대해 해답을 제시하지 못하는 경우가 대부분이기 때문입니다.

문혜가 보고 들어서 얻어지는 지혜라면, 사혜는 생각하고 또 생각하여 얻어지는 지혜입니다. 난제의 해법을 자꾸 연구하고 깊이 생각하며, 또 사람들과 난제에 대한 해법을 논의하고 경청하여 얻어진 지혜입니다. 이렇게 하면 가볍게 생각하는 것보다 자신의 선입견과 편견을 더 많이 제거하게 되어 문혜보다 훨씬 더 넓은 범위의 해법을 제시할 것입니다.

난제의 해법을 계속 생각하거나 다른 사람들로부터 해결의 경험을 경청하는 자세는 편견이나 선입견을 제거하여, 더 보편적인 지혜가 드러날 수 있습니다. 이로부터 얻어지는 지혜는 문혜보다 더 차원 높은 지혜이며 더 단단한 지혜라 할 수 있습니다

수혜는 마음의 분별심을 소멸하고 탐진치를 닦아서 생긴 지혜입니다. 현재 의식인 마음의 분별심을 끊임없이 바쳐 사라지면, 마음속 깊이 내재한 선입견을 제거할 수 있습니다. 전생의 업장이라고도 할 수 있는 선입견이 사라지면 마음속 깊이 숨겨진 본연의 지혜가 드러나게 됩니다. 이때 드러난 지혜의 범위는 심사숙고하여 얻은 사혜보다 더욱 넓고 깊습니다.

열 길 물속은 알아도 한 길 사람 속은 모른다는 속담이 있듯 대부분은 사람 속을 알지 못합니다. 한 길 사람 속을 아는 지혜, 이것은 문혜나 사혜로 안 됩니다. 오직 마음을 닦고 탐진치를 소멸하여 얻는 지혜인 수혜로만 사람들의 속마음을 꿰뚫어 볼 수 있습니다. 제 마음을 닦아 분별심을 제거하면 일차적으로 자신의 속마음이 무엇인지 알게 되고, 그렇게 되면 다른 사람의

you will see your innermost thoughts and feelings, and then you will also be able to see through other people's mind. If you are a CEO, you will be able to run the company effectively, by placing people in the right place at the right time. It can be said that a person with Suhye has gained access to the realm of god.

People who cultivated their minds in their former lives, sometimes find a solution to a difficult problem in dreams, even though they have not practiced in this life.

What is a dream?

Dream is a state in which the conscious, analytical mind and prejudices are gone, and the subconscious mind comes out to play. When your subconsciousness appears, you gain insight to find the answers to various challenges in life. If you receive solutions to difficult problems in your dreams, the wisdom you obtain is a kind of Suhye. There are many cases of achieving great things using valuable inspiration gained from dreams.

Sahye can not surpass artificial intelligence, but Suhye can. In the upcoming 4th industrial revolution, automation will replace labor across the entire economy. Under the alleged threat of AI taking away human jobs, the only alternative will be to establish an educational institution that nurtures Suhye, wisdom attained through spiritual cultivation.

Then what is the Diamond Wisdom?

It is a higher level of wisdom than Suhye. It is Bodhisattva's wisdom. If you keep devoting your present consciousness, your subconsciousness

속마음도 무엇인지 알게 되는 원리입니다.

탐진치를 닦아 수혜를 얻은 경영자라면 다른 사람의 속마음을 알게 되므로 적재적소에 사람을 배치하여 회사를 슬기롭게 운영할 수 있습니다. 수혜를 잘 닦은 사람의 지혜와 능력은 거의 신(神)의 영역에 접근하는 뛰어난 능력이요 지혜라 할 수 있을 것입니다.

금생에 본격적으로 수도의 마음을 낸 사람이 아니어도 전생에 마음을 잘 닦았던 사람이라면, 난제에 봉착하였을 때 고심하다가 꿈속에서 난제에 대한 해법을 한 번에 시원하게 알게 되는 수가 있습니다.

꿈이란 무엇일까요?

현재의식, 즉 6식의 분별심이나 선입견이 사라지고 잠재의식이 드러난 상태가 곧 꿈입니다. 잠재의식, 즉 속마음으로 알아지는 지혜가 나타나는 순간, 각종 난제에 대한 해답을 얻을 수 있게 됩니다. 난제에 대한 해법을 꿈을 통하여 얻었다면, 이 지혜는 문혜나 사혜가 아니고 일종의 수혜입니다. 꿈에서 알아지는 수혜를 통하여 위대한 일을 성취한 사례는 주위에서 심심치 않게 볼 수 있습니다.

사혜가 인공지능을 초월할 수는 없어도 수혜는 각종 인공지능을 초월할 수 있습니다. 머지않아 인공지능이 쓰나미처럼 몰려와 인간을 무력화시키고 많은 인간의 일자리를 빼앗는 제4차 산업혁명 시대에, 수혜를 닦는 교육기관을 설립하는 것만이 유일한 대안이 될 것입니다.

그러면 금강반야는 어떤 지혜일까요?

수혜보다 차원이 더 높은 지혜, 깨친 이의 지혜, 보살의 지혜입니다. 현재의식을 자꾸 바치면 속마음, 즉 잠재의식이 드러나게 되는데, 이때 잠재의식

will be uncovered. Right there, you will attain more solid wisdom than what you can get on the level of the present consciousness. If you don't stop there and keep devoting your thoughts to the Buddha, knowing those are also illusions, then the ego which is the root of the three poisons will be released and disappear, and finally the innate Buddha nature will show itself.

It can be said that this Buddha nature is the stillness of mind which is attained when the ego disappears. This is the true self, the Diamond Wisdom. Some wise people called it a steady heart.

Mencius[53] said, "Inferior people would have a steady heart, only when they had a steady livelihood. However, superior people would have a steady heart, even when they didn't have a steady livelihood." The steady heart that Mencius spoke of is the stillness of mind, in other words, the Buddha nature. This stillness of mind can make you happy and wise, and help you achieve great things. Moreover, it can be with you forever even in the next life when your body will disappear.

This Diamond Wisdom can not be attained by learning, research or training. It can only be obtained by practicing with an enlightened master and devoting your mind and body with deep reverence for the Buddha.

There is a famous four-line stanza in the Nirvana Sutra.

諸行無常 是生滅法 生滅滅已 寂滅爲樂
Impermanent are all forms,
Whose nature is to arise and cease.
When the arising and the ceasing come to an end,
The bliss of Nirvana rises.

으로 알아지는 지혜는 현재의식으로 알아지는 지혜보다 더 넓고 깊으며 단단한 지혜입니다. 이때 이 잠재의식으로 알아지는 지혜까지 잘못된 것임을 알고 부처님께 정성껏 바치면, 결국 탐진치의 뿌리인 아상이 없어지면서 본래부터 갖추어져 있는 불성(佛性)이 드러납니다.

이 불성은 또한 부동심이라 할 수도 있는데 흔들리는 마음(動心, 아상)이 소멸하여 나타난 참나의 모습, 즉 금강반야라 할 것입니다. 이러한 부동심을 지혜로운 이는 항심(恒心)이라고도 표현하였습니다.

맹자님의 "소인은 항산(恒産)이어야 항심(恒心)이 되지만 군자는 항산이 아니어도 항심이 된다."라는 말씀에서 항심은 곧 부동심이요 불성이라 할 것입니다. 부동심은 금생에는 자신을 행복하고 지혜롭게 하여 위대한 일을 성취할 수 있게 하며, 이 몸이 사라져 없어진 저세상에서도 영원히 함께하는 위대한 지혜입니다.

부동심의 지혜인 금강반야의 지혜는 배워서 얻을 수 있는 것이 아니고 연구하거나 수련해서 얻어지는 것이 아닙니다. 선지식과 함께 공부하여야 얻을 수 있는 것이며, 부처님께 깊은 공경심으로 몸과 마음을 다 바쳐야 겨우 얻어집니다.

열반경 사구게에서도 금강반야의 지혜를 알 수 있습니다.

제행무상 시생멸법 생멸멸이 적멸위락
諸行無常 是生滅法 生滅滅已 寂滅爲樂

In this verse of the Nirvana Sutra, we can learn the Diamond Wisdom. It means that not only the material world but also the mental world is transient.

Just as the material world continuously changes, so does the mental world. Even though people promise to be best friends forever, no matter how firmly they promise, they soon change their minds. There is nothing that does not change in our consciousness.

However, the Buddha said, "when the arising and the ceasing come to an end, the bliss of Nirvana rises." This means that there is something that does not change.

If you devote your feelings of liking and disliking to the Buddha, you will find something that lasts forever. That is the world of Nirvana within. It is said that there are four virtues of Nirvana : permanence, bliss, true self, purity.

This is the Diamond Wisdom which is inherent in our minds and lasts forever. It is the wisdom to know that we are originally Buddhas.

---

[53] Mencius(Chinese: 孟軻 ; 372–289 BC) or Mengzi was a Chinese Confucian philosopher who has often been described as the "second Sage", that is, after only Confucius himself.

"제행무상 시생멸법", 물질세계만 무상한 것이 아니라 정신세계도 무상하다는 뜻입니다. 물질세계가 순식간에 변화하는 것처럼 우리 의식 세계도 항상 움직이고 변화하는 것이기에, 젊었을 때 우리는 영원한 친구, 영원한 반려자라고 천금같이 다짐하여도 그 마음은 얼마 지나지 않아 변화하고, 무상(無常)을 실감합니다. 우리 인식 세계에 무상하지 않은 것은 없습니다.

그런데 '생멸멸이 적멸위락', 무상하지 않은 것이 분명히 존재한다고 합니다. 좋아하고 싫어하는 마음을 자꾸 부처님께 바치면 영원한 것이 반드시 발견된다는 것입니다.

'생멸멸이'는 '좋아하는 마음, 또 싫어하는 마음을 자꾸 부처님께 바쳐서 본래 없는 줄 깨닫게 된다면'이라는 뜻인데, 그러면 본래 우리 속에 갖추어져 있는 상락아정(常樂我淨)의 열반의 세계가 드러난다고 합니다.

'적멸위락' 상태의 지혜, 이것이 금강반야입니다. 본래부터 갖춘 지혜, 금생에 소멸하는 지혜가 아닌 내생까지 가지고 가는 영원한 지혜입니다. 본래 우리가 부처라는 사실을 발견하는 지혜입니다.

The Diamond Sutra, The Best Education of All

Let's take a closer look at the characteristics of Munhye, Sahye and Suhye. We make a lot of efforts to attain wisdom. Students want to go to prestigious schools to gain a competitive edge. They think that those schools will help them become outstanding leaders. However, most schools are not able to help them develop a higher level of wisdom than Munhye.

On the other hand, prestigious universities abroad that apply educational methods that are not just knowledge acquisition, but research and debate, can teach students to develop Sahye. Many Korean students and parents are willing to travel halfway around the globe to study at those top universities.

However, the Diamond Sutra says, 'do not wander outside to get excellent skills and wisdom. Even if it is the most prestigious college in the world, it can not give you a higher level of wisdom than Sahye.'

금강경 교육은 최상의 교육

문혜, 사혜, 수혜를 우리 현실에 비추어 정리해 봅니다. 우리는 지혜를 얻기 위해서 매우 노력합니다. 학생들은 좀 더 뛰어난 사람이 되기 위해서 좋은 대학에 가려고 합니다. 명문대학에서 훌륭한 교육으로 인재가 된다고 생각합니다. 그렇지만 대부분의 국내 대학에서는 문혜를 살짝 넘는 지혜 이상을 제공하기 어렵습니다.

반면 단순히 지식 습득이 아니고 연구하고 토론하며 깊이 생각하는 교육 방법을 적용하는 외국의 명문대학에서는 사혜 수준의 교육을 받을 수 있습니다. 문혜를 뛰어넘어 사혜 수준의 지혜를 얻어 인재가 되려고 수많은 한국 유학생과 부모가 피나는 노력을 합니다.

그런데 금강경에서는 "탁월한 능력, 뛰어난 지혜를 얻기 위해서 바깥으로 찾아 헤매지 마라. 세계 최고의 명문대학으로 유학 간다고 하여도, 사혜 이상의 지혜를 얻어 인재가 되는 것이 아니다."라고 말하고 있습니다.

In the fourth industrial revolution, artificial intelligence will replace human labor, leaving many of the current workforce unemployed. However, we can find an alternative in the Diamond Sutra. When we realize that the ego is an illusion, we will go beyond the wisdom of subconsciousness. We will find the great wisdom in our minds that transcends artificial intelligence.

If you find the valuable treasure in your mind, of course, you will be liberated from life and death. And not only that, if you use it in the world, you will be able to change poverty into prosperity, incompetence into competence and ignorance into wisdom. In other words, ordinary people will become talented geniuses.

People come up with creative ideas, Sahye, by thinking hard, and using these ideas, they sometimes become successful businessmen or great inventors who make life easier.

Sahye can also be attained by devoting various distracting thoughts and prejudices to the Buddha. If you keep devoting the creative ideas you gained in the process, you can attain an even higher level of wisdom, Suhye. Suhye will finally lead you to the world of Nirvana, and if you apply Suhye in real life, you can achieve anything you want.

Precept, meditation and wisdom are called the three types of learning(三學) in Buddhism. These three are said to encompass all aspects of Buddhist practice, and all monks have to learn them. It can be said that precept is devoting the thinking mind which is characterized as greed, hatred and ignorance to the Buddha. If you feel

4차 산업혁명 시대에 들어서 인공지능이 쓰나미처럼 몰려 들어올 때 현재의 인재들은 모두 속수무책이 될 수밖에 없는데, 금강경에서 그 대안을 찾아야 합니다. 탐진치가 본래 착각임을 깨달아 잠재의식의 지혜를 뛰어넘으면 인공지능을 제압할 위대한 지혜가 마음속에 존재함을 발견하게 될 것입니다.

마음속의 위대한 보배를 발견하면 물론 생사를 해탈하는 도인도 되겠지만, 이를 세상에 활용하면 가난한 사람이 부자로, 무능한 사람이 능력자로, 무지한 사람이 지혜로운 사람으로 변화할 수 있습니다. 즉 보통 사람이 변하여 인재가 되고 영재가 됩니다.

생각하고 또 생각해서 얻어지는 창의력, 이 사혜를 이용하여 사람들은 뛰어난 사업가가 되고, 가난에서 벗어나 부자도 되며, 편리한 기계를 개발하여 생활을 편하게 하는 발명가가 되는 등 능력자가 됩니다.

사혜는 심사숙고하고 연구해서 얻어지지만, 수많은 잡념과 잡념의 뿌리인 선입견을 부처님께 바침으로써 얻을 수도 있습니다.

사혜에서 얻어지는 각종 창의력을 부처님께 바쳐서 한층 더 깊은 지혜를 얻을 수 있는데, 이 지혜가 '수혜'입니다. 이 수혜는 수도자가 생사를 해탈하고 열반 세계로 진입할 수 있게 합니다. 그뿐 아니라 세상살이에 적용하면 평범한 사람을 잘살게 하고 능력 있는 사람으로 만들어내는 데 꼭 필요한 지혜입니다.

계정혜(戒定慧)를 삼학(三學)이라 하여 출가자는 반드시 학습하여야 하는 공부로 알려져 있습니다. 분별심인 탐진치를 부처님께 바치는 행위는 계정혜

unlimited happiness by dedicating all your thoughts to the Buddha, it means that you are practicing meditation.

You shouldn't stop there, you should keep devoting the happiness you feel to the Buddha, because it is also a kind of thought, 'I feel happy'. When you dedicate the happiness to the Buddha, you will attain wisdom, Suhye. This means that you are practicing wisdom, among the three types of learning. Suhye turns poverty into prosperity, incompetence into competence and ignorance into wisdom.

Even if one is educated and trained at the best school in the world, it is almost impossible for him, an ordinary person, to become a genius. Then, is it impossible for such a person to become a talented genius through education forever? If there is an educational institution specializing in the Diamond Sutra, so that it helps students cultivate their minds and attain wisdom, it will not be impossible to change them into geniuses.

According to the Diamond Sutra, if you understand the process of spiritual cultivation and put it into practice, you will attain divine wisdom. You can develop outstanding abilities by practicing the Diamond Sutra, and it would be far better than studying at the world's best universities.

Chapter 13 of the Diamond Sutra said that divine wisdom can be attained by devoting all kinds of thoughts to the Buddha.

A Buddhist nun said, "Do not wander outside your mind to find a way to gain great wisdom. You have all the treasures in your mind."

삼학 중 계(戒)에 해당합니다. 분별심을 부처님께 바쳐 환희심을 느끼게 된다면 이는 삼학 중 정(定)을 실천하는 것입니다.

이 환희심이라는 분별심, 즉 '나는 행복하다.'라는 마음을 부처님께 바쳐 얻어지는 지혜가 수혜이며 이는 계정혜 삼학 중 혜(慧)를 실천하는 것입니다. 수혜를 세상 식으로 표현하면 '무지한 사람이 변하여 슬기롭게 되고, 무능한 사람이 변하여 능력자가 된다.'입니다.

세상에서 많이 배워도, 최고의 교육기관에서 철저하게 교육받고 훈련받아도, 지극히 평범한 보통 사람이 변하여 인재나 영재가 되는 일은 거의 불가능합니다. 그러면 이런 사람이 교육을 통하여 인재가 되고 영재가 되는 일은 영원히 있을 수 없는 일일까요? 만일 금강경 전문 교육기관에서 마음속의 탐진치를 닦아 수혜를 얻는 교육을 한다면, 무능한 사람이 변하여 인재가 되는 일이 전혀 불가능하지만은 않습니다.

금강경에 나오는 부처님 말씀에 의하면, 마음을 닦아 지혜가 생기는 과정을 잘 이해하고 실천하면 뛰어난 지혜를 얻게 된다고 합니다. 이렇게 금강경으로 탐진치를 닦는 공부를 한다면, 국내 또는 외국의 최고 대학에서 공부하는 것 이상의 뛰어난 능력을 확실하게 얻을 수 있습니다.

뛰어난 지혜는 마음 밖에서 찾을 수 없으며, 마음속에 일어나는 각종 분별심을 부처님께 바침으로써 얻을 수 있다는 것이며, 바로 제13분의 핵심 내용입니다.

"큰 지혜를 얻는 길을 마음 밖에서 찾아 헤매지 말라. 마음속에 모든 보배를 다 갖추고 있다."라는 심경을 읊은 어떤 비구니 스님의 오도송이 있습니다.

盡日尋春不見春
芒鞋遍踏壟頭雲
歸來笑拈梅花臭
春在枝頭已十分

I wandered around looking for spring until the end of the day, but couldn't see it.

Only stepped on the clouds of the mountain hill with straw shoes.

When came back, I picked up plum blossoms and smelled them.

Spring was in full swing at the end of the branch.

I wrote this poem anew in light of today's reality.

I wandered around looking for wealth and honor.
Thought I found it, but couldn't feel it
A verse from the Diamond Sutra came to my mind, so I devoted it
Realized that wealth and honor were already there within my mind.

The Diamond Sutra is a teaching to attain the most solid wisdom. However, it does not mean that you need to brace yourself for daunting challenges and difficult tasks. All you have to do is to let go of your thinking mind by devoting it to the Buddha, then you will realize your true self, the infinite wisdom.

진일심춘불견춘 망혜편답롱두운
盡日尋春不見春 芒鞋遍踏隴頭雲
귀래소염매화취 춘재지두이십분
歸來笑拈梅花臭 春在枝頭已十分

날이 저물도록 봄을 찾아 헤매었건만, 봄은 보지 못하고
짚신 발로 산언덕의 구름만 밟고 다녔다.
돌아와 매화 가지 집어 향기 맡으니
봄은 가지 끝에 한참이더라.

윗글을 오늘의 현실에 비추어 새로운 시구로 표현해 봅니다.

부귀영화를 누리고자 전력을 다하여 찾았는데
찾고 또 찾았다고 생각했건만 부귀영화 실감은 전혀 없네
젊었을 때 공부한 사구게 생각나, 제 마음보며 바치니
부귀영화 이미 제 속에서 다 갖추고 있음을 알았네.

금강경은 최고의 지혜를 얻는 가르침입니다. 두 주먹을 불끈 쥐고 마음을 다잡고 각고의 노력으로 찾는 것이 아니라, 내 속의 분별심만 부처님께 바쳐 본연의 모습을 깨달으면 아주 쉽게 발견된다는 뜻입니다.

Bodhisattvas Who Gained the Diamond Wisdom Are Not attached to Buddhism

Enlightened practitioners who attained the Diamond Wisdom understand that there is no fixed path to enlightenment. This is well expressed in Chapter 7 of the Diamond Sutra. : "There is no independently existing object of mind called the highest, most fulfilled, awakened or enlightened mind."

Awakened practitioners know that Zen meditation, Buddha chanting or any other practice can not be the only way to reach enlightenment. Likewise, they know that not only Bodhidharma[54] but also Wonhyo[55] are enlightened masters who can lead people to awakening. Because, those who let go of the ego, every phenomenal distinction, are Bodhisattvas, even though they are not Buddhist. Chapter 14 of the Diamond Sutra said, "Buddhas are Buddhas because they have been able to discard all arbitrary conceptions of form and phenomena, they have transcended all perceptions, and have penetrated the illusion of all forms."

금강반야를 얻은 보살은
불교에 집착하지 않는다

마음을 닦아 금강반야를 얻은 수도자는 밝아지는 과정에 어떤 정해진 길이 있지 아니함을 잘 압니다. 금강경 제7분에 "무유정법 명아누다라삼막삼보리"라고 말씀하신 것처럼, 또 대도무문(大道無門)이라는 말씀처럼 밝아지는 과정에 정해진 길이 있지 아니함을 잘 아는 것입니다.

참선을 통해서만 밝아지는 것이 아니라 염불을 통해서도 밝아질 수 있는 것이며, 달마스님 같은 선지식만을 통해서만 밝아지는 것이 아니라 원효스님 같은 선지식을 통해서도 밝아질 수 있음을 아는 것입니다. 왜냐하면 불교를 믿지 않더라도 아상만 없으면 곧 보살이요(유아상인상 중생상 수자상 즉비보살), 모든 상을 여의면 곧 부처님이기 때문입니다(이일체제상 즉명제불).

We know that there are many enlightened people other than Bodhidharma and Wonhyo in history. People like Confucius and Jesus must have attained enlightenment, even though they didn't receive the teachings of the Buddha. Their words and actions show that they had no ego. They emphasized that letting go of the ego is the way to live an eternal life. So Bodhisattvas don't think that the Buddha's teaching is the only path to enlightenment. All saints such as Confucius, Jesus and Muhammad saved people from evil and led them to the path of salvation.

Chapter 7 of the Diamond Sutra said "Buddhas and disciples are not enlightened by a set method of teachings, but by an internally intuitive process which is spontaneous and is part of their own inner nature."

Bodhisattvas do not say that the Diamond Sutra is the only path to enlightenment, because they know that the thought that there is a best way is also an illusion. They also understand that there is no fixed practice method in the Diamond Sutra and any kind of practice can lead people to enlightenment as long as it makes them let go of the ego. Anyone who claims that their practice is the only way to enlightenment is on the wrong path.

Bodhisattvas do not follow any specific framework of ideology, philosophy or religion, because various philosophies that seem to be different eventually boil down to one principle. Different people have different philosophies and religions because their karma and prejudices differ from each other. However, as enlightened ones do not have these karma or prejudices, they understand that all ideologies and philosophies are the same. They can say as follows.

우리는 달마대사나 원효스님 이외에도 역사상 밝은 분, 즉 아상이 없는 분이 적지 아니함을 알고 있습니다. 부처님의 가르침을 받지는 아니하였어도 공자님, 예수님 같은 분은 분명 밝은 분일 것입니다. 왜냐하면 그분들의 모든 말씀과 행위는 한결같이 아상이 없으며, 또 아상을 없애는 길이 곧 영생을 사는 길임을 강조하시었기 때문입니다. 따라서 금강반야를 얻은 보살, 즉 아상을 소멸한 보살은 팔만대장경의 말씀으로만 밝아질 수 있다고 생각지 아니합니다. 공자님, 예수님, 또는 마호메트 등 성인들은 모두 아상을 소멸하는 가르침을 통하여 사람들을 악도에서 벗어나게 하며 구원의 길에 이르게 하셨기 때문입니다.

이것을 부처님께서는 금강경 제7분에 "일체현성 개이무위법 이유차별一切賢聖 皆以無爲法 而有差別, 모든 성인은 사람들이 처한 환경에 따라 가르침을 다르게 하여, 아상을 소멸하고 밝아지게 한다."라고 하셨습니다.

금강반야를 실감한 밝은이는 금강경 공부가 최고라고 말하지 아니합니다. 왜냐하면 그의 마음속에는 이 공부가 최고라는 자만심이 착각임을 잘 알기 때문입니다. 또 그는 금강경 공부는 틀이 정해져 있지 않은 공부이며, 어떤 형태이든지 아상을 소멸하게 하는 공부는 금강경 공부와 다르지 않다고 생각합니다. 그는 자신이 하는 금강경 공부만을 최고라 하지 않음은 물론, 자신이 하는 공부만이 최고라고 하는 사람은 모두 잘못된 길을 가고 있음을 잘 압니다.

그는 지금까지 자신이 최고라고 주장한 각종 이념, 철학, 수련, 종교의 틀에서 모두 벗어납니다. 그는 사람들이 주장하는 각종 철학이 제각각 다른 듯해도 결국 하나의 원리로 귀결됨을 잘 압니다. 왜냐하면 사람마다 철학이나 종교가 다 다른 것은 각각 자신의 업보 업장이나 선입견이 다르기 때문이며, 이것이 사라진 밝은 사람에게는 이념, 철학 등 모든 것이 다르지 않고 평등함을 잘 알기 때문입니다. 그는 이렇게 말씀하십니다.

"Do you still think that self power is different from other power? Do you still believe that existence and nonexistence are different? Do you still distinguish Buddhism from other religions such as Confucianism and Christianity, and think one religion is superior to others? Do you still think that Buddha and God are different? I don't think so.

When I was needy and lonely, I prayed sincerely to Buddha for good luck. If something good happened to me, I thought that it was the power of Buddha that made my wish come true. However, as I let go of my ego and realized that all things were mind-created illusions, I figured out that it was myself who was fulfilling all wishes at all times. It is the ego that makes you think that self power and other power, existence and nonexistence, you and I, inside and outside are different. When the ego disappears, you will realize that all things are illusions created by your mind, then you will understand that there is no distinction between existence and nonexistence."

As you practice the Diamond Sutra, you will actually realize that self power and other power, existence and nonexistence are not different. As you get less attached to words, you will understand that Buddhism is not a different teaching from other religions like Confucianism and Christianinty, so you will get along with Christians or Confucianists in your daily life.

---

54 Bodhidharma was a legendary Buddhist monk who lived during the 5th or 6th century. He is traditionally credited as the transmitter of Buddhism to China, and regarded as its first Chinese patriarch.

55 Wonhyo(617~686) was one of the leading thinkers, writers and commentators of the Korean Buddhist tradition.

"너는 아직도 자력과 타력이 다른 것으로 생각하느냐?

유(有)는 존재하는 것이고 무(無)는 존재하지 않은 것으로, 유와 무를 다르다고 보느냐?

너는 아직도 불교나 유교 또는 기독교를 구분하고 어떤 종교가 우수한 종교이고 어떤 종교는 열등한 종교라고 생각하느냐?

너는 아직도 부처님과 하나님이 다르다고 생각하느냐?

나는 자력과 타력이 다르다고 보지 않는다.

자신이 궁하고 외로울 때, 부처님께 정성껏 빌어 이루어지면 이는 다 부처님 위력 덕분, 즉 타력으로 알았다. 그러나 마음속에서 아상이 사라져 일체유심조의 진리를 실감하게 되니 시시각각 자신의 소원이 다 이루어지고 있는 것임을 알게 되었다.

아상이 있으면 자력과 타력이 다르게 보이나, 아상이 소멸되면 다르지 않게 보이는 것이다. 아상이 있을 때는 유와 무를 다르게 본다. 그러나 너와 나, 안과 밖을 구분하는 아상이 사라질 때 마음 밖의 유(有)는 마음속의 분별임을 깨닫게 되고 실제로 없는 것(無)임을 알게 된다. 이렇게 일체유심조를 깨달은 사람은 유와 무의 구분이 사라지게 된다."

금강경 공부를 통하여 자력과 타력이 다르지 않고 유와 무가 둘이 아님을 알게 되고 문자에 집착하지 않게 되면 불교나 유교, 또는 기독교와 불교가 다르지 않은 가르침임을 실감할 수 있습니다. 그리고 실제로 일상생활에서 금강경을 실천하면서, 기독교인이나 유교인(儒敎人)과도 격의 없이 지냅니다.

Buddhism is not different from Confucianism and Christianity

The Buddha said in Chapter 17 of the Diamond Sutra, "all things are devoid of selfhood, devoid of any separate individuality."

If people bought or built a house, they would say, 'it is my house', of course. However, if they practiced the Diamond Sutra and lost the ego, they would regard the house they live in as the house of the Buddha, not their property. They would think that the Buddha had let them keep it for a while.

Most people think that the money they have earned is their money. However, those who practiced the Diamond Sutra would think that it is not theirs but the Buddha's and the Buddha had allowed them to keep the money for a while. Therefore, when they spend money, they ask the Buddha, and use it after gaining approval from the Buddha. The Buddha here means the Buddha in the mind, not the Buddha with

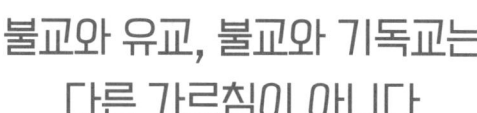

불교와 유교, 불교와 기독교는 다른 가르침이 아니다

금강경 17분에 부처님께서 "일체법 무아 무인 무중생 무수자一切法 無我無人無衆生無壽者."하신 말씀을 타력 신앙종교의 가르침처럼 해석할 수도 있습니다.

내가 돈을 벌어서 집을 사거나 지었다면, 사람들은 이는 당연히 내가 소유한 내 집이라 합니다. 하지만 금강경을 잘 실천하여 아상이 없어진 사람은 자신이 사는 집을 내 집이 아닌 부처님의 집이요, 부처님이 나에게 잠시 맡겨놓은 집으로 여깁니다.

보통 사람들은 내가 힘써 번 돈을 으레 내 돈이라 생각하지만, 금강경을 제대로 공부한 사람은 내 돈이 아니요, 부처님께서 잠시 나에게 맡겨놓은 돈으로 알게 됩니다. 따라서 돈을 쓸 때도 돈의 주인이신 부처님께 여쭈어 승낙을 얻은 연후에 쓰는 것입니다. 여기서 부처님이란 마음 밖의 형상이 있는 부처님이 아닌 마음속의 부처님, 즉 '참나'를 의미하며, 기독교인이 말하는

a form outside the mind. It is not different from the true self, God in Christianity or Heaven in Confucianism.

People think that the house they live in is theirs, because they made money through hard work to buy it, so they can sell it whenever they want. However, in reality, when they try to sell the house, it's not selling. On the other hand, those who practice the Diamond Sutra think that they are just the manager, not the owner, of the house. So they would try to sell the house only after obtaining approval from the Buddha, the subconscious mind. When the Buddha, that is totally fair and impartial, gives permission to sell the house, it will surely be sold.

Some people may ask, "How can I get permission from the Buddha that is invisible and formless?"

When you devote what you really want to know to the Buddha, he would answer in many ways. Sometimes he gives you answers in your dreams, other times through clear feelings. He can appear in the form of a highly respected monk. The Buddha let the answer come to your mind in various ways.

Devout Christians would seek God's response in prayer when they want to sell their house, and will believe that the result is God's will. If the house is sold as desired, they will say that God has responded to the prayer. On the other hand, some Buddhists may find this ridiculous.

However, Buddhists who practiced the Diamond Sutra know that they are not different from Christians who think that the house was sold as God responded to their prayer.

'하나님', 유교에서 말하는 '하늘'과 다르지 않습니다.

　사람들은 힘들게 돈을 마련해서 사는 이 집은 당연히 내 집이며, 내 집이니까 내 마음대로 처분해도 좋다고 생각합니다. 내 집이라 생각하고 이해타산에 따라 팔려 하지만, 그렇게 내 마음대로 팔리지 않습니다. 그러나 금강경 공부를 제대로 한 사람은 자신은 주인이 아니고 단순히 관리자일 뿐이라고 생각합니다. 그래서 주인이신 부처님(또는 잠재의식)의 목소리를 들어 승낙을 얻은 후에 팔려고 합니다. 지공무사(至公無私)하신 부처님께서 집을 팔라고 승낙하시는 응답을 받은 경우, 반드시 부동산은 팔리게 되어 있습니다.

　"보이지도 않고 형상도 말씀도 없으신 부처님의 승낙을 어떤 방법으로 얻을 수 있을까요?" 하는 사람도 있을 것입니다.
　알고 싶은 것을 간절히 부처님께 바칠 때 부처님께서는 여러 형태로 말씀하십니다. 명확한 느낌으로, 또는 선명한 꿈으로 응답을 표시하십니다. 또는 존경하는 스님의 모습이 되어 말씀하기도 하며, 의문에 대한 해답이 명확하게 마음속에 떠오르도록 하십니다.

　독실한 기독교인은 집을 팔고 싶을 때 기도로 하나님의 응답을 구하며, 그 결과는 하나님의 뜻이라 믿을 것입니다. 원하는 대로 집이 팔리면 내 기도의 힘이라 생각지 않고 하나님께서 기도에 응답하셨다고 합니다. 보통 불자들은 집을 판 것이 하나님의 뜻이요 기도의 응답이라고 주장하는 기독교인을 우습게 생각할 수도 있습니다.
　그러나 금강경 공부로 자력과 타력이 다르지 않음을 아는 불자들은 하나님의 응답이라고 하는 기독교인을 불자들과 다르지 않게 봅니다.

Most people think that their family is 'theirs' to take care of. However, those who practice the Diamond Sutra don't think that their family is theirs. They think that it is just Nidana[56] sent by the omniscient and omnipotent Buddha, the subconscious mind. Even if they feel like their family is the biggest enemy, they would accept it, thinking it is an opportunity given by the Buddha to let go of the hatred. They think that the Buddha is the owner of all people and things, so when they spend money, for example, they ask for the Buddha's approval first.

This is the way to practice the Diamond Sutra in real life and reach enlightenment.

If you change 'the Buddha' into 'God' in the above sentences, you will realize that the Buddha's teachings are not different from those of Christianity.

Chapter 10 of the Diamond Sutra said, "A disciple should develop a mind which is in no way dependent upon sights, sounds, smells, tastes, sensory sensations or any mental conceptions. A disciple should develop a mind which does not rely on anything." This verse can be interpreted as follows.

"Do not try to find solutions to the challenges that you are facing outside your mind. You should not rely on your five senses. You have to find it in your mind. The answer to all kinds of challenges are within your mind."

Confucius said in the Analects[57] as follows.

보통 사람들은 처(妻), 자식 하면 내 처, 내 자식으로 여겨 그들을 자신의 책임이라 생각합니다. 그러나 금강경을 공부한 사람은 내 처, 내 자식이라 하지 않습니다. 전지전능하신 부처님께서(잠재의식이) 보내주신 인연일 뿐이라 생각합니다. 설사 원수 같은 처자식도 '부처님께서 내 진심(嗔心) 닦으라고 보내주셨구나.' 하며 감사히 맞이합니다. 그는 모든 사람과 사물의 임자가 부처님이고 자신은 관리인이라 생각하며, 집을 팔거나 돈을 쓰거나 사람을 다룰 때, 즉 모든 일을 처리할 때 일체 자신의 궁리나 꾀를 쓰지 아니합니다. 주인이신 부처님께 일단 여쭈며, 주인이신 부처님의 응답대로 합니다. 이것이 금강경의 무아무인무중생무수자無我無人無衆生無壽者를 제대로 현실에서 실천하는 것이며 밝아지는 길입니다. 또한 무능을 능력으로, 무지를 지혜로 바꾸는 길입니다.

윗글에서 부처님을 형상 없는 하나님으로 바꾸어 놓는다면 금강경의 가르침은 기독교의 진리와 둘이 아님을 알 수 있을 것입니다.

사람들은 금강경에서 부처님의 가장 핵심적 말씀이 제10분 "불응주색생심 불응주성향미촉법생심 응무소주 이생기심" 이라고 합니다. 이를 난제 해결에 초점을 맞추어 다음과 같이 해석할 수 있습니다.

"난제 해결 방법을 마음 밖에서 찾으려 하지 말라. 색성향미촉법에 주해서 마음을 내어서는 아니 된다. 자신의 마음속에서 찾아야 한다. 난제의 해답은 모두 제 속에서 찾을 수 있다."

공자님은 그의 핵심적 사상을 논어에서 다음과 같이 말씀하셨습니다.

君子 求諸己 小人 求諸人
What the superior man seeks, is in himself.
What the mean man seeks, is in others.

Monk Tanheo(1913~1983) who was an outstanding scholar and wise prophet, said that the teachings of Buddha and Confucius are not much different.

Actually, my master didn't try to lead people to Buddhism, nor recommended them to practice the Diamond Sutra. He just said what was appropriate for the person's circumstances.

One day, he gave advice to a Catholic nun to help her reach enlightenment.

When he was the president of Dongguk University, he often met with Catholics to discuss school affairs. He naturally became close to them. One day, a nun complained of her distress to him.

Catholic nuns pledged to devote their bodies and minds to God, but they were still human beings, so there were serious conflicts among them. As it was a closed society only for women, envy and jealousy caused many troubles. What was even more painful was that because of their status as a nun, they could not reveal their ugly feelings and had to live with suppressed emotions .

She asked,

"What causes us to worry? And how do we stop it?"

"Your prejudices make you worry, and when you let go of your

> 군자 구제기 소인 구제인
> 君子 求諸己 小人 求諸人
> 군자는 난제 해결법을 자기 자신에게서 구한다.
> 소인은 난제 해결법을 사람들을 통하여 구하고

동양철학의 대가요, 우리나라가 세계 최고의 나라가 되리라는 지혜로운 예언을 하신 분으로 많은 불자에게 사랑을 받는 탄허스님(1913-1983)께서는 부처님의 가르침과 공자님의 가르침은 그 핵심에 큰 차이가 없다고 하십니다. 아마도 탄허스님의 눈에는 송나라 유학자요 이인(異人)인 소강절(1011-1077)이 서산대사에 못지않은 불제자로 보일 것이고, 토정비결의 저자인 토정 이지함 선생을 사명대사에 못지않은 불자라 말씀하실 것입니다. 실제로 선지식께서도 무신론자나 타 종교인을 만나도 그들을 불교나 금강경을 공부하도록 권유하지 않으셨습니다. 그저 그 사람에 처한 상태에 알맞은 말씀을 하셨습니다.

다음은 선지식께서 가톨릭 수녀들에게 밝아지도록 하신 말씀입니다.

동국대학교 총장 때 일이다. 학교 일로 종종 천주교 신도나 수녀들과 만나게 되는데, 그러는 동안 자연스럽게 친해져서 나중에는 속사정을 털어놓기도 하는 사이가 되었다. 어느 날, 수녀 한 분이 자신의 괴로움을 하소연하였다.

몸과 마음을 천주에 다 바칠 것을 서약하고 수녀가 되었지만, 아직 몸뚱이 착을 벗어나지 못한 인간이기에 그 안에서의 마찰과 갈등 때문에 몹시 힘들다는 것이다. 여자들만의 폐쇄적인 사회여서 그런지 좀처럼 시기와 질투가 끊이지 않는데, 더욱 괴로운 것은 성직자라는 신분 때문에 가슴 밑바닥에서 끓어오르는 추악한 감정들을 차마 드러내지 못하고 속으로만 끙끙 앓으며 살아가야 할 때가 많다는 것이었다.

"어째서 근심 걱정이 생기는 것입니까? 소멸 방법이 무엇입니까?"

prejudices, your worries will disappear."

"How can I let them go?"

"If you believe me and do as I say, your mind will surely regain peace and stability. Can you do it?

"Yes, I can."

"Recite the Diamond Sutra in the morning and evening, and when you feel hatred or distress arising in your mind, devote it to the Buddha."

Then she said, with her eyes wide open.

"How can I, as a Catholic nun, read Buddhist scriptures and call for the Buddha?"

"If you trust me, do as I say. It is just prejudice that the teachings of Catholicism are different from those of Buddhism. Do you know what the Diamond Sutra is? It is not a teaching to make you believe in Buddha. It says that all prejudices are illusions, so let them go. It is a great teaching for everyone regardless of religion."

"What does it mean to dedicate it to the Buddha?"

"The Buddha is formless just like God. If you devote your worries to the Buddha, your worries will disappear, and if you keep dedicating all your thoughts, your existence will also disappear. Then, you will realize that Buddhism is not different from Catholicism."

---

56 Nidāna is a Sanskrit and Pali word that means "cause, motivation or occasion" depending on the context.

57 The Analects(論語; meaning "Selected Sayings"), also known as the Analects of Confucius, or the Sayings of Confucius is an ancient Chinese book composed of a large collection of sayings and ideas attributed to the Chinese philosopher Confucius and his contemporaries, traditionally believed to have been compiled and written by Confucius's followers.

"선입견에서 근심 걱정이 생기고, 선입견이 소멸할 때 근심 걱정은 사라집니다."

"어떻게 하면 선입견을 소멸할 수 있겠습니까?"

"내 말을 믿고 그대로 따라 한다면 당신의 마음은 틀림없이 평화와 안정을 되찾을 수 있을 것이오. 할 수 있겠소?"

"하겠습니다."

"내일부터라도 아침저녁으로 금강경을 읽으시고, 밉다는 생각이나 괴롭다는 생각 혹은 그 밖의 어떤 생각이라도 일어나면 그 생각을 부처님께 바치십시오."

그러자 수녀는 눈이 둥그레지면서 말하였다.

"아휴, 총장님도…. 아무리 그렇지만 가톨릭 수녀인 제가 어떻게 불교 경전을 읽고 부처님을 찾을 수 있겠습니까?"

"나를 믿고 찾아왔다면 내 말을 믿어 보시오. 가톨릭의 가르침이 불교와 다르다고 보는 것은 모두 잠재의식이 말하는 선입견에서 생긴 것이요. 금강경이 무슨 경전인지 아시오? 부처님을 믿으라는 경이 아니오. 모든 선입견은 다 허망하니 버리라는 가르침일 뿐이요. 자신의 선입견을 버릴 때라야 진정 올바른 지혜가 임한다는 가르침이요. 이런 가르침은 가톨릭 신자건 불교 신자건 다 받들어도 좋은 가르침이 아니오?"

"부처님께 바친다는 것은 무슨 뜻입니까?"

"부처님이 형상이 없는 것은 마치 하느님이 형상이 없는 것과도 같소. 근심 걱정을 바치면 근심 걱정이 사라지고 나라는 존재까지 없어지게 되지요. 나라는 존재가 없어지면 불교나 가톨릭이나 하나도 다를 것이 없게 느껴질 것이오."

Chapter 6

We Are Always Making Our Wishes Come True

우리는 늘 바라는 대로 이루고 있다

6장

Is It Wrong to Pray to the Buddha for Good Luck?

Since when did we have wishes and desires?

If everything goes well every time we try to do something, there will be no wishes or desires. However, if things don't work out the way we hoped, we would become frustrated, and then no matter how hard we try, it will get more and more difficult to turn the situation around. At this point, we will become dependent, and have wishes and desires.

Throughout my school years, I had three wishes. First, I wanted to excel in my studies. Because, I thought that academic achievement is important, in order to survive and succeed in the fierce competition of today's world. However, I didn't like to study and just wanted to play. Second, I wanted to have good interpersonal skills. Third, I wanted to focus my distracted mind. I had worked on all these for years, but nothing worked.

기복불교가 정말 문제인가?

어째서 바람이니 소원이니 하는 단어가 발생하게 되었을까요?

무엇을 하려 할 때 뜻하는 대로, 노력하는 대로 잘 이루어진다면 바랄 일도, 바랄 마음도 일어나지 않을 것입니다. 그러나 하려고 하는데도 일이 잘 안 풀리는 경우, 있는 힘을 다하여 노력하는데도 일이 잘 이루어지지 않는 경우, 고민하게 됩니다. 어찌할 도리가 없을 때 소원이 생기고 '바라는 마음'이 등장합니다.

학창 시절 내내 나에게는 세 가지 소원이 있었습니다. 우선 첫 번째, 공부를 잘하고 싶었습니다. 치열한 생존경쟁 사회에서 살아남고 성공하려면 공부를 열심히 해야 하는데, 공부는 싫고 놀고 싶은 마음만 굴뚝같았기 때문입니다. 그리고 대인관계가 원만하기를 바랐고 산만한 마음을 안정시키고 싶은 소원도 있었습니다. 모두 잘해 보려고 하였습니다만 이루어지지 않았습니다.

These three wishes were directly related to my happiness, and were the essential prerequisite for success as well.

How can we survive in this highly competitive environment, if we are lagging behind? If we don't have good interpersonal skills, how can we live happily with others in diverse societies? When people's minds are quiet, their various abilities come out, so isn't it most important to calm our minds?

When I was a student, I made a lot of efforts to excel in my studies. I read many books that would improve my intelligence. I also enjoyed eating foods that were known to boost brain power. In order to develop interpersonal skills, I consulted with my colleagues and seniors. Also I read many books to calm my distracted mind.

In order to fulfill my wishes, I read good books and searched out excellent teachings or teachers. However, I didn't find any clues to fulfilling the three wishes until I graduated from college. I met the teachings of the Buddha when I was still wandering like this as a college student. I hoped that there would be an answer in the Buddha's teachings to make my wishes come true.

Among the numerous teachings of the Buddha, I believed that there must be a teaching that could stabilize my easily distracted mind. Among the teachings of Buddha that I knew, there were grand teachings to reach Nirvana, but I thought there would be simple teachings that enable people to succeed in society. I liked reading Buddhist scriptures and practicing what monks taught. I recited

이 세 가지 소원은 나의 행복과 직결될 뿐 아니라 사회에서 성공하려면 꼭 필요한 소원이라 할 수 있습니다.

치열한 생존경쟁 사회에서 실력이 뒤떨어지면 어떻게 이 세상에서 살아남을 수 있을까요? 대인관계가 원만치 못한데 사회생활을 잘할 수 있을까요? 마음이 안정될 때 각종 능력이 나오니, 마음을 안정시키는 것은 세상 살아나가는 데 가장 필요한 것이 아닐까요?

나는 학생 시절 공부를 잘하기 위하여 머리가 좋아진다는 책이 있으면 찾아보고, 또 머리가 좋아지는 음식이라면 즐겨 먹기도 하며 공부 잘하는 사람이 되려고 노력하였습니다. 대인관계를 원만하게 하려고 동료나 선배들과 수시로 상의하기도 하였고, 또 수시로 산만해지는 내 마음을 다스리기 위해 책도 많이 보았습니다

나름대로 세 가지 소원을 이루기 위하여 좋은 책도 읽고, 훌륭한 가르침이나 스승을 찾아 헤매고 다녔습니다. 하지만 노력이 부족한 탓인지 정성이 부족한 탓인지, 대학 졸업할 때까지 세 가지 소원을 이루게 할 실마리를 전혀 찾지 못하였습니다. 이렇게 헤매던 대학생 때 부처님의 가르침을 만나게 되었습니다.

나는 부처님의 가르침 속에 내 소원을 성취하는 가르침이 있기를 기대하였습니다. 부처님께서 말씀하신 팔만대장경 수많은 가르침 중에서, 내 산란한 마음을 안정시킬 수 있는 가르침이 분명히 있을 것이라고 믿었습니다. 내가 아는 부처님의 가르침 중에는 생사해탈의 거창한 가르침도 있지만, 사회에서 유능한 사람으로 살 수 있게 하는 소박한 가르침도 있으리라 생각하였습니다. 경전 읽기가 재미있었고 선사들이 말씀하신 수행에도 취미가 있어, 수시로 독송하고 또 나름대로 열심히 수행하면서 세 가지 소원을 이룰 수 있는 길을 찾아 헤매었습니다. 특히 지장경, 관음경 등 불경에 보살님의 명호

various scriptures and chanted the Buddha and Bodhisattvas' names to make my wishes come true.

However, none of them had much effect on calming my mind, which was easily distracted. It was still so hard for me to focus on reading a book, even after I started various Buddhist practices.

In the early 1960s, in the small auditorium behind Jogyesa Temple, many great monks gave dharma talks to promote the teachings of Zen meditation. I often attended the dharma talks and practiced Zen meditation as the monks told me to.

'How can I gain stability and wisdom by calming my busy mind?'

Back then, Zen meditation I knew was a training to concentrate the mind. It was a practice to attain the truth, the true message of the Buddha by focusing one's mind.

However, even Zen meditation did little to quiet my mind.

At one time, I left home and stayed at a temple and practiced Zen meditation for a month under the guidance of a monk, but I did not experience much change and eventually gave it up. And I thought that Zen meditation is a teaching in which people with superior faculties practice to attain the Buddhahood. My wishes were not so grand that I thought I could achieve them on my own. I thought that I did not have the superior faculties that were necessary to practice Zen meditation.

Once I asked a monk known as a great Buddhist teacher, what teachings of the Buddha would make my three wishes come true.

"The Buddha's teachings are not for fulfilling wishes, but for attaining enlightenment and Nirvana."

를 열심히 부르면 각종 소원을 성취한다는 말씀을 믿고 한때 열심히 염불도 해보았습니다.

그러나 근본적으로 산만해지기 쉬운 내 마음을 다스리는 데는 별다른 효과가 있지 않았습니다. 책상머리에 앉아 책에 조금만 집중하려 해도 수많은 잡념이 들끓어오르는 것은 불교 신행하기 전이나 마찬가지였습니다.

1960년대 초, 조계사 뒤에 50여 평이나 될까 하는 조그만 강당에서는 간화선 가르침을 알리려는 큰스님들의 법문이 계속 있었습니다. 여기서 종종 스님들의 참선 법문을 듣고 스님들이 시키시는 대로 참선 공부도 해 보았습니다.

어찌하면 늘 산란하고 분주한 이 마음을 변화시켜 안정을 얻고 지혜를 얻을까?

당시 내가 아는 참선 공부는 정신 집중 훈련이었고, 정신을 집중하여 부처님의 참뜻이 무엇인지 진리를 깨치는 공부였습니다.

그러나 진지한 노력이 부족했을까요? 참선 공부도 수시로 산란해지는 내 마음에는 별다른 영향을 주지 못하였습니다.

어느 때는 집을 완전히 떠나 사찰에서 큰스님의 지도를 받으며 1개월간 본격적 참선 수행을 했는데, 별 변화를 발견하지 못하였고 급기야 참선 수행을 포기하게 되었습니다. 또한 참선 가르침은 상근기의 사람이 큰 번뇌를 해결하여 성불하는 가르침이고, 나의 소원은 작은 번뇌를 해결하는 것이므로 스스로 성취할 수 있다고 생각하였습니다. 나는 근기가 낮아서 상근기에 해당되는 사람이나 하는 참선 공부는 나에게 맞지 않다고 생각하였습니다.

당시 불교의 큰 스승으로 알려진 선생님께, 부처님의 어떤 가르침을 적용하면 나의 세 가지 소원을 이룰 수 있겠느냐고 여쭈어보았습니다.

"불교는 소원을 이룩하는 데 도구로 쓰는 가르침이 아니고, 깨달음을 얻고 생사문제를 해결하는 가르침일세."

He said solemnly.

Even in the 1960s, there were voices criticizing Buddhists praying for good luck. It is said that those who practice Buddhism from selfish motives hinder the development of Buddhism. Even now, the Buddhist community is trying to create a climate in which people want to become like the Buddha rather than pray to him for good fortune, in an effort to reverse the decline in the number of Buddhists

The monk's words that the Buddha's teachings are not for fulfilling wishes, but for attaining enlightenment and Nirvana, made me think again about Buddhism.

'Maybe I am one of those selfish Buddhists who only seek good luck. Am I not a true Buddhist?'

'It may not be desirable to believe in Buddhism in order to fulfill the three wishes that are essential for me to live in the world. However, if the Buddha, who is said to preach according to the person's faculties and circumstances, comes to this land now, what will he say to me?

Will he blame me for practicing Buddhism only to fulfill selfish wishes?'

이렇게 엄숙하고 냉정하게 말씀하시는 것이었습니다.

60년대 당시에도 불자의 신앙 형태 중 기복성을 큰 문제점으로 지적하는 목소리가 드높았습니다. 기복불교, 치마불교가 불교를 망친다고 하였습니다. 지금도 불교계에서는 불교 신자 감소 추세를 회복하기 위하여 불자들의 이기적인 기복 성향의 풍토를 부처님을 닮고 부처님처럼 살려는 신행 풍토로 바꾸려고 노력합니다.

"이 사람아, 불교란 무엇을 바라거나 구하는 가르침이 아닐세. 깨달음을 얻고 생사를 해탈하는 가르침이야!" 이 말씀은 불교란 무엇인지 새삼 생각하게 하였습니다.

'내가 이 세상을 살아가는 데 꼭 필요한 세 가지 소원을 이루기 위하여 믿는 불교는 바람직하지 않은가 보다. 그렇지만 처한 상황에 따라 그 사람의 근기에 알맞게 수기설법을 하신다는 부처님께서 지금 이 땅에 오신다면, 나를 보고 어떤 말씀을 하실까? 소원 성취를 위한 수행을 기복 불교라 하시며 나무라실까?'

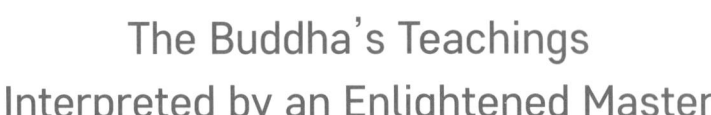

The Buddha's Teachings Interpreted by an Enlightened Master

While confused about Buddhism like this, I encountered my master. I asked him the same question.

"Are the Buddha's teachings not for fulfilling wishes, but for reaching Nirvana?"

"What is your wish?"

"It is really hard for me to focus on studying, because of racing thoughts in my head. I have tried to stop those thoughts and calm my mind, but I have failed every time. If I cannot concentrate on studying, my grades will go down, and then it will become difficult for me to succeed in society.

A few years ago, I met with the Buddha's teachings and became deeply immersed in them. I recited various scriptures and practiced many of the teachings. However, I was always preoccupied with how to fulfill my wishes. I also chanted several Bodhisattvas' names to make

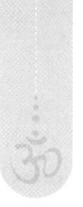

선지식이 말씀하시는 불교

내가 이렇게 부처님의 가르침에 방황하고 있을 때 선지식을 만나게 되었습니다. 선지식께도 똑같이 질문하였습니다.

"불교는 소원을 이룩하는 데 도구로 쓰는 가르침이 아니고, 깨달음을 얻고 생사 문제를 해결하는 가르침입니까?"

"너의 소원이 무엇이냐?"

"공부는 해야 하는데 책상머리에 잠시 앉아 있으려면 각종 번뇌 망상이 쉴새 없이 들끓어 공부가 힘들고, 마음을 추스르기도 어렵습니다. 공부가 안되면 자연히 성적도 좋지 않고, 성적이 좋지 않으면 사회생활에도 지장이 많을 것입니다.

몇 년 전 저는 부처님의 가르침을 만나자마자 부처님 가르침에 깊이 빠져, 온갖 불경을 독송하고 할 수 있는 수행도 다 해보았습니다. 그러나 제 관심의 초점은 늘 세 가지 소원을 어떻게 달성하느냐에 맞추어져 있었습니다. 이를 위하여 지장경, 관음경을 공부하며 지장보살, 관세음보살을 수없이 불렀습니다. 약간 마음의 평화를 얻었다지만, 세 가지 소원을 이루는 데는 별 효

my wishes come true. I managed to gain a little peace of mind, but nothing worked in fulfilling my wishes.

Later, I tried Zen meditation. Zen practitioners say that it is the only authentic way to reach enlightenment and address difficulties in life. At one time, I left home and stayed at Woljeonsa Temple and practiced Zen meditation for a month. However, it might be because I didn't try hard enough, it didn't work either.

A monk who, I believed, is a highly respected teacher of Buddhism, once said that the Buddha's teachings are not for fulfilling wishes, but for reaching enlightenment and Nirvana. Is it really impossible for me to make my wishes come true with the teachings of the Buddha?"

"It is not impossible. If you make good use of the Buddha's teachings, you can fulfill all your wishes. When you chanted Bodhisattva's names, you were praying to them for your wishes. Your mind was selfish in the hope that your wishes would come true using the power of Bodhisattvas, so it was a practice of greed. Do you think that the Bodhisattvas will give a gift to those who are practicing greed? When you practiced Zen meditation, your mind was full of greed to achieve your wishes and desires. It is hard to get what you want in that way."

"How can I achieve my wishes without desiring? The Bible also says, "Ask, and it shall be given to you. Seek, and you shall find."

My master was a Buddhist monk, but had a deep understanding of Christianity, so I asked, citing the Bible.

"The Buddha's teachings are different from those of the Bible which can be attained by asking or seeking. The Buddha has reminded us that

과를 얻지 못했습니다.

그 뒤로 참선 수행을 했습니다. 참선하는 사람들은 참선만이 참 정법이요. 참선을 통하여 모든 난제가 다 해결될 수 있다고 하였습니다. 저는 마침 기회가 되어서 월정사에 1개월 동안 출가하여, 참선 수행을 본격적으로 해보기도 하였습니다. 하지만 제 노력이 부족한지 또는 간절한 마음이 부족한 것인지, 참선 수행에서도 별다른 효과를 얻지 못했습니다.

제가 불교계의 대석학으로 믿고 존경하던 어떤 선생님은 불교 공부는 깨치고자 하는 공부일 뿐 소원을 이루는 공부는 아니라고 말씀하셨습니다. 정말 부처님 가르침을 통하여 제 소원을 이루는 것은 불가능한 일입니까?"

"불가능하지 않다. 부처님의 가르침을 잘 활용하면 네가 구하는 소원은 다 이룰 수 있다. 너는 관세음보살, 지장보살의 명호를 부르면서 네 소원이 이루어지기를 기원하였다. 명호를 염송할 때 네 마음은 보살님의 위력을 활용하여 소원이 이루어지기를 바라는 이기적 마음이었다. 이기적 목적으로, 바라는 마음으로 한 염불은 곧 탐욕심의 연습이니, 탐욕심으로 염불하는 사람에게 관세음보살님께서 선물을 주시겠느냐? 그리고 참선을 한다고 하지만, 참선하는 네 마음은 마음을 속히 안정시켜 소원성취하겠다는 욕심이 있었다. 말하자면 탐욕심이 그득한 참선을 한 것이었다. 그런 탐욕심으로 참선을 하는 것은 마치 모래를 삶아 밥을 지으려 하는 것과 같아, 뜻을 이루기 어렵다."

"바라는 마음, 구하는 마음이 없으면 어찌 얻을 것이 있겠습니까? 성경에도 '두드려라, 그러면 열릴 것이요, 구하라, 그러면 얻을 것이다.'라고 하였습니다."

선지식께서는 비록 청정비구로 알려진 불자이시지만, 기독교에 대한 이해가 깊다는 소문을 들었기에 성경을 인용하여 말씀드렸습니다.

"부처님의 가르침은 성경의 말씀처럼 구해서 얻어지는 가르침, 두드려

we already have the ability within our minds to fulfill all the wishes we have. Therefore, we don't need to rely on Bodhisattvas' names or Zen meditation to make our wishes come true.

You didn't achieve your wishes not because you didn't try hard enough. It was because you didn't remove the obstacle that hindered the fulfillment of your wishes. The idea that you can't do it was the obstacle that has stopped you from fulfilling your wishes. It is also called the ego, so if you let go of the ego, you will make your wishes come true right now."

"Does it mean that I created those obstacles? Did I stop myself from achieving my wishes?"

"Yes. You are a very great being like the Buddha. You may not think that all the happiness and misfortunes you have experienced so far have been brought about by yourself, but in fact, you have created them all. This means that you have always been fulfilling your wishes.

Let go of the idea of not being able to do anything, then you will be able to do everything. Knowing the thought that you are incapable is an illusion, devote it to the Buddha. Then nothing will be impossible for you."

When I heard his words, I regained hope. But soon after, I became anxious again and thought, 'Can an impatient person like me continue to practice the Diamond Sutra? What if I get tired of it soon and eventually quit?'

"Listening to your words, my heart became full of hope and joy, so I want to leave home and begin to practice Buddhism under your

서 열리는 가르침이 아니다. 부처님께서는 이미 우리가 마음속에 각종 소원을 이룩하는 능력을 모두 구족하고 있다는 것을 일깨워주셨다. 그러니 소원을 이루기 위해 구태여 보살님의 명호나 참선 공부에 의지할 필요가 없는 것이다.

네가 소원을 못 이루는 것은 염불을 열심히 하지 않아서도 아니고, 참선을 성실히 하지 않아서도 아니다. 소원을 이루지 못하게 하는 원인을 발견하여 제거하지 못한 것이 큰 문제였다. 네 소원을 방해한 것은 '못 한다, 안 된다.' 하는 생각, 즉 아상이니, 이 아상만 제거하면 당장이라도 소원을 이루게 된다."

"그러면 공부를 잘 못 하는 것, 대인관계가 원만치 못한 것, 마음이 산란한 것 등의 원인을 모두 제가 불러왔다는 말입니까?"

"그렇다. 너는 부처님과 같이 매우 위대한 존재이다. 지금까지 경험한 행복이나 불운이 모두 네가 불러왔다고 생각하지 못하지만, 실은 모든 고난과 행복은 다 네가 불러온 결과이다. 너는 부처님처럼 위대하고 존귀한 존재이기에 시시각각으로 소원을 이루고 있다.

'열등하다, 아니 된다.'라는 마음을 부처님께 다 바쳐라. 그리하면 열등하다는 마음이 사라지면서 바로 능력자가 될 것이다. 아니 된다는 마음이 착각인 줄 알고 부처님께 바쳐 해탈하라. 그리하면 너는 그 자리에서 안 될 일이 없는 사람, 불가능이 없는 사람이 될 것이다."

이 말씀에 나는 새 정신이 나고 새로운 희망에 부풀었습니다. 그러나 얼마 안 되어 '나처럼 변덕스럽고 끈기 있게 버티지 못하는 사람도 이 공부를 끝까지 할 수 있을까? 금강경 공부를 처음에는 신들린 듯 좋아하다가 얼마 안 가서 그만두는 것은 아닐까?' 하는 불안한 마음이 들었습니다.

"선생님 말씀을 들으니 마음에 희망이 차고 기쁨이 솟아올라 당장이라도 출가하여 이 공부를 하고 싶어졌습니다. 그러나 잠시 후에 '내가 무슨 일을

guidance right away. However, after a while, I began to feel anxious about how I could practice this, because I am not persistent enough to do anything for a long time."

"You set limits on yourself with the thought, 'I am not persistent enough'. Is it true that you are not persistent, or is it just a thought?"

"It is true that I am not persistent. I am an incompetent person."

"No, you are not incompetent. It is just an idea you have. You think that you are incompetent. How can you become competent when you define yourself as an incompetent person?"

"If I devote the thought that I am incompetent to the Buddha, will it disappear from my mind?"

"Yes. it will. The idea that you are incompetent and you get easily distracted is an illusion. Know that it is wrong, and dedicate it to the Buddha. If you keep devoting it, the thought of not being able to focus on studying will disappear, and you will find study interesting."

"Then, can I become competent?"

"Of course, you can. When you devote the thought that you are not able to do something, it will disappear, and you will become competent. If you let go of the thought completely, you will realize that you are a great being like the Buddha."

"If I do as you told me to, I think that all my wishes will come true. But I heard that Buddhism is not a lesson to fulfill wishes, but to reach Nirvana."

"When talking about enlightenment, people only think of Nirvana, finding the true self. However, enlightenment means wisdom and capability that can be found, when you let go of the ego, the thinking

꾸준히 하는 사람이 아닌데 어찌 이 큰일을 할 수 있을까?' 하는 불안한 마음이 들기 시작하였습니다."

"나는 성실하지 못한 사람이다, 꾸준하지 못한 사람이다, 이런 생각으로 너는 너의 능력의 한계를 정하였다. 성실하지 못한 것이 사실이냐? 또는 성실하지 못하다는 것은 네 생각일 뿐이냐?"

"저는 성실성이 모자라고 능력이 부족한 사람이 틀림없습니다."

"아니다. 너는 무능하지 않다. 네가 능력이 모자라는 사람이라 규정하고 있을 뿐 너는 못난 사람이 아니다. 스스로 못난 사람이라 규정하니 어찌 능력이 생기겠는가?"

"금강경의 말씀처럼 '공부가 잘 안 된다. 능력이 모자란다.'라는 생각이 착각인 줄 알고 부처님께 바치면, 그 생각이 없어지는 것입니까?"

"그렇다. '공부가 잘 안 된다. 나는 다른 사람보다 열등하다.'라는 생각은 착각이다. 그 생각이 잘못된 줄 알고 정성껏 부처님께 바쳐라. 바치다 보면 공부가 안 된다는 생각이 사라지게 되며, 의외로 공부가 재미있음을 발견할 것이다."

"그렇게 되면 무능한 저도 능력 있는 사람으로 변할 수 있겠네요?"

"당연한 말이다. 안 된다는 생각, 열등하다는 생각이 잘못된 생각인 줄 알고 부지런히 부처님께 바칠 때, 안 된다는 생각이 사라지며 너는 능력자로 변할 것이다. 열등하다는 생각이 뿌리까지 다 사라지면, 너는 부처님과 같은 위대한 존재임을 발견하게 될 것이다."

"선생님께서 시키시는 대로 한다면 제 소원은 다 이루어질 것 같습니다. 그런데 불교는 소원을 성취하는 가르침이 아니라 깨치는 가르침이라 하던데요?"

"사람들은 '깨침' 하면 참나를 발견하는 거창한 깨침만을 깨침으로 생각한다. 그러나 '깨침'이란 분별심이 사라질 때 나타나는 지혜와 능력이다. 작은 분별심이 사라질 때 작은 '깨침'을, 큰 분별심이 사라질 때 큰 '깨침'을 이룬

mind. When you drop small thought traps of the ego, you will attain small wisdom. When you eliminate greater ego traps, you will gain greater wisdom and see self-nature and attain Buddhahood. Then you will become omniscient and omnipotent like the Buddha."

"Does it mean that devoting the thinking mind to the Buddha is the way to reach enlightenment, and in the process of enlightenment people can become competent?"

"Yes. The Buddha's teachings are not only for reaching Nirvana, but also for becoming a competent member of a society."

As you can see, my master's teaching was totally different from other monks'.

When you think that you are inferior to others, no matter how desperately you pray to the Buddha, you can not break the limits you set on yourself.

My master said, "You decided to be unhappy and became unhappy, so now change your mind, and become happy." He used the sound of a bell as a metaphor for an illusion created by the mind.

다. 깨침이 이루어질 때 지혜와 능력이 생기며 소원 또한 동시에 이루게 된다. 아상이라는 큰 분별심이 사라질 때 큰 깨침, 즉 대각을 이루며, 이때 부처님처럼 전지전능한 능력이 생기게 된다."

"선생님 말씀대로 안 된다, 모자란다는 생각(분별심)을 부처님께 바쳐 이 분별심을 해탈하는 것이 곧 깨치는 것이기도 하며, 이 깨치는 과정에서 사회에서 무능한 사람이 유능하게 변할 수도 있습니까?"

"그렇다. 부처님의 가르침은 생사해탈의 가르침이기도 하지만, 건강한 사회인이 되는 가르침이기도 한 것이다."

이처럼 선지식의 말씀은 지금까지 들어왔던 스님들의 말씀과는 아주 달랐습니다.

'안 된다, 못났다'라고 저 혼자 생각하며, 안 되는 사람, 못난 사람으로 자신을 정하고 있으니, 부처님께 간절히 빈들 어찌 자기가 이미 정해놓은 못난 틀에서 벗어날 수 있겠습니까!

선지식께서는 "스스로 자신의 운명을 불행하게 규정하여 불행한 사람이 되었으니, 그 마음을 바꿔 행복한 사람이 되어라." 하십니다. 그리고 모든 불행과 축복이 자신의 마음이 만들어낸 착각이라는 것을 종소리에 비유하여 말씀하셨습니다.

All Things Are Mind-created Illusions

"I will soon ring this bell, and ask you a few questions, so listen carefully to its sound and answer my questions."

He rang the bell.

"Did you hear that? Where did this sound come from? Do not rack your brain. Where do you think the sound came from?"

He asked the students.

"The sound came from the bell," said student A.

"At first, it seemed to be from the bell. However, come to think of it, it may have been the sound of my mind.", said student B.

"A still has a long way to go, and B seems to be halfway through. Anyone who can hear the bell sound as his own is a person who has attained the truth of Consciousness-only."

일체유심조의 진리

"내가 조금 있다가 이 종을 칠 것이다. 종소리를 듣고 몇 가지 질문을 할 것이니 대답해 보아라." 선지식께서 종을 치시고, 먼저 들어온 도반들에게 질문하셨습니다.

"땡! 이 소리가 들리는가? 이 소리가 어디서 났는가? 대답하여라. 눈치로 대답하면 안 된다. 언하대오(言下大悟)라는 말이 있다. 머리를 굴리지 말고 대답하라. 땡! 이 소리가 어디서 났는가?"

A 도반: "그 소리는 종에서 나온 종소리입니다."

B 도반: "처음에는 그 소리가 종에서 나온 소리로 들렸습니다. 그런데 한참 생각하니 그 소리는 종에서 나온 소리 같지 않고, 제 마음의 소리인 것 같습니다."

"A는 아직 공부가 멀었고, B는 공부가 반쯤 된 것 같다. 그러나 종소리를 종에서 나온 소리가 아닌 자신의 소리로 들을 수 있는 사람은, 공부가 상당히 무르익은 사람이요, 일체유심조의 진리를 깨친 사람이라 할 수 있다."

His words reminded me of the story of Huineng, the Sixth Patriarch.

There were two monks who were discussing the topic of the wind and a flag. One said, "The wind is moving." The other said, "The flag is moving." They argued incessantly. Huineng stepped forward and said, "The wind is not moving, nor is the flag. Your minds are moving." [58]

When hearing the sound of a bell, if there is anyone who can say, "It is the sound of my mind and an expression of my discernment.", the person would have reached enlightenment and already extinguished a lot of sins.

However, it is not easy to understand that the bell sound came from one's mind. In particular, a person majoring in natural science would say, "How is it the sound of my mind? This sound is from the bell. The bell sound is a wave, not a particle, and it is a longitudinal wave, not a transverse wave. The wavelength has frequencies and amplitudes, which can be accurately analyzed. Therefore, we can hear sounds with different frequencies and amplitudes for each bell." He will say, "So this sound comes from the bell A."

However, a wise man will ask the natural scientist the following question.

"Is it true that the sound came from the bell, or is it just a thought you have?"

It is not true that the bell sound comes from the bell, it is only your

이 말씀을 듣고 육조단경에서 읽었던 유명한 혜능대사 이야기가 생각났습니다.

마침 바람이 불어와서 깃발이 펄럭이고 있었는데 그걸 보고 스님들이 "바람이 움직인다." "깃발이 움직인다." 하고 있었다.
혜능대사께서 바람의 움직임도 아니며, 깃발의 움직임도 아니고 당신의 마음이 움직이는 것이라고 하셨다.

종 치는 소리를 듣고 '땡' 하는 소리가 "내 마음의 소리요, 내 분별의 표현이다." 하고 대답할 수 있다면 그 사람은 바로 '깨친 이'요, '도인'이라 할 수 있습니다. 또는 '죄업이 많이 소멸된 사람, 매우 지혜로운 사람'일 겁니다.
그러나 '땡!' 하는 소리가 났을 때, '내 마음의 소리다. 내 분별의 소리다.'라는 것을 이해하기가 쉽지 않습니다. 특히 자연과학을 전공하는 사람은 "그게 어떻게 내 마음의 소리냐? 이 소리는 종에서 나오는 소리다. 종소리는 입자가 아닌 파장이며, 그중에서도 횡파가 아닌 종파다. 파장에는 진동수와 진폭이 있는데, 그 진동수와 진폭 등은 정확하게 분석할 수 있다. 종마다 진동수와 진폭이 다른 소리를 들을 수 있으며, 따라서 이 소리는 A라는 종에서 나온 소리다."라고 명쾌하게 설명합니다.

그러나 지혜로운 사람은 자연과학자에게 다음과 같이 질문할 것입니다.
"종에서 나오는 소리라는 것이 사실이냐 또는 사실이라 생각할 뿐이냐?"

종소리가 종에서 나온다는 것은 사실이 아니요, 자신의 생각일 뿐이며, 그 생각을 부처님께 자꾸 바친다면 그 생각이 착각임을 알게 됩니다. 종소

thought, and if you keep dedicating that thought to the Buddha, you will find that it is an illusion. When you find out that your thoughts are illusions, you will realize that it is not from the bell, but from your preconceived notions.

Like this, one's prejudices create a new world. If you understand that the bell sound is the sound of your mind and an expression of your discernment, it can be said that you attained enlightenment. Then your heart will be bright and clear, so even if you go through the ups and downs in life, you will live actively, knowing the world itself is your work of art.

On the other hand, those who think that the bell sound came from the bell are greatly influenced by the five senses, which means that they have big egos. They don't understand that all the happiness and misfortunes they have experienced were created by themselves. They just get swept away by the ups and downs of life.

My master said that we have been fulfilling our wishes at all times, in a way to explain the truth of Consciousness-only. He expressed it more realistically as follows.

"It is said that a total of 3 million people died during the Korean War, and about 1.5 million people in the south would have died. People think that those who died were killed by North Korean soldiers. However, it is not true. They died, because they thought that they would die. If they thought that they would live, how could North

리가 종에서 나왔다고 믿었던 내 생각이 착각임을 알게 될 때, 비로소 종에서 나온 소리가 아니라 자신의 선입견에서 비롯된 소리임을 깨닫게 됩니다.

이처럼 자신의 선입견은 새로운 세상을 만듭니다. 지혜로운 이는 종소리가 내 마음의 소리요, 내 분별의 표현이라고 받아들이는 사람은, 바로 '깨친 이'요, '도인'이라 고 하십니다. 그는 마음이 밝으므로 영고성쇠(榮枯盛衰)의 주기 속에서 살더라도 이 영고성쇠가 자신이 만든 작품임을 알고 이 세상을 쥐락펴락하면서 능동적으로 살 것입니다.

그러나 종소리를 종에서 나는 소리로 판단하는 사람은 색성향미촉법(色聲香味觸法)에 영향을 받는 아상이 큰 사람으로, 인생의 영고성쇠가 다 자신의 작품임에도 자신이 만든 것인지 모르고, 영고성쇠에 이끌려 허덕허덕하며 수동적인 삶을 살게 될 것입니다.

선지식께서는 인생의 모든 행과 불행은 다 자신의 마음이 만든다는 일체유심조의 진리를 시시각각 소원 성취로 이해하라고 하시며, 다음과 같이 더욱 실감 나게 표현하셨습니다.

"6.25 때 300만 명이 죽었다고 하는데, 남쪽 사람들이 약 150만 명 정도 죽었을 것이다. 사람들은 이들은 모두 북한 공산당에 의해 살해당한 것으로 안다. 그러나 실은 북한 공산당이 죽인 것이 아니다. 스스로 죽겠다고 해서 죽은 것이다. 나는 절대 죽지 않는다고 한다면 하늘도 죽이지 못하고, 임금

Korean soldiers kill them? No one, not even the King nor Heaven could kill them, if they thought that they would never die. We all are great beings like the Buddha, we are always making our wishes come true."

---

58 The Sixth Patriarch's Dharma Jewel Platform Sutra, Buddhist Text Translation Society

도 죽이지 못하는데 어찌 북한 공산당이 죽일 수 있겠는가? 우리는 모두 부처님처럼 위대한 존재이기에 생로병사와 영고성쇠를 다 시시각각으로 소원성취하고 있을 뿐이다."

The Three Wishes Were Fulfilled

Under the guidance of my master, I realized that all the wishes and desires, as well as obstacles, were brought about by myself. I also figured out that it was not true that overcoming obstacles was hard. It only became hard because I thought it was hard. If only I realize that those obstacles are illusions created by my mind, they will not be obstacles anymore. They can be fun and enjoyable. In the process of such a change of mind, wishes will naturally be fulfilled.

In order to realize that difficulties in life are illusions created by your mind, you devote your thoughts to the Buddha. But you might wonder how you can devote your thoughts more easily. I was also curious about it, just then another student asked the master.

"Sometimes I can not let go of a thought, even if I devote it to the Buddha over and over again. Then how can I let it go more easily?"

세 가지 소원을 이루다

　일체유심조의 말씀을 들은 후, 세 가지 소원이자 난제를 불러들인 것이 바로 나 자신임을 알았습니다. 또 그 난제가 이루기 어렵다고 생각한 것도 참이 아니요, 내가 어렵다고 생각하고 난제라고 판단한 것이 결정적인 원인임을 알게 되었습니다. 난제가 정말 난제가 아닌 내 분별이요 착각이라고 깨친다면, 그것은 이미 난제가 아니고 재미있는 일, 즐거운 일이 될 수 있습니다. 그러한 마음의 변화 과정에서 소원은 자연스럽게 성취될 것입니다.
　난제가 실은 난제가 아니요, 내 분별이며, 그 분별이 실은 착각이요 본래 없음을 알기 위해서 난제라는 생각을 부처님께 바친다고 합니다. 그런데 이 바치는 수행을 쉽게 할 수 있을까? 이런 생각을 하던 때 마침 어떤 사람이 선지식께 질문하였습니다.

　"분별심을 부처님께 바치고 또 바쳐도 잘 아니 될 때, 어떻게 하면 이 분별심을 쉽게 소멸할 수 있을까요?"

"In the past, many people left home to practice. Leaving home does not mean going to a quiet place. It is to find a place where there is no karma.

Bodhidharma emphasized the importance of leaving home to those who practice Buddhism.

外息諸緣 內心無遷 心如障壁 可以入道
When leaving all relationships on the outside
The mind don't get disturbed on the inside
The mind stands still like a wall
Then you will reach enlightenment

This doesn't mean that you should go to a quiet place to practice. Even if you are with other people and doing some complicated and hard work, you should stay away from karma."

One day, my master said to my mother.
"Don't let your son and your husband live in the same house if possible."
"Why do I have to separate my son from his father?"
"Your husband and your son became father and son, because they had a bad relationship in their past lives. If they live in the same house, the karma will have a bad mental impact on both of them. Then nothing will work out for them."
"Are you saying that even father and son can become enemies to each other?"

"예전에는 공부하기 위하여 집을 떠났다. 집을 떠난다는 것은 조용한 곳으로 간다는 뜻이 아니다. 바로 업보에서 벗어난 공간을 찾는 것이다.

달마대사께서는 공부하려 하는 사람들에게 다음과 같이 출가의 중요성을 말씀하셨다.

외식제연 내심무천 심여장벽 가이입도
外息諸緣 內心無遷 心如障壁 可以入道
밖으로는 모든 인연을 떨쳐버리고
마음이 헐떡거리지 않아
마음이 장벽처럼 요지부동할 때
가히 도에 들어갈 수 있으리라

'외식제연'이란 사람들을 만나지 말고 조용한 곳에서 수도하라는 뜻이 아니다. 사람과 함께 있거나 복잡하고 힘든 일을 하더라도, 업보와 함께 있지 아니한 것을 말하는 것이다."

이때 선지식께서 어머니에게 하신 말씀이 생각났습니다.
"가능하면 아들과 남편을 한 집에서 살게 하지 마시오."
"어째서 아들과 아버지를 떼어놓고 살아야 하는가요?"
"아들과 남편은 전생에 좋지 않은 인연을 맺어 부자지간이 된 것이요. 이런 나쁜 업보가 한 집 안에서 살게 되면, 서로에게 나쁜 정신적 파장을 보내므로 두 사람 다 일이 아니 풀리게 되어 있소."
"세상에서 가장 가깝다는 부자지간도 원수가 될 수 있다는 말입니까?"

"There is more bad karma than good karma within a family."

Through this conversation, I sensed that I had a bad relationship with my father in my previous life, and thought it would be difficult to enter the world of Buddha by practicing at home.

Most people think it would be better to form a family and rely on each other rather than going through the tough world alone. They also think of family as the most important element of their lives, so maintaining a close family relationship often becomes their number one priority. However, a master who gained enlightenment through practice says that even if the family seems to be helping each other on the outside, they do not actually help each other, but may even hamper each other at a critical moment. So it would be desirable for those who want to gain enlightenment through spiritual cultivation to stay away from their families for a while until they develop their power.

Bodhidharma said, "don't get disturbed on the inside", which means that you should turn your mind to the Buddha and let go of greed, anger, and ignorance. Because you can find all the solutions to various challenges in your mind. You are not the kind of beings that need something out there, but you have everything within you like the Buddha. With this belief, I realized that the thought of not being able to do anything was an illusion, so I devoted the thought to the Buddha.

As I left home and practiced, my ability to dedicate to Buddha began

"가까운 가족에 오히려 좋은 업보보다 나쁜 업보가 더 많은 것이요."

이 대화를 통하여 내가 아버지와 전생에 좋지 않은 인연을 맺었음을 감지하였고, 집에서 공부하는 것으로 부처님 세계를 맛보기는 어려울 것으로 생각하였습니다.

사람들은 생존경쟁의 사회생활을 혼자서 헤쳐나가기 어려우므로 가족 같은 집단이 도움을 준다고 생각합니다. 부부, 부자, 형제 등과 같은 가족을 가장 친한 관계로 생각하고, 이런 관계를 잘 유지하는 것은 개인의 행복은 물론 치열한 경쟁사회에서 큰 힘이 된다고 생각합니다.

그러나 마음 닦아 밝아진 도인은 가족의 겉마음은 서로 돕는 것같이 보여도 속마음은 서로 돕는 것이 아니고, 심지어는 결정적 방해를 일으키게 할 수 있다고 하십니다. 마음 닦아 밝아지고자 하는 사람이 자신의 힘을 키울 때까지 가족과는 잠시 멀리 떨어져 있는 것, 이것이 곧 '외식제연'입니다.

다음 '내심무천'은 마음을 헐떡거리지 말라는 말씀입니다. 마음을 부처님께 향하고 탐진치를 닦습니다. 각종 난제의 해법을 다 자신의 마음속에서 발견할 수 있으며, 우리는 무엇을 외부에서 구해야 할 존재가 아니라 부처님처럼 모든 것을 다 구족한 존재임을 알기 위해서입니다. 이런 믿음은 '안 된다'는 생각이 착각인 줄 알게 하였고, 나는 그 생각을 부지런히 부처님께 바칠 수 있었습니다. 또 '어렵다, 열등하다'는 생각이 실은 다 착각인 줄 알게 하였습니다.

가족과 떨어져 출가수행을 하면서 놀랄 정도로 부처님께 바치는 능력이

to improve surprisingly. I continued to dedicate the thought that I couldn't to the Buddha, then it disappeared. There were a lot of things that I hated, but when I dedicated those thoughts to the Buddha, the thoughts also gradually receded. I finally became able to let go of other thoughts such as 'I am inferior to others' and 'I am poor'.

At first, it worked better when I left home and practiced, but later, even when I stayed with my family, the power I dedicated to the Buddha increased.

Through the process of practice, I started to change myself gradually. The thought that I didn't like to study gradually disappeared, and before I knew it, I no longer hated studying and felt joyous at times.

This joy of studying proved its real worth in graduate education that explores truth in contrast to middle and high school education where the focus of learning is on gaining knowledge. At the graduate school where I studied the secrets of nature, the practice of devoting thoughts was more useful than ever. Every time I got stuck in research, I devoted the thought that it was difficult to the Buddha, then I would be able to solve it easily. When it didn't work, I recited Maitreya Buddha until I found a clue and got the answer. Sometimes, the secrets of nature that I didn't know were known through dreams or feelings.

Through the practice of the Diamond Sutra, I fulfilled all the wishes I had, and became a competent and wealthy member of the society.

향상되기 시작하였습니다. 안 된다는 마음이 착각인 줄 알고 부처님께 바치니, 안 된다는 마음이 사라짐을 실감하게 되었습니다. 싫다, 귀찮다는 생각을 부처님께 바치니, 그런 생각들도 점차 없어지는 것이었습니다. 열등하다, 빈궁하다는 생각이 잘못인 줄 알고 부처님께 바치니, 그 진하던 생각도 점차 엷어지기 시작하였습니다.

처음에는 집을 떠나서 공부할 때 더 잘되었으나, 나중에는 가족과 함께 지내도 잘되었습니다. 부처님께 바치는 힘이 좋아졌습니다.

바치는 수행으로 자신이 서서히 변하기 시작했습니다. 공부하기 싫은 마음은 사라지고, 어느덧 공부가 싫지 않고 때로는 즐겁게도 느껴졌습니다.

이런 공부의 즐거움은 지식 위주로 공부하는 중·고교의 학습보다 진리를 탐구하는 대학원 교육에서 더욱 진가를 발휘하는 것 같습니다. 밝혀지지 않은 자연의 비밀을 연구하는 대학원 과정에서 부처님께 바치는 공부는 더욱 유용하였습니다. 연구가 안 풀릴 때는 그 생각을 부지런히 부처님께 바치면 쉽게 풀리곤 하였습니다. 바쳐도 잘 안 풀릴 때에는 '미륵존여래불' 하였습니다. 해답이 나올 때까지 힌트가 생각날 때까지 계속 '미륵존여래불' 하는 것입니다. 어느 때는 모르던 자연의 비밀이 꿈을 통하여 알아지기도 하고, 느낌을 통하여 알기도 하였습니다.

이렇게 금강경 공부를 꾸준히 한 결과 학생 때의 각종 소원은 다 해결하게 되었고, 나는 둔재에서 벗어나 인재의 대열에, 가난에서 벗어나 부자 대열로 합류하게 되었습니다.

Part 3

A New Paradigm of Religion Will Usher in a Second Renaissance

제3부

새로운 패러다임의 종교로 제2의 르네상스를 이룰 수 있다

Chapter 7

How To Cope With the Downhill of Life

7장

인생의 내리막길에 어떻게 대처할 것인가

A Roadmap to Success

When talking about Buddhist practice, most Korean Buddhists think of Ganhwa Seon. Ganhwa Seon is a practice method that was introduced to Korea from Chinese monk Dahui Zonggao about 1,000 years ago. It originated from Patriarchal Seon of Bodhidharma. Patriarchal Seon explains that sudden enlightenment occurs by pointing directly to the human mind so that one may see the true nature and achieve buddhahood.

In the practice of Ganhwa Seon, at first, the practitioners repent of their sins and observe the Buddhist precepts. Ganhwa Seon is a contemplative meditation practice which can be defined as spiritually-centered observation or consideration of a specific idea or question with the goal of receiving insight from the inner wisdom or true self. Once one's mind is open, he or she would realize that there are no sins to repent nor precepts to observe, and attain the Buddhahood simultaneously.

성공의 로드맵

우리나라 불자는 수행하면 으레 간화선 수행을 연상합니다. 간화선은 지금으로부터 약 1,000여 년 전 중국의 대혜종고스님으로부터 우리나라에 전래된 수행법인데, 그 뿌리는 달마대사로부터 시작된 조사선에서 비롯되었다 하겠습니다. 조사선은 불립문자 교외별전 직지인심 견성성불不立文字 教外別傳 直指人心 見性成佛의 말씀처럼 마음 닦아 밝아지는 핵심을 곧바로 집어내는 수행을 통하여 한달음에 성불의 길로 들어가는 것을 특징으로 하는 돈적頓的 수행법입니다.

간화선은 초발심 때에는 지극한 참회도 하고 부처님께서 제정하신 계율을 성심껏 지니기도 하지만, 화두 참구로 홀연히 마음이 열리면 참회할 죄나 지켜야 할 계가 본래 없음을 깨닫고는 점수漸修 (점차 깨닫는 수행)의 단계를 뛰어넘어 부처님의 경지로 단숨에 들어가는 특징이 있습니다.

This sudden approach to enlightenment is a practice to become a Buddha at once. There may be no problem for the high-minded Buddhists who rarely meet adversity during practice. However, most other Buddhists encounter numerous adversities in the course of practice, but when they practice Ganhwa Seon, they can not find prescriptions or guidelines for these adversities. So if they do something wrong, they may get lost and waste their entire lives. It should be said that there is a problem in this sudden approach to enlightenment such as Ganhwa Seon, that the process and roadmap of practice is often ignored.

If you practice Buddhism without an enlightened master or a roadmap that leads you to awakening, you might waste time and wander around like a person on the night road without a lamp. Chapter 16 of the Diamond Sutra can be a guide to keep many practitioners on track.

> *If a good man or good woman who accepts, upholds, reads or recites this Sutra is disdained or slandered, if they are despised or insulted, it means that in prior lives they committed evil acts and as a result are now suffering the fruits of their actions. But because they are despised and insulted, their prior life's evil acts will finally be dissolved and extinguished, and he or she will attain the supreme clarity of the most fulfilled, and awakened mind.*[59]

A person who follows any practice to gain wisdom can be compared to "a good man or good woman who accepts, upholds, reads or recites this Sutra". If he or she encounters adversities during practice, that

이처럼 소위 돈적頓的 수행은 한달음에 부처가 되는 수행이며, 수행 중 별다른 역경 없이 부처님 세계에 진입하는 최상근기 불자에게는 별문제가 없을 수 있습니다. 그러나 중하근기 불자들은 수행 과정에서 역경을 경험하지만, 간화선과 같은 돈적 수행에서는 이러한 역경에 대한 처방이나 지침을 찾을 수 없습니다. 자칫 잘못하면 일생을 방황하다 변변한 깨달음도 얻지 못하며 고생할 수 있습니다. 돈적 수행에서는 종종 그 수행 과정이 생략되고 수행의 로드맵이 무시될 수 있기 때문입니다.

선지식이 이끌어주지 않는 수행이나 로드맵이 구체적으로 밝혀지지 않는 수행은, 비유하면 전등 없이 밤길을 걷는 사람처럼 시간만 헛되이 보내고 방황하는 수행이 되기 쉽습니다. 금강경 16분은 이러한 수도자들에게 헤매지 않게 하는 지침이 됩니다. 다음 구절은 각종 수행을 하는 모든 사람에게 훌륭한 지침이 될 것입니다.

수지독송차경 약위인경천
受持讀誦此經 若爲人輕賤
시인 선세죄업 응타악도
是人 先世罪業 應墮惡道

금강경을 수지독송하여도
사람들이 가벼이 여기고 천대한다면
이 사람은 전생에 지은 죄업으로
사람 몸도 못 받고 악도에 떨어져야 하지만

이금세인 경천고 선세죄업 즉위소멸
以今世人 輕賤故 先世罪業 則爲消滅
당득 아누다라삼막삼보리
當得 阿耨多羅三藐三菩提

can be interpreted as being "disdained or slandered" and "despised or insulted" in the verse above. Especially when disasters occur to those who practice Ganhwa Seon, they would be discouraged and likely to give up practicing, unless they meet an enlightened master.

What does this verse mean to those who are discouraged?

"Don't be afraid of the various adversities that happen during practice. Those hardships were caused by the sins that you committed in your former lives. Do not be shaken or discouraged by the pain of these adversities. And don't give up practicing. Devote your despair to the Buddha. If you can maintain undisturbed calmness of mind and keep your heart toward the Buddha even in adversity, the sins you committed in your previous lives will be removed one by one every time you suffer, and in the near future, all the hardships will disappear. Finally, as the sins of the past lives are washed away, adversities disappear, and practice is carried out smoothly, and eventually enlightenment is attained."

If you can understand Chapter 16 of the Diamond Sutra like this, even if you practice alone without an enlightened master, you will be able to break away from the devil's obstruction[60], and finally achieve enlightenment. In this regard, Chapter 16 of the Diamond Sutra is a great guide to practitioners when there is the devil's obstruction during practice.

This roadmap of practice is not only a necessary instruction for practitioners to overcome adversity and reach enlightenment, but also

주위 사람들이 가벼이 여기고 천대하는 연고로
전생에 지은 죄업이 바로 소멸되며
마땅히 밝아질 것이니라.

어떤 수행이든 밝아지고자 하는 수행을 16분의 말씀 중 '수지독송차경'에 비유할 수 있으며, 수행할 때 맞닥뜨리는 여러 역경을 '약위인경천'에 비유할 수 있습니다. 특히 간화선같이 수행의 로드맵이 밝혀지지 않는 돈적 수행을 하는 수행자에게 각종 역경이 일어날 때에, 선지식을 만나지 못하면 결국 낙심하여 공부를 포기하게 될 가능성이 큽니다.
'약위인경천'의 구절은 낙심하는 사람에게 무엇을 말하는 걸까요?

"수도자여! 수행 중에 일어나는 각종 역경을 두려워하지 말라. 그 역경이란 전생에 지은 죄업으로 말미암아 나타난 현상이다. 이 역경의 고통에 마음이 흔들리거나 낙심하지 말라. 그리고 공부하는 마음을 포기하지 말라. 그 역경으로 인한 낙심을 부처님께 바쳐라. 흔들리지 않는 수행의 마음을 지속할 수 있다면, 즉 역경에서도 부처님 향하는 마음이 흔들리지 않는다면, 고통을 받을 때마다 전생에 지은 각종 죄업이 하나하나 제거되며 머지않아 각종 역경은 다 사라지게 될 것이다. 드디어 선세의 죄업이 소멸됨과 동시에 역경도 사라지며 수행이 원만하게 이루어져서 결국 밝아지게 되느니라."

이렇게 금강경 16분을 이해할 수 있다면, 비록 선지식 없이 혼자 수행하더라도 각종 마장의 뜻이 무엇인지를 분명히 알고 벗어나, 마침내 견성성불의 대업을 이룩할 것입니다. 이런 점에서 16분은 수행자에게 수행 중 마장이 일어날 때 훌륭한 지침이며, 수행의 로드맵이라고 할 수 있습니다.
이러한 수행의 로드맵은 수행자가 역경을 극복하고 밝아지는 데 꼭 필요한 가르침일 뿐 아니라, 세상에서 평범하게 살면서 각종 고난에서 벗어나기

for ordinary people to go through various hardships and succeed in the world.

Let's suppose that someone was born in a rich family, graduated from a good college, got a good job, and met a great spouse and without much difficulty lived a happy life. However, as the Buddha said, no matter how successful a person is, there are times when he must decline. This person may experience a disaster someday and go downhill in life.

There is a saying that goes, "People who succeed in their early years are less blessed in their last years." Those who have not experienced failures often become helpless when they are hit by a major disaster. Wealth and fame achieved in young days often disappear like bubbles.

At times like this, people lament that nothing lasts forever. However, most of them can't get back on their feet again, because they do not know what exactly caused the failure.

In some cases, there are people who rise up against adversity and regain their success, but even they do not understand the exact cause of their successful resurgence, so there is a possibility of falling again.

Chapter 16 of the Diamond Sutra not only explains the reason why people sometimes go into a downward spiral after a huge success, but also teaches how to recover from a failure. This can be a great guide to get out of the cycle of success and failure, and reach eternal happiness.

59 Chapter 16, Diamond Sutra, diamond-sutra.com

60 The devil's obstruction, a ghost's play, which means unexpected interference or destruction in the progress of work.

를 바라는 사람이나 크게 성공하고 싶은 보통 사람에게도 매우 도움이 되고 꼭 필요한 가르침입니다.

어떤 사람이 부유한 집에서 태어나 별 어려움이 없이 좋은 대학을 나오고 좋은 직장을 얻었고 또 훌륭한 배우자를 만나 탄탄대로 행복하게 살고 있다고 가정해 봅시다. 그러나 생자필멸 회자정리 성자필쇠生者必滅 會者定離 盛者必衰라는 부처님의 말씀처럼, 이 사람은 언젠가 반드시 재난을 당해 내리막길로 갈 수 있습니다.

우리나라 속담에 초년에 일찍 출세하는 사람이 말년 복이 적다는 말이 있습니다. 고생을 모르고 실패를 맛보지 않은 사람들이 한 번 큰 재앙을 당했을 때 속수무책이 되는 경우가 대부분으로, 젊은 날의 부귀영화가 물거품처럼 사라지는 경우가 허다합니다.

젊은 날의 부귀영화가 사라져도 '어찌하여 사라지나' 하고 탄식하지만, 대부분 그 원인을 정확히 알지 못하므로 거의 회복하지 못합니다.

간혹 역경을 딛고 다시 예전의 영광을 재현하는 경우가 없지 아니한데, 본인도 재기한 원인을 정확히 진단하지 못하기에 다시 추락할 가능성이 있습니다.

금강경 16분의 가르침은 전문 수도자가 아닌 보통 사람에게 탄탄대로의 길에서 어째서 갑자기 내리막길로 떨어지게 되었는지 그 원인을 제시할 뿐 아니라, 내리막길에서 다시 회복하는 방법과 원리를 가르쳐 줍니다. 영고성쇠의 사이클을 벗어나 영원한 행복을 얻는 지침이 됩니다.

The Story of a Chinese Farmer

There is a fable about a Chinese farmer. This story explains how events in life that might be considered as lucky or unlucky are not always what they seem.

Once upon a time there was a Chinese farmer. One day his most cherished horse ran away, but he was not that disappointed. Regardless of the words of comfort from the neighbors around him, he was optimistic, saying, "There are good things after bad things."

A few days later, the horse came back, bringing another wild horse with it. And all the neighbors came around and said, "Oh, that's great, isn't it?" And he said, "Maybe. We'll see if it's a good thing or not," and he was not excited at all."

As the farmer said, the new horse was not something to be happy about. Because the farmer's son fell off the new horse and broke his leg.

새옹지마(塞翁之馬) 이야기

중국 고사성어에 '새옹지마'라는 말이 있습니다. 새옹이라는 말은 변방(국경지대)에 사는 노인翁이라는 뜻이며, 새옹지마란 인생의 길흉화복은 알 수 없다는 뜻입니다.

중국 변방에 사는 한 노인이 가장 애지중지하여 생명처럼 소중히 여기던 말이 집을 나가버렸습니다. 그러나 이 노인은 그리 실망하지 않았습니다. 주위 사람들이 위로하는 말에 아랑곳하지 않고 "나쁜 일 뒤에는 좋은 일도 있지." 하며 낙관하였습니다.

과연 이 노인의 낙관대로 얼마 안 되어 집을 나간 말은 또 한 마리의 말을 끌고 들어왔습니다. 주위 사람들 모두 노인에게 경사가 났다며 기뻐하였습니다. 노인은 별 반응 없이 "인생의 길흉화복을 알 수 있나요? 그것이 좋은 일인지 아닌지는 두고 봐야지요."라고 말할 뿐 전혀 들뜨지 않았습니다.

노인의 말대로 말이 새로 들어왔다고 좋아할 일만은 아니었습니다. 노인의 아들이 새 말을 타다 낙마하여 다리가 부러진 것입니다. 사람들은 "참 안

And all the neighbors came around in the evening and said, "Oh, that's too bad." However, the farmer didn't care much, and said, "Maybe." After a while, a big war broke out in the country and all the young men were conscripted into the battle, and the son of the farmer with a broken leg was managed to be exempted from the conscription.

This story illustrates that it is really impossible to tell whether anything that happens is good or bad. Let's look at this story in connection with Chapter 16 of the Diamond Sutra.

Fortunes and misfortunes are not predetermined. Depending on people's minds, fortunes can turn into misfortunes, and vice versa. When the farmer faced adversity, he did not name it adversity. Even if the moment came when it felt like adversity, he must have had the wisdom to dedicate his thoughts to the Buddha. He used the wisdom of Chapter 16 of the Diamond Sutra without knowing it.

If a good man or good woman who accepts, upholds, reads or recites this Sutra is disdained or slandered, if they are despised or insulted,[61]

The pain of losing a horse can be compared to being "disdained or slandered" in Chapter 16 of the Diamond Sutra. However, the farmer was optimistic, saying, "There are good things after bad things." This optimism was expressed in Chapter 16 as 'accepting, upholding, reading or reciting this Sutra'.

The mind of reading the Diamond Sutra, that is, the pious heart

되었네요."라고 위로하였습니다. 이 위로에도 노인은 아랑곳하지 않고, 여전히 "사람의 길흉화복은 알 수 없지요."라고 대답하였습니다. 얼마 후 큰 전쟁이 나서 젊은이들이 모두 전쟁터로 징집되었는데, 전화위복이라 할지, 다리를 다친 노인의 아들은 용케 징집에서 면제되었습니다.

이런 사실을 두고 인생의 길흉화복은 알 수 없다고 하여 새옹지마라는 말이 나온 것입니다. 새옹지마라는 고사성어와 금강경 16분을 같이 연관지어 살펴봅시다.

길吉한 일, 흉凶한 일이란 것이 본래 정해지지 않았습니다. 사람들의 마음 씀씀이에 따라 길이 흉으로 변하기도 하고 흉이 길로 변하기도 한다는 것입니다. 이 노인은 역경이 있을 때 역경이라 이름 짓지 아니하였습니다. 이 노인은 역경이라는 생각이 떠올라도 그 생각을 부처님께 바치는 지혜가 있었나 봅니다. 자신도 모르는 사이에 금강경 제16분의 말씀을 활용한 것입니다.

수지독송차경 약위인경천
비록 금강경을 수지독송한다 하여도
사람들이 가벼이 여기고 천대한다면

노인이 애지중지하던 말을 잃고 괴로워하는 심정을 금강경 16분의 약위인경천에 비유할 수 있습니다. 그러나 노인은 주위 사람들의 위로에도 아랑곳하지 않고 "나쁜 일 뒤에는 좋은 일도 있지." 하며 낙관하였는데, 이러한 낙관을 금강경에서는 수지독송차경으로 표현하였습니다.

수지독송하는 마음, 즉 늘 부처님 향하는 마음이 나쁜 일을 당해도 흔들리지 아니하고 낙관하게 만듭니다. 이 낙관은 결국 좋은 일을 불러오게 되었

toward the Buddha made him optimistic even at a time of adversity. This optimism eventually brought about good luck, and people congratulated him. However, he didn't get excited and said, "You never know if it's good or bad."

As he said, the new horse turned out to be not too good, because his son was thrown and broke his leg.

How come bad things happen after good things? My master once explained the reason with the following examples.

"Koreans still ignore and hate Japanese people. Koreans say that their ancestors have always passed on advanced culture to Japan, not to mention that they have never invaded the country, but Japan has always harassed and invaded Korea historically, and even illegally dominated Korea for 35 years in the late Joseon Dynasty, persecuting and killing countless innocent people, and looting huge amounts of property. However, is it desirable for Koreans to hate Japanese people like this?

Wise people first think about why it happened before blaming others. If you look closely, you will find out that our ancestors provided some cause for such persecution from Japan. It is true that our ancestors did not invade Japan and deliver advanced culture, but on the other hand, it was also true that they despised the Japanese because they were proud to be superior to them.

It turned out that Korea was persecuted by Japan for 35 years, because our ancestors were proud of themselves and ignored the Japanese. According to the Buddha's teaching, everything happens as a

고, 사람들은 경사가 났다며 노인을 축하하였습니다. 그런데 주위 사람들이 축하해도 노인은 역시 별 반응 없이 "인생의 길흉화복을 알 수 있나요? 그것이 좋은 일인지 아닌지 두고 봐야지요."라고 대답할 뿐 전혀 들뜨지 않았습니다.

정말 말이 새로 들어온 것은 좋은 일만은 아니었습니다. 노인의 아들이 새 말을 타다 낙마하여 다리가 골절되었기 때문입니다.

어째서 좋은 일 뒤에 나쁜 일이 발생할까요?

일찍이 선지식께서 좋은 일 뒤에 나쁜 일이 발생하는 원인에 대하여, 다음과 같은 예를 들어 설명하셨습니다.

"우리나라 사람은 지금도 일본 사람을 무시하고 증오한다. 우리나라 사람은 늘 주장한다. 선조들은 항상 일본에 피해를 준 적이 없음은 물론 늘 우수한 문화를 전달했는데, 일본은 역사적으로 항상 우리를 괴롭히고 침략하였으며, 심지어 조선 말기 35년간 우리나라를 불법으로 지배하여 수많은 사람을 핍박하고 무고한 인명을 살상하며 수많은 재산을 약탈했다고 한다.

우리나라 사람이 이처럼 일본 사람을 증오하는 것은 과연 바람직한가?

지혜로운 사람은 남을 원망하기 전에 어째서 이런 일이 발생하게 되었나를 먼저 생각한다. 원인을 잘 살펴보면 우리 조상이 일본에게 핍박을 받을 원인을 제공했음을 알게 된다. 우리 조상이 일본을 침략하지 않았고, 훌륭한 문화를 전달하여 도와준 것이 사실이지만, 또 한편으로는 일본 사람보다 우월하다는 자부심이 있어 일본 사람을 형편없이 무시한 것도 사실이었다.

우리나라가 일본으로부터 35년간 갖은 핍박을 당한 것은, 우리 조상이 스스로 자랑스럽게 생각하고 일본을 한없이 무시한 것이 결정적 원인이었다. 부처님의 가르침으로 보면, 모든 일은 원인에 따라 결과를 받는다. 우리가

result of a cause. Because we completely ignored our opponents while showing off ourselves, we ended up being ignored, too. How could Japan have persecuted us if we had only helped without looking down on them?

Therefore, you should not be arrogant when you are in power. If you look down on others or even use your power to suppress them, you will receive the consequences. Arrogance brings about disasters, and can even ruin people's lives."

Why did the farmer's son fall off of the horse? Perhaps he was excited to hear that the people around him were celebrating, and it can be said that the excited mind caused a misfortune.

But because they are despised and insulted, their prior life's evil acts will finally be dissolved and extinguished,[62]

However, the farmer's son understood that his excited mind brought about the accident and willingly embraced the hardship, thereby turning it into good fortune.

As long as you believe that adversity is an absolute reality, it cannot be transformed into a blessing. Only when you realize that it is just a thought in your mind, can it turn into a blessing.

How can we achieve success by controlling our subconscious mind?

There was an entrepreneur who wanted to succeed. As a devout

과시하면서 상대를 철저히 무시하였기에 결국 우리도 무시당하게 된 것이다. 우리가 오만하지 않고 도와주기만 하였다면 어찌 일본이 우리를 핍박할 수 있었겠는가!

그러므로 자신이 잘될 때 오만하지 말아야 한다. 자신이 잘났다고 남을 무시하고 심지어 억누르는 데 사용하면 결단코 안 된다. 오만은 자신을 내리막길로 몰고 가는 주범이다."

노인의 아들이 어째서 말에서 낙마하게 되었을까요?
아들은 주위 사람이 경사가 났다고 하는 말에 마음이 같이 들뜨게 되었고, 들뜬 마음이 나쁜 일을 불러왔다고 할 수 있습니다.

이금세인 경천고 선세죄업 즉위소멸
以今世人 輕賤故 先世罪業 則爲消滅
주위 사람들에게 가벼이 여기고 천대를 받는 연고로
전생에 지은 죄업이 바로 소멸되며

그러나 노인의 아들은 금강경의 말씀처럼 들뜨고 잘난 척하는 마음이 내리막길을 가게 하는 원인임을 알고, 낙마와 골절의 역경을 묵묵히 선세 죄업으로 알고 즐겁게 받아들여서 다시 좋은 일을 불러왔다고 하겠습니다.

역경을 엄연한 사실이라고 확신하는 한, 역경은 축복으로 바뀔 수 없습니다. 역경은 사실이 아니고 역경이라고 생각하는 한 분별일 뿐이라고 해야만 비로소 역경이 축복으로 바뀔 가능성이 생깁니다.

수행 중 각종 역경을 극복하고 드디어 밝아질 수 있게 하는 이 수행의 로드맵을 좀 더 구체적으로 설명하기 위하여 현재의식과 잠재의식 등 유식사상唯識思想이 성공의 로드맵과 어떤 관계가 있는지 살펴보겠습니다.

Buddhist, he knew that the success of his business could not be achieved by his efforts alone, so he decided to ask for the help of Buddha. He visited an enlightened master who was famous for predicting the future and asked.

"I don't think that I can succeed in business with my abilities alone. I would like to pray to the Buddha for help. How can I pray for my business to succeed?"

The master replied,

"If you really want, your business can succeed without much difficulty. But what is the reason your business is not successful? It is not a lack of business funds or abilities, nor is it a lack of prayer or sincerity for Buddha. Then, what's the reason? It is because you don't really want to succeed."

The businessman who heard this was surprised and denied it.

"What are you talking about? What do you mean I don't want this business to succeed? You don't know how badly I want it. I pulled in money I didn't have for this project, bowed more than 1,000 times a day for 100 days, and chanted the name Avalokitesvara countless times, in order to make it a success. If you say that I didn't succeed in my business due to lack of ability or money, I can accept that, but it doesn't make any sense that it didn't work because I didn't want it to."

"It is true that your present consciousness wants your business to succeed. But your subconsciousness doesn't really want success. Keep praying until your subconscious mind truly wants the success of your business, then your business will succeed immediately."

성공하고 싶은 사업가가 있었습니다. 독실한 불교도인 그 사람은 자신의 능력만으로 도저히 사업이 성공할 수 없음을 잘 알고, 부처님의 힘을 빌려 성공하고자 했습니다. 그는 미래를 잘 안다는 소문난 선지식을 찾아가 말했습니다.

"제 실력만으로는 이 사업에 성공할 수 없을 것 같습니다. 위대하신 부처님의 힘을 빌려 성공하고자 합니다. 어떻게 부처님께 기도하여야 이 사업이 성공할 수 있겠습니까?"

선지식은 아마 이렇게 이야기하였을 것입니다.

"암, 당신이 진정으로 원하면 사업은 별 어려움 없이 훌륭하게 성공할 수 있지요. 그런데 당신이 원하는 사업이 성공하지 못하는 이유가 무엇일까요? 사업 자금이나 능력이 부족한 것이 아니오, 또 부처님에 대한 기도나 정성이 부족한 것도 아닙니다. 그럼 무엇 때문일까요? 당신이 진정으로 성공을 원치 않기 때문이오."

이 말씀을 들은 사업가는 펄쩍 뛰며 부인합니다.

"무슨 말씀이십니까? 제가 이 사업이 성공하기를 원하지 않는다니요? 제가 얼마나 간절히 바랐는지 선지식께서는 잘 모르실 것입니다. 나는 이 사업을 위하여 없는 돈을 끌어대었고, 사업 성취를 위하여 하루에 1,000배 이상 절을 100일도 더하였으며, 수없이 관세음보살을 염송하였습니다. 제가 능력이 부족하고 사업 자금이 모자라 사업에 성공하지 못한다면 말이 되어도, 내가 원하지 않아서 사업이 안 된다고 하시면 말이 안 됩니다."

"당신의 현재의식이 사업이 성공하기를 원하는 것은 사실이오. 그러나 당신의 잠재의식은 성공을 진정으로 원하지 않는 것이오. 사업 성공을 원한다는 현재의 마음을 당신의 잠재의식이 곧이들을 때까지 계속 기도하시오. 잠재의식이 진정으로 원할 때 순식간에 성공할 것이오."

What is the reason for success? If there is a businessman who is putting all his effort but not getting the desired results, it is because he is experiencing a conflict between the conscious mind and the subconscious mind.

When your subconscious mind wants success, your business will flourish, and when your subconscious mind doesn't want to succeed, your business will go downhill.

The subconscious mind was created by karma which is stemming from prior lives. People's success and failure are much more affected by their subconsciousness than present consciousness, because the present consciousness easily gets disturbed and doesn't have an influence on its surroundings. However, the subconsciousness is steady and has a strong influence on its circumstances.

There are people who easily achieve their goals through prayer, even if they are not very talented. On the other hand, there are people who are quite capable, but do not achieve their goals even though they pray hard. In some cases, one reaches his goal in an instant even if he hasn't prayed. This person's subconscious mind obeys the commands it receives from his conscious mind, and we can say that he has reached enlightenment.

A person who takes a long time to achieve his goal is a person whose subconsciousness takes time to follow the commands of the present consciousness, and this person is far from enlightenment.

What kind of person's subconsciousness easily follows his present consciousness? It depends on how much he practiced in his previous lives, that is, how much he let go of his ego. The subconsciousness of an

성공의 참 원인은 무엇인가?

또 실패의 참 원인은 무엇인가?

성공하지 못하는 이유가 있었다면 그 사업가가 현재의식(6식)을 잠재의식(7식, 말라식)에 일치시키지 못하고 갈등하였기 때문이라 하겠습니다.

잠재의식이 성공을 바라면 내리막길의 사업이 성공하고, 잠재의식이 원하지 않으면 잘 나가던 사업도 내리막길을 걷게 되는 것입니다. 사업이 내리막길을 걷는 것은 실은 자신의 잠재의식이 실패를 원하기 때문입니다.

잠재의식이란 바로 전생에 지은 업業, 8식에 의하여 형성된 마음입니다. 성공과 실패는 모두 현재의식보다는 잠재의식에 훨씬 더 많은 영향을 받습니다. 현재의식은 흔들리는 마음으로 주위 환경에 영향을 미치지 못하지만, 잠재의식의 흔들리지 않는 마음은 주위 환경에 강력한 영향을 주기 때문입니다.

비록 능력이 없어도 기도를 통하여 훌륭하게 목표를 달성하는 사람이 있고, 능력이 대단하고 기도도 열심히 하는데 목표를 달성하지 못하는 사람이 있습니다. 아무런 기도를 하지 않아도 한순간에 목표에 도달하는 사람도 없지 않습니다.

한순간에 목표를 성취하는 사람이 있다면, 이 사람은 현재의식의 말을 잠재의식이 바로 곧이듣는 경우요, 이런 사람을 세상에서는 깨친 사람, 도인이라 합니다.

목표 달성에 시간이 오래 걸리는 사람은 현재의식의 말을 잠재의식이 곧이듣는 데 시간이 걸리는 사람인데 이 사람은 도인의 반열에서 먼 사람입니다. 중생적 특징이 많은 사람이라 하겠습니다.

어떤 사람의 잠재의식이 현재의식을 쉽게 따르는 것일까?

전생宿世에 닦은 정도, 즉 아상의 소멸 정도에 따라 다릅니다. 아상을 소멸한 사람의 잠재의식은 바로 현재의식의 말을 따르고 신속하게 목표를 달성

egoless person follows the commands of the present consciousness and achieves the goal quickly. However, those whose subconsciousness does not obey the present consciousness, take a considerable amount of time to achieve their goal or eventually fail, because the remaining ego in the subconsciousness prevents them from achieving it. Chapter 16 of the Diamond Sutra shows it well.

> *If a good man or good woman who accepts, upholds, reads or recites this Sutra is disdained or slandered, if they are despised or insulted,*[63]

A person's present consciousness "accepts, upholds, reads or recites this Sutra", but he "is disdained or slandered", which shows his current state. Even if you read and recite the Diamond Sutra, you sometimes suffer hardships. This means your subconscious mind didn't read the Diamond Sutra, but it was muttering, "I've sinned heavily. I've committed a grave crime to fall into evil."

Reality is a picture drawn by the subconscious mind, so if a person's subconscious mind says, "I've sinned," then he will face a disaster, the punishment. However, if this person is not swayed by the disasters that appear in reality and continues to read the Diamond Sutra, his subconscious mind will soon follow the words of the Buddha. Then he will get out of the pain and finally reach enlightenment. He will alway live with Buddha, creating paradise everywhere.

61 Chapter 16, Diamond Sutra, diamond-sutra.com
62 Chapter 16, Diamond Sutra, diamond-sutra.com
63 Chapter 16, Diamond Sutra, diamond-sutra.com

합니다. 그러나 잠재의식이 현재의식의 말을 잘 따르지 않는 사람은, 잠재의식에 남아 있는 아상이 현재의식을 따르는 것을 방해하기 때문에 목표 달성에 상당한 시간이 걸리거나 결국 이루지 못하게 됩니다.

> 부차수보리, 선남자선여인 수지독송차경 약위인경천
> 이 경을 수지독송하는데 다른 사람한테 경천을 당하면

'수지독송차경하는 마음'은 곧 현재의식을, '약위인경천하는 것'은 현재의 내 상태를 나타내는 것입니다. 하지만 현재의식이 분명히 금강경을 독송함에도 약위인경천하는 불행한 일이 생기기도 합니다. 이것은 잠재의식이 금강경을 독송하지 않고 '나는 무거운 죄를 지었소. 나는 마땅히 악도에 떨어질 큰 죄를 지었단 말이요.' 하고 중얼거리고 있기 때문입니다.

현실이란 곧 잠재의식이 그린 그림이기에 잠재의식이 '내가 죄를 지었소.'라고 한다면 약위인경천하는 현상이 벌어지는 것입니다. 그런데 이 사람이 현실에 나타나는 각종 재앙에도 마음이 흔들리지 않고 꾸준히 금강경을 수지독송하면, 결국 잠재의식은 현재의식이 독송하는 금강경의 부처님의 말씀을 곧이듣게 되며, 죄가 본래 없는 것이라고 믿게 되므로 죄업의 고통에서 벗어나 결국 밝게 될 것이라는 말씀입니다. 이런 사람은 늘 부처님과 함께하는 삶을 살게 되고 도처에 극락세계를 이룹니다.

Mind Creates the Ups and Downs of Life

The Buddha said, those who live must die, those who meet must part, and those who prosper must perish. It seems to be true that no matter how successful a person is, there are times when he must decline. However, why must they die, part, and perish? When do they grow and prosper? When do they decline and decay? We can find the answer in Chapter 16 of the Diamond Sutra.

When both of your present consciousness and subconsciousness make merit or read the Diamond Sutra, you will grow and prosper. Even though your present consciousness is making merit, if your subconsciousness keeps saying, 'I've sinned', you will have a hard time. However, even though you suffer hardships, if you do not give up and keep reciting the Diamond Sutra, your subconscious mind will surely be back on your side. Moreover, as you realize that sins are also an illusion, you will break away from the painful destiny and live in eternal

인생의 영고성쇠도
자신의 생각대로

"생자필멸 회자정리 성자필쇠"라는 불가의 말씀처럼 사람의 일생에는 축복만 있는 경우가 거의 없고, 또 재앙만으로 일관한 예도 거의 없이 영고성쇠榮枯盛衰의 주기 속에서 산다고 하겠습니다.

그런데 어째서 생자는 필멸이며, 회자는 정리이며, 성자는 필쇠가 되는 것일까요?

그리고 어느 경우에 영榮과 성盛이 이루어지며, 어느 경우에 고枯와 쇠衰가 이루어지는 것일까요?

금강경 16분을 알게 되면 이해할 수 있습니다.

현재의식과 잠재의식이 모두 부처님 전에 복을 짓거나 또는 함께 금강경 독송하는 마음이면 영榮과 성盛을 이루며, 비록 현재의식은 부처님께 복을 좀 짓고 경을 읽어도 잠재의식이 '나는 죄지었소.' 하면 고枯와 쇠衰가 옵니다. 비록 고枯와 쇠衰로 인한 고통이 있어도 포기하지 않고 꾸준히 금강경을 독송한다면, 결국 잠재의식은 금강경을 독송하는 마음으로 돌아옵니다. 또한 죄란 본래 없는 것임을 깨쳐서 괴로운 운명의 사슬에서 마침내 벗어나서

happiness.

Why can't we just continue to grow and prosper?

Why do we have to decline and decay after success?

If wealth and honor persist for a long time, the subconscious mind will think that it will last forever, and be satisfied and conceited. Since we are great beings who have everything like the Buddha, there is nothing for us to be conceited about. So it would be a delusion to see that there is something to be conceited. If we fall into this delusion over and over, our minds will become dark and eventually bring about disasters.

Then how do we overcome disasters and get back on our feet again? We need to realize that adversity is an illusion and make the subconscious mind accept that by reading the Diamond Sutra. Then adversity will turn into prosperity. The power to sustain prosperity comes from the deep understanding of the subconscious mind that sins are an illusion that doesn't exist. If we can keep it in our subconscious mind, we will never have to go through hardships and enter the world of the Buddha right away.

밝고 행복한 삶을 삽니다.

그러면 어째서 영(榮) 다음에 고(枯)가 따라오고 고(枯)가 뒤집혀 성(盛)이 되는 것일까요?

또 어째서 성(盛)이 변화하여 쇠(衰)가 되는 것일까요?

부귀영화가 오래 지속되면 죄를 지은 잠재의식은 그것이 영원한 것이 아닌데도 영원한 것으로 착각하며 이만하면 되었다 하고 스스로 만족하게 됩니다. 우리는 부처님처럼 모든 것을 구족한 위대한 존재이기 때문에 실은 자만할 것이 없는 데도 자만할 것이 존재한다고 보는 착각현상이라 할 것입니다. 그런데 이런 착각을 되풀이하게 되면 이는 어두컴컴해지는 연습이며, 결국 마음은 컴컴하게 되고 끝내 고난을 불러옵니다. 따라서 영(榮)에서 고(枯)로 전락하게 되는 것입니다.

그러면 어떻게 고枯에서 성盛으로 다시 변화할까요?

이것은 금강경 독송을 통해 고枯가 착각이며 본래 없는 것이라는 가르침을 마음에 새기고, 잠재의식까지 이를 곧이듣게 함으로써 고枯의 현상이 성盛으로 변화하게 합니다. 성盛을 지속하게 하는 힘, 즉 '죄란 착각이며 본래 없는 것'이라는 마음이 잠재의식을 계속 지배하는 경우, 이 사람은 쇠衰의 과정, 즉 악도의 과정을 거치지 않고 곧바로 부처님 세계로 들어간다고 하겠습니다.

The Expected Achievements of Those Who Read the Diamond Sutra

Because of karma created in countless former lives, there is a thought that 'I have sinned' in most people's subconscious minds, which is the reason why they go through the ups and downs of life.

According to my master, disasters and blessings repeat themselves periodically, so anguish and tranquility of mind also appear in rotation. Just like an old saying, "No pain, no gain", failure is followed by success.

There are times when it seems that there is a person who does evil, but succeeds in life anyway. This is because his present consciousness does all kinds of bad things, but the subconsciousness says, "I'm making merits." People around him say, "How does God let him go unpunished?" However, his subconscious mind says, "I deserve success."

On the other hand, there are times when nothing works at all, no matter how hard you try. That is because the subconscious mind is muttering, "I have sinned."

강경을 수지독송하는 사람의
예상 성취도

무시겁으로 지은 업보업장으로 말미암아 아주 잘 닦는 소수의 사람을 제외하고, 대부분의 사람은 '나는 죄지었소.' 하는 잠재의식으로 인하여 영고성쇠의 주기 속에서 오르락내리락하며 삽니다.

선지식의 말씀에 의하면 영고성쇠는 주기적으로 나타나며 재앙도 축복도 주기적으로 돕니다. 따라서 번뇌 망상이나 마음의 평화 역시 모두 주기적으로 돈다고 합니다. 고진감래苦盡甘來라는 말처럼 실패 다음에는 반드시 성공이 따르는 것입니다.

악행을 하는 사람도 잘나가는 것처럼 보일 때가 있습니다. 그때의 현재의식은 살생, 투도, 사음 등 나쁜 짓을 하지만 잠재의식은 '나는 복 짓고 있다.'라고 하기 때문입니다. 주변에서 '하늘도 무심하지, 어떻게 저런 놈이 잘될까?' 하지만 그의 잠재의식은 '나는 잘되는 사람이다.'라고 합니다.

하지만 현재의식이 아무리 열심히 해도 안 되고 뒤로 자빠져도 코가 깨지는 때가 있습니다. 그것은 잠재의식이 '나는 죄 지었소.' 하기 때문이며 내리막길을 가게 됩니다.

The following is a graph showing the prosperity cycle according to age and degree of spiritual cultivation.

Assuming that a person lives to 100 years old, the horizontal axis is the age, and the vertical axis is the degree of success, that is, the degree of anguish extinction. I think that the more anguish disappears, the greater the success will be. The best achievement was the state of the Buddha, and it was set at 100. Then, at the level of those who reached enlightenment 75, the next 50 was a successful life, the next 25 was a normal life, and less than 25 was a life that fell into evil or animal rebirth.

There are four types of achievements, and Figure 1 and Figure 2 are the achievements of ordinary people who do not practice the Diamond Sutra. Figure 1 shows the achievements of average people and Figure 2 shows that of people who succeed in their early years. Figure 3 and Figure 4 are of those who practice the Diamond Sutra. Figure 3 shows the pattern of sudden enlightenment and gradual cultivation. Figure 4 is sudden enlightenment and cultivation.

In the graph, the upward curve is a period of success and prosperity in which subconsciousness says, "I made merits," and it coincides with the time when the person made merits in the former lives, and his mind was full of reverence for the Buddha. The downward curve is a period of failure and decline when the subconsciousness says, "I have sinned" and it coincides with the time when the person committed crimes in the past lives.

다음은 연령과 수행 정도에 따른 영고성쇠의 주기를 그림으로 살펴보겠습니다.

사람이 100살까지 산다고 가정합니다. 가로축은 연령, 세로축은 성공 또는 성취의 정도, 즉 번뇌소멸의 정도입니다. 번뇌를 많이 소멸할수록 더 크게 성공하고 성취할 수 있다고 생각합니다. 최고의 성취는 견성성불로 부처님의 경지이며 100으로 하였습니다. 그다음 75는 깨친 이(도인)의 경지, 다음 50은 성공한 인생, 25는 평범한 인생, 25이하는 축생 및 악도에 떨어지는 인생으로 하였습니다.

성취도는 4가지 유형으로, 〈그림 1〉과 〈그림 2〉는 금강경 독송을 하지 않는 보통 사람의 성취도로, 보통 사람과 소년등과형입니다. 〈그림 3〉과 〈그림 4〉는 금강경을 수지독송하는 수도자의 성취도이며 돈오점수형과 돈오돈수형입니다.

그림에서 상승 곡선은 잠재의식이 '나는 복을 지었소.'라고 말하는 성공과 번성의 기간으로, 언젠가 전생에 복 지었을 때와 일치하며 신심과 공경심이 가득합니다.

하향 곡선은 잠재의식이 '나는 죄를 지었소.'라고 말하는 실패와 쇠퇴의 기간으로, 전생에 죄지었을 때이며 소득심과 퇴타심으로 가득 찬 상태입니다.

<Figure 1> Achievement of Ordinary People

The Degree of Anguish Extinction
100 The Buddha, 75 The Enlightened, 50 The Successful, 25 The Ordinary

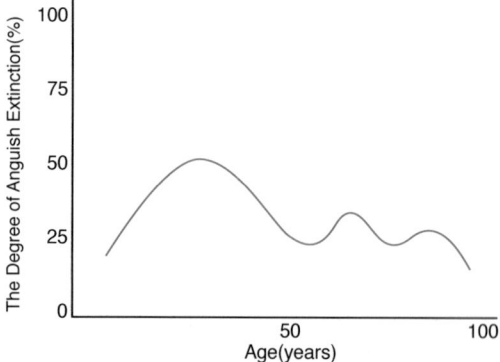

Usually, people go up and down like this as shown in Figure 1. Why do they fall on the road to success? It is the satisfied and conceited mind that makes them go downhill in life. On the other hand, humble people keep going up.

<Figure 2> People Who Succeed in Their Early Years

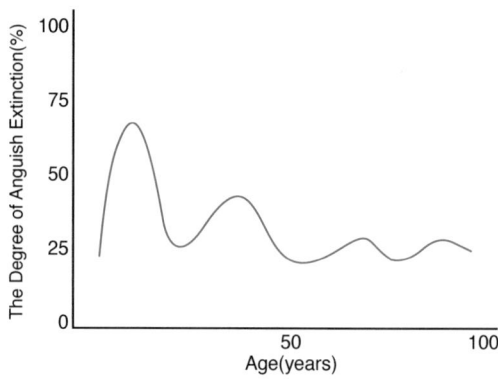

〈그림 1〉 보통 사람의 성취도

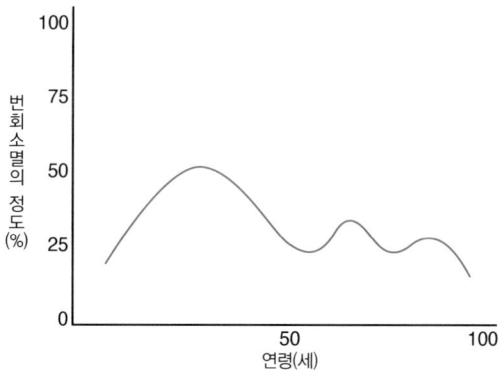

보통 사람들은 〈그림 1〉에서처럼 이렇게 오르락내리락하게 됩니다. 성공의 상승기에서 왜 내리막길로 가게 될까요? 그 원인은 '이만하면 되었다'하며 만족하고 잘난 척하는 소득심입니다. 그때 겸손한 사람은 쭉 뻗어 올라갑니다.

〈그림 2〉 소년등과형少年登科形 성취도

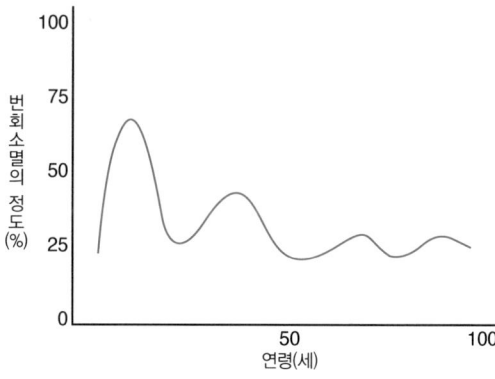

Figure 2 shows the achievements of the people who become successful at a young age. Most of the people who succeed greatly in their youth, are likely to become arrogant, so they do not maintain the success and their later years are not very good.

<Figure 3> Sudden Enlightenment and Gradual Cultivation

Figure 3 shows the achievements of the lesser minded practitioners. They face a lot of adversity during practice, and suffer failures in the world. However, those who practice the Diamond Sutra understand that the difficulties they experience are the result of the karma created in their former lives. So they don't blame others or the world, and willingly accept those hardships.

They realize that despair is an illusion and devote it to the Buddha. Reciting the Diamond Sutra, they turn countless disasters into blessings. This graph indicates that practitioners should not be disappointed and give up, when disasters occur and growth is sluggish, but should be aware that it is high time to get rid of the sins that they

〈그림 2〉는 소년시절 출세하는 사람들의 성취도입니다. 젊어서 크게 성공하고 출세한 사람들은 대부분 치심, 잘났다고 생각하는 마음을 쉽게 내므로, 성공을 유지하지 못하고 말년이 그리 좋지 못합니다.

〈그림 3〉 돈오점수형, 중하근기 수도자의 성취도

번뇌소멸의 정도   100 부처님 경지   75 깨친 이(도인)   50 성공한 인생   25 평범한 인생

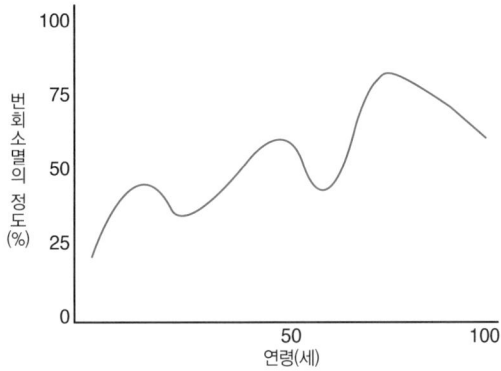

〈그림 3〉 돈오점수형은 중하근기 수도자의 성취도입니다. 수도 중 역경도 많고 세상에서 실패도 경험합니다. 그러나 금강경을 공부하는 수도자는 난관이나 역경을 선세에 지은 죄업의 결과로 알기에 다른 사람이나 세상을 원망하지 않으며 즐겁게 역경을 감수합니다.

절망의 마음이 착각인 줄 알고 부처님께 부지런히 바치며 금강경을 독송하여, 수없이 많은 역경을 축복으로 바꾼 그림입니다. 중하근기의 수도자는 공부 중 역경이 생기고 성취가 지지부진한 경우에 실망하고 퇴타심을 낼 것이 아니라 선세죄업을 소멸할 절호의 기회로 알고 정진해야 함을 나타낸 것입니다. 중하근기의 사람들은 금강경 16분 내용을 참고하시어, 간화선 수

committed in their former lives. It is important to keep it in mind, and continue to practice the Diamond Sutra.

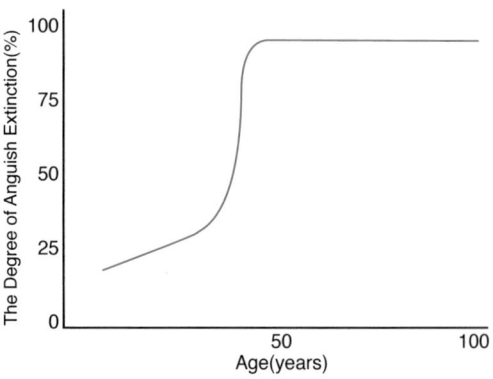

Figure 4 shows the achievements of the high minded practitioners, such as Grand Master Huineng. He reached enlightenment in his former life, and knew from birth without being taught. Although he was an unlearned woodcutter, he knew the world clearly. Figure 3 is the same in that it goes up in the early years as shown in Figure 2. However, unlike those who succeed at a young age, the high minded practitioners do not become conceited, so they do not go downhill and live in eternal happiness. They eliminate all the greed, hatred and ignorance and reach the Buddha's level around the age of 40.

The above four graphs can be said to be a very helpful roadmap for practitioners to reach enlightenment, a guide on how not to be disappointed while facing adversity.

행을 하더라도 금강경 공부를 반드시 병행하는 것이 꼭 필요하다고 생각합니다.

〈그림 4〉 돈오점수형, 중하근기 수도자의 성취도

번뇌소멸의 정도   100 부처님 경지   75 깨친 이(도인)   50 성공한 인생   25 평범한 인생

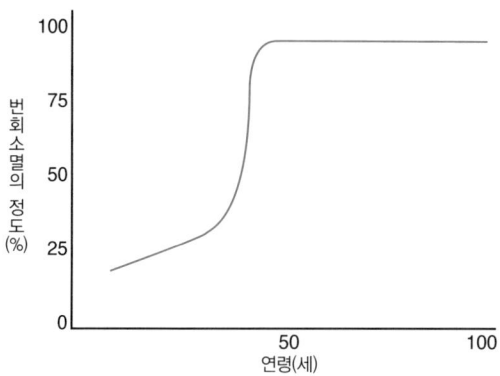

〈그림 4〉 돈오돈수형은 육조 혜능대사와 같이 준비가 많이 된 최상근기 수도자의 성취도입니다. 혜능대사는 전생에 이미 도인이셨고, 태어날 때부터 다 아셨습니다. 생이지지生而知之라고 합니다. 비록 배우지 못한 나무꾼이지만 세상을 훤히 다 아셨다고 합니다. 돈오돈수형은 소년등과형처럼 초년운부터 승승장구한 점에서 동일하지만, 이만하면 되었다는 치심을 내지 않으므로 내리막길이 없이 영원히 행복하게 삽니다. 40세경에 이미 부처님 경지에 오르고 모든 탐진치가 다 끊어졌기에 세속적 연령은 의미가 없습니다.

이상의 네 그림은 어떻게 하면 수행에 퇴타심을 내지 않으며 악도에 떨어지지 않고 밝아지는 길을 갈 수 있 는지, 이해하는 데 도움이 되는 수행의 로드맵입니다.

Adversity Is a Blessing
Agony Is Enlightenment

Let's take a look at the four truths that the Buddha taught in the Diamond Sutra. The truth of Consciousness-only is that all things are created by the mind. The Truth of Emptiness is that our mind is an illusion that doesn't exist. The Truth of Non-duality is that self and others, agony and enlightenment, and the Buddha and I are not two. The Truth of Perfection is that as the Buddha and I are not two, I am perfect and have everything like the Buddha. The Buddha taught the Truths of Non-duality in Chapter 16 of the Diamond Sutra.

"Recite the Diamond Sutra! Then you will realize that the pain you suffer will eliminate your sins and become the source of blessings. This means that you will attain the Truth of Non-duality, breaking away from all the pains and transcending life and death."

고난이 곧 축복,
번뇌가 곧 보리

부처님께서 금강경에서 말씀하신 네 가지 진리를 다시 살펴보겠습니다. 모든 현상이 다 우리 마음이 빚어낸 결과라는 일체유심조, 우리 마음이 실은 착각이요 없는 것이라는 공, 마음을 닦으면 너와 나의 장벽이 사라짐과 동시에 번뇌가 곧 보리요 부처님과 내가 둘이 아니라는 불이이다. 부처님과 내가 둘이 아니므로, 나는 부처님처럼 모든 것을 다 구족했다는 구족입니다.

금강경 중 특히 16분에서 불이의 진리를 모르는 어리석은 중생들을 위하여 다음과 같이 말씀하셨습니다.

"중생들이여! 금강경 16분을 수지독송하라! 그러면 그대들이 받는 경천의 고통은 고통이 아니고 죄업의 소멸이요, 축복의 근원이라는 진리를 깨닫게 된다. 이것은 번뇌가 곧 보리요, 생사가 곧 열반이라는 불이의 진리를 깨닫는 것이다. 모든 고통에서 벗어나 생사를 자재하는 삶을 살 수 있게 된다."

Which verse in Chapter 16 of the Diamond Sutra taught the Truth of Non-duality?

If a good man or good woman who accepts, upholds, reads or recites this Sutra is disdained or slandered, if they are despised or insulted, it means that in prior lives they committed evil acts and as a result are now suffering the fruits of their actions. But because they are despised and insulted, their prior life's evil acts will finally be dissolved and extinguished, and he or she will attain the supreme clarity of the most fulfilled, and awakened mind.[64]

This verse above can be interpreted as follows.

If a person encounters hardships even though he practices the Diamond Sutra, that means that this person committed serious sins in his former lives that he had to fall into evil, not to mention receiving a human body. However, as he sowed a good seed sometime in his previous lives, he managed to receive a human body, but the sins committed in the former lives are so grave that he encounters various disasters in this life. These disasters are different from the hardships that arise as a result of sinning in this life. The cause of the disasters cannot be known through the wisdom of ordinary people, because it is not created in this life, but it is the price of the crime committed in the past lives. However, if this person practices the Diamond Sutra, he will escape from the various disasters, live a happy life, and finally reach enlightenment.

그러면 구체적으로 16분 중 어떤 구절이, 번뇌가 곧 보리며 생사가 곧 열반이라는 불이의 진리를 일깨워 주는 것일까요?

수지독송차경 약위인경천 시인 선세죄업 응타악도
受持讀誦此經 若爲人輕賤 是人 先世罪業 應墮惡道
이금세인 경천고 선세죄업 즉위소멸
以今世人 輕賤故 先世罪業 則爲消滅
당득아누다라삼먁삼보리當得阿耨多羅三藐三菩提

위의 글을 쉽게 풀어봅니다.

중생들이여! 이 금강경을 수지독송하여도 고난이 되풀이된다면 이 사람은 전생에 지은 죄업이 지중함으로 당연히 사람 몸을 못 받고 악도에 떨어져야 할 사람이다. 그런데 언젠가 지은 선근으로 용케 사람의 몸을 받기는 하였다. 그러나 전생에 지은 죄업이 워낙 무거워 각종 고난이 생기는 것이다.

이 재앙은 금생今生에 죄지은 결과로 생기는 고난과는 다르다. 보통 사람들의 지혜로는 고난의 원인을 알 수 없다. 이는 그 원인이 금생이 아니라 전생에 지은 죗값이기 때문이다. 다행히 이 사람이 금생에 금강경을 수지독송한다면, 전생에 지은 죄로 인한 각종 재앙에서 벗어나서 행복해질 뿐 아니라 마침내 밝아지게 된다.

For those who want to realize the Truth of Non-duality, I would like to explain it in detail as follows.

"Is life too hard and painful for you? Even if you encounter something difficult and painful, don't despair. Don't think it is too much for you. Don't name it "too difficult to overcome". Devote the pain to the Buddha. If you keep dedicating your thoughts, they will disappear. You will find yourself free of those disturbing thoughts. You will realize that all things are just thoughts and all those thoughts are an illusion. Then you will find the peace of mind and infinite happiness."

In other words, for those who practice the Diamond Sutra, adversity is a blessing and agony is enlightenment. Then, for some people, hardship becomes a real disaster, and for others, hardship changes into a blessing? In times of adversity, those who despair will become miserable, but those who remain calm and devote disturbing thoughts to the Buddha, will turn the adversity into a blessing and live in eternal happiness.

---

64 Chapter 16, Diamond Sutra, diamond-sutra.com

불이의 진리를 깨닫고자 하는 사람들을 위하여 다음과 같이 구체적으로 쉽게 풀어서 말씀드립니다.

"삶이 힘들고 고통스러운 그대여! 만약 그대가 힘들고 고통스러운 일에 맞닥뜨려도, 내게 너무나 힘든 일이며 극복할 수 없는 것이라 이름 지으며 절망하거나 흔들리지 말라! 정성껏 부지런히 부처님께 바치다 보면 이 생각들이 점차 엷어지며, 고통스럽고 힘든 일이라는 생각에서 벗어나는 자신을 발견할 수 있을 것이다. 계속 바치다 보면 이 생각이 착각임을 알게 되고, 마음이 안정될 것이다. 그러면 그대 앞에 있는 행복과 축복을 발견할 것이다."

말하자면 금강경을 독송하는 사람에게는 고난이 곧 축복과 다르지 아니하며 번뇌가 곧 보리와 다르지 않습니다.
그러면 어떤 사람에게 고난이 정말 재앙이 되고, 어떤 사람에게는 고난이 변하여 축복되는가?
고난이 있을 때 낙심하는 사람은 불행해지고 모든 것을 잃는 재앙이 몰려옵니다. 그러나 고난이 있어도 마음이 여여부동하며 황당한 마음을 부처님께 바치는 사람은 고난을 축복으로 변화시켜 행복하고 구족하게 될 것입니다.

Chapter 8

The Diamond Sutra Applied in Real Life
- From Poverty to Prosperity

# 8장

금강경의 현실 적용 – 빈곤에서 풍요로

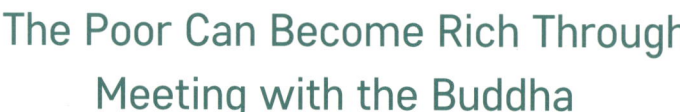

The Poor Can Become Rich Through Meeting with the Buddha

The core of the teachings of the Diamond Sutra is the Truth of Consciousness-only, Emptiness, Non-duality and Perfection, and this is summarized in Chapter 3, 4, and 5 of the Diamond Sutra. The rituals of the Buddha and enlightened masters are also explained in the Diamond Sutra.

I also told you that the Diamond Sutra is not a scripture applicable only to the high minded practitioners. Anyone who practices the Diamond Sutra can attain enlightenment, regardless of their karma.

From now on, I would like to tell you that if the Buddha's teachings in the Diamond Sutra are applied in real life, poverty will turn into abundance, unhappiness into happiness, and ignorance into wisdom. We can make a hopeful paradise out of this tough world.

How can we live a happy life by applying the Buddha's teachings to

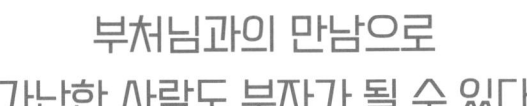

부처님과의 만남으로
가난한 사람도 부자가 될 수 있다

지금까지 내용을 정리해 봅니다.

금강경 가르침의 핵심은 일체유심조, 공, 불이, 구족의 진리이며 이 내용이 3분, 4분, 5분에 요약되어 있습니다. 또 금강경 속에는 부처님의 법식, 도인의 법식에 대한 설명도 있습니다

그리고 금강경은 잘 닦은 사람만 공부할 수 있는 경이 아니라, 죄 많은 사람을 비롯하여 누구라도 이 경을 공부함으로써 밝아질 희망이 있다는 말씀도 드렸습니다.

그런데 이제부터는 이런 금강경 속의 부처님 말씀을 실생활에 적용하면 빈곤한 삶이 풍요의 삶으로, 불행한 삶이 행복한 삶으로, 무지의 삶이 지혜의 삶으로 바뀌게 되어, 고달프고 어려운 이 세상이 즐겁고 희망에 찬 극락세계가 되는 것을 말씀드리고자 합니다.

부처님 말씀을 어떻게 생활 속에 접목하여야 불행한 삶을 행복한 삶으로

real life? How can we change poverty, failure, sickness, and loneliness into abundance, success, health, and happiness. For ordinary Buddhists, these issues will be more pertinent than attaining great enlightenment and transcending life and death. The bottom line is that anyone who practices the Buddha's teaching properly, can live a happy, healthy, abundant and successful life.

In order to achieve that, first we need to recognize that we are poor and unhappy. Then we need to know what caused this poverty and unhappiness. If we can figure out the root cause of these problems, we can get rid of it and live an abundant and happy life.

Many people think that they are poor and unhappy and try to change that. Of course, there are a small number of people who are satisfied with their lives. However, all of them think that poverty and unhappiness have nothing to do with their minds, so they don't even think or try to change their minds to change their lives. However, what did the Buddha think of life? What did he say about how we can get out of hardships of life? How should we change our minds to change our life?

This is what the Buddha said about life in the Lotus Sutra.

만들 수 있을까요?

　빈곤, 실패, 질병, 외로움의 삶을 풍요, 성공, 건강, 즐거움으로 넘치게 할 수 있을까요?

　일반 불자들에게 이 문제는 큰 깨달음을 얻고 생사해탈을 하는 것보다 더 매력적이고 더 친근한 관심사일 것입니다. 결론적으로 말씀드린다면 누구나 부처님의 가르침을 제대로 공부하면 빈곤, 실패, 질병, 외로움에서 벗어나 즐겁고 건강하며 풍족하고 성공하는 삶을 살 수 있게 됩니다.

　부처님 가르침으로 빈곤에서 풍요의 삶으로, 불행에서 행복한 삶으로 바꾸려면 우선 우리 자신이 빈곤하고 불행한 존재임을 인식하는 일이 필요합니다. 다음에는 그 근본 원인을 알아야 합니다. 이러한 빈곤과 불행의 근본을 알고 그 요인을 제거할 수 있다면, 누구나 틀림없이 풍족하고 행복한 삶을 살게 됩니다.

　상당수의 사람은 자신의 인생이 빈곤하고 불행하다고 생각하며 벗어나려 애를 씁니다. 물론 소수에서는 넉넉하고 행복하다고 생각할 겁니다. 그러나 이들 모두 한결같이 빈곤과 불행은 자신의 마음 씀씀이와는 무관하다고 생각하기에, 마음 씀씀이를 바꾸어서 자신의 인생을 바꾸려는 생각도 노력도 하지 않습니다. 그런데 부처님께서는 인생을 어떻게 보셨을까요? 그리고 어떤 방법으로 이 고난에서 벗어날 수 있다고 말씀하셨을까요? 마음을 어떻게 쓸 때 고난의 삶을 행복한 삶으로 바꿀 수 있다고 하셨을까요?

　부처님께서는 법화경에서 인생을 다음과 같이 말씀하셨습니다.

三界無安　猶如火宅
眾苦充滿　甚可怖畏
...
常有生老　病死憂患
如是等火　熾然不息
如來已離　三界火宅
寂然閑居　安處林野
今此三界　皆是我有
其中眾生　悉是吾子
...
唯我一人　能為救護

The whole universe is like a burning house. It is full of agony and fear, and there is no safe place. Always filled with anxieties such as birth, old age, sickness and death, the world doesn't rest because these flames are burning fiercely. I have already left the burning house and live quietly in forests or fields. All of this universe right now is mine, and all of you are my sons and daughters. I'm the only one who can save and protect you.

The Buddha said that life is never happy because of incessant troubles and misfortunes. He compared sentient beings to children who are playing in the burning house, absorbed in their games, and have no thought of trying to escape. The Buddha feels sorry for them, so induces them to get out of the burning house using their favorite toys.

삼계무안 유여화택 중고충만 심가포외
三界無安 猶如火宅 衆苦充滿 甚可怖畏…
상유생노 병사우환 여시등화 치연불식
常有生老 病死憂患 如是等火 熾然不息
여래이리 삼계화택 적연한거 안처림야
如來已離 三界火宅 寂然閑居 安處林野
금차삼계 개시아유 기중중생 실시오자
今此三界 皆是我有 其中衆生 悉是吾子
…
유아일인 능위구호
唯我一人 能爲救護

온 우주는 그 어느 한 곳도 편안함이 없이 마치 불타는 집과 같으며, 많은 괴로움이 가득 차서 가히 겁나고 두려운 곳이니라. 항상 나고 늙으며 죽는 것과 같은 근심 걱정으로 차 있으며, 이러한 불길이 맹렬하게 타올라 쉬지를 아니하니라. 부처님은 이미 불타는 집을 떠나서 고요하고 한가롭게 살며 편안하게 숲이나 들판에 살고 있다. 지금 이 우주란 모두 바로 나의 것이며 그 가운데 중생은 모두 나의 아들이거늘…. 오직 나 하나만이 능히 구원하고 보호할 수 있느니라.

부처님께서는 인생이란 생로병사의 우환이 그칠 새 없기에 절대 행복하지 않다고 하십니다. 그리고 중생을, 다가오는 불행은 생각하지도 못하고 불타는 집에서 눈앞의 일시적 즐거움에 탐착하여 놀고 있는 한심한 어린아이로 비유하십니다. 부처님께서는 이를 딱하게 여기시고 아이들이 좋아하는 장난감으로 유도하여 불타는 집에서 빠져나오도록 하신다는 것입니다.

Perhaps the Buddha is talking about the reality of life as follows.

"You don't know what life is, and often think 'it's happy' or 'It's peaceful.' But life is neither happy nor peaceful. You are a pitiful being who lives a temporary life without knowing when you will die in the burning house which is being consumed by flames. Even if there is happiness in the burning house, how long would it be?

You must realize this and leave the burning house as soon as possible. And come into the world of the Buddha and live in eternal peace and happiness."

More specifically, an enlightened master explained the reason why people stayed in the burning house.

"The root cause of all people's unhappiness is that they were separated from the Buddha. When they were separated from the Buddha who released all greed, hatred and ignorance, the three poisons(greed, hatred and ignorance) were triggered in their minds, so poverty, failure and delusion were created as a result.

People think they are poor because they don't have enough money, and think they need more money to become rich, but in fact, they are poor because of their poor mindset which was created by greed. People become rich, not because they have money, but because they let go of greed and the poor and dependent mindset. Your mind is creating all happiness, misfortune, destiny and even the whole world you experience."

The light of the Buddha alway brightens people's minds and leads

아마도 부처님께서는 인생의 실상을 다음과 같이 말씀하고 계실 것입니다.

"중생들이여! 그대는 인생이 무엇인 줄 모르고 종종 '행복하다. 평화롭다.'라고 생각한다. 그러나 인생은 그대가 생각하는 것처럼 행복한 것도 평화로운 것도 아니다. 그대는 불똥이 수시로 튀는 불타는 집에서 언제 죽을지 모르는 한시적 삶을 사는 가련한 존재이다. 그 불타는 집 속에 행복이 있다고 한들, 얼마나 있겠는가?

중생들이여! 그대는 이것을 깨닫고 속히 그곳을 떠나야 한다. 그리고 부처님 세계에 들어와 영원히 행복하고 길이 평화로운 삶을 살아라."

선지식께서는 좀 더 구체적으로 중생들이 불타는 집에 머물게 된 원인을 다음과 같이 말씀하십니다.

"중생이 불행하게 된 근본 원인은 모든 죄악의 뿌리인 탐진치가 사라진 지공무사하신 부처님과 멀어진 것이다. 탐욕이 발동하자 빈곤이 생기게 되었고, 성냄이 발동하자 실패가 생기게 되었으며, 치심이 동하자 각종 무지가 생기게 되었다.

사람들은 돈이 있어야 부자가 된다고 생각하지만, 사실은 돈이 없어 가난한 것이 아니라 탐욕으로 인한 빈궁한 마음 때문에 가난하게 된다. 그러니 탐욕과 빈궁한 마음을 해탈하여야 부자가 될 수 있다. 마음 씀씀이가 모든 행복과 불행을 만들고 고난을 만들며 운명을 만들고, 나아가서는 그대들이 체험하는 각종 세계를 만드는 것이다."

부처님의 광명은 늘 중생을 밝게 비추어 부처님 세계로 인도하지만, 중생

them to enlightenment. However, greed blocks the light by clouding their mind, then they bring about poverty by themselves.

If we realize the cause of poverty like this, we will be able to let go of greed to accept the light of the Buddha and escape from poverty and always live a rich and happy life.

의 빈궁한 마음, 탐욕의 마음이 밝은 광명을 차단하고 스스로 빈궁을 불러들입니다.

이렇게 빈곤의 원인을 깨달아, 탐욕심을 닦아 부처님의 광명을 받아들이고, 빈곤의 삶에서 벗어나 항상 풍요롭고 행복한 삶을 살게 됩니다.

How Can We Get out of Poverty?

The world has become convenient and abundant, but as people have come to have blind faith in money and science, they have drifted away from the Buddha and lost wisdom. What is wisdom, by the way, and what are the common characteristics of those who are not wise?

Those who are not wise find the causes and effects of all problems outside their minds, such as knowledge, information, and people's experiences. In other words, they collect various data to infer the cause and determine the result.

For example, they think that not being born into a rich family, being unlucky or lazy are the causes of poverty. And they also think that learning how to make money, getting guidance from rich people if possible, saving money and working hard are the ways to become rich. But all these are outside of the mind.

어떻게 가난의 굴레에서
벗어날 수 있을까

세상은 편리하고 풍족해졌지만, 사람들의 사고방식이 물질 만능, 과학 만능으로 바뀌면서 점점 부처님과 멀어지고 지혜로운 사고방식에서도 멀어지게 되었습니다. 지혜로운 사고방식이란 과연 무엇이며, 지혜롭지 못한 사람들의 공통적 특징은 무엇일까요?

모든 문제의 원인과 결과를 지식, 정보, 사람들의 경험 등 마음 밖에서 찾는 것이 지혜롭지 못한 사람들의 특징입니다. 즉, 각종 자료를 수집하여 원인을 유추하고 결과를 판단하는 것입니다.

예를 들면 넉넉한 집에 태어나지 못한 것, 운이 나쁜 것, 게으른 것 등 마음 밖의 문제들이 빈곤의 요인이라 생각합니다. 부자가 되는 길이란 돈을 많이 벌 마음 내기, 돈 많이 번 사람들의 이야기를 경청하여 돈을 잘 버는 방법을 연구하기, 가능하면 돈 많이 번 사람들에게 지도받기, 근검절약하며 부지런히 노력하기 등등 마음 밖에서 부자가 될 요인을 찾는 것입니다.

According to my master, all the means found outside the mind can only become auxiliary, not fundamental.

This means that the way to become rich is in yourself, so you should find everything that will make you rich in yourself. Because you are the one who made the cause of poverty, so you are actually the one who can make you rich. Having a rich and generous mind by letting go of the poor and dependent mindsets, is the fundamental way to become rich.

More specifically, he says that you should realize that the poor and dependent minds are an illusion, then the infinite generosity of the Buddha will be revealed in your mind, and you will immediately become rich. To help people get rid of greed in their mind, the Buddha taught Dana Paramita: The Perfection of Generosity[65].

What is the Perfection of Generosity to the Diamond Sutra practitioners?

The Perfection of Generosity is to please the Buddha by devoting greed in the mind.

What is the true meaning of devoting the poor and dependent mind to the Buddha?

The core of this teaching is to fulfill "meeting with the Buddha." Through meeting with Buddha, people experience the utmost bliss, which is always accompanied by great enlightenment.

However, this may be an interpretation for monastics. Then what does the Perfection of Generosity mean to lay people who want to make more money to become rich and help others?

지혜로운 이의 말씀에 따르면, 이와 같은 마음 밖의 각종 정보는 부자가 되는 근본적 방법이 아니며, 보조적 방법입니다.

부자가 되는 길은 자신 속에 있으니 자기 안에서 찾아야 합니다. 왜냐하면 가난의 원인을 만든 것이 나 자신이고 부자를 만드는 것도 실은 자기 자신이기 때문입니다. 따라서 자신의 마음속의 빈궁한 마음, 인색한 마음을 제거해서 부자 마음, 넉넉한 마음으로 바꾸는 것이야말로 부자가 되는 근본적 방법입니다.

더 구체적으로는 빈궁한 마음, 인색한 마음이 착각이요 본래 없음을 깨달아 부처님 마음과 같은 무한한 부자 마음이 드러나면 즉시 부자로 발복하게 된다고 말씀하십니다. 사람들의 빈궁한 마음, 인색한 마음, 즉 탐욕심을 제거하고, 자신이 큰 부자임을 자각하게 하도록 부처님께서 보시바라밀을 설하셨습니다.

수도인에게 보시바라밀이란 과연 무엇일까요?

보시바라밀이란 마음속에서 올라오는 갖가지 탐욕심을 부처님께 바쳐 해탈함으로 부처님을 기쁘게 해드리는 것입니다.

마음속에 일어난 빈궁한 마음, 인색한 마음을 부처님께 바치는 참뜻은 무엇일까요?

가르침의 핵심은 이 마음을 부처님께 드려 '부처님과의 만남'을 실현하는 데 있습니다. 부처님과의 만남을 통하여 환희심이 생기고 환희심은 반드시 큰 깨달음을 동반합니다.

그러나 보시바라밀을 이렇게 해석하는 것은 출가자를 위한 해석일 것입니다. 그러면 돈 벌어 부자가 되어 잘 살고, 또 사람들에게 베풀고 싶어하는 재가자를 위한 보시바라밀은 무엇이라 할 수 있을까요?

My master explained the Perfection of Generosity to lay people as follows.

"Practice unpaid work and treat people with a heart of giving, in order to let go of a needy and dependent mindset. When you practice giving to others, you will feel resistance as a stingy and selfish mind arises. Then devote the selfish mind to the Buddha. Don't work to get paid. Work to make merit to the Buddha.

When you have this mindset, you become a virtuous person, a wise person, and finally realize the "meeting with the Buddha" and are born as a new Buddhist. In this way, you will completely get rid of the poor and stingy mind. This Buddha's mind is to attract money, success, and even love and respect. And the poor and unfortunate will disappear around you and instead, you will be surrounded with the rich and successful."

---

65 Giving with pure motivation is called dana paramita (Sanskrit), which means "perfection of generosity." The Mahayana Buddhist texts contain many references to six paramitas (or perfections) of the character and understanding. To gain Buddhahood, a Buddhist must achieve both perfect compassion and perfect understanding. The Six Perfections offer a clear method of practicing these perfections. The Six Perfections are generosity, morality, patience, energy, meditation, and wisdom.

선지식께서는 재가자에게 보시바라밀에 대해 다음과 같이 말씀하셨습니다.

"바라는 마음을 힘써 닦고 늘 주는 마음으로 사람을 대하며 보수 없는 일을 연습하여라. 주는 마음을 연습하는 과정에서 베풀기 싫은 마음, 인색한 마음이 나타날 것이다. 주기 싫은 생각, 인색한 마음이 떠오르면 그 생각을 부지런히 부처님께 바쳐라. 직장을 다니는 사람은 봉급 타는 재미로 직장에 다니지 말라. 직장은 돈을 버는 장소가 아니요, 부처님 전에 복을 지을 장소로 생각하라. 잘살기 위해서 직장에 나가는 게 아니라, 부처님 뜻을 받들기 위하여 직장에 나간다고 생각하라.

이러한 마음을 가지면, 덕 있고 지혜로운 사람이 되며, 드디어는 '부처님과의 만남'을 실현하여 새로운 불자로 태어난다. 이렇게 능히 빈궁한 마음, 인색한 마음을 완전히 사라지게 할 수 있다. 부처님 마음은 돈과 성공을 자신에게 끌어들이며, 사람들로부터 존경과 사랑의 마음을 끌어내는 것이다. 어느덧 자신의 주위에서 빈한 것, 척박한 것은 사라지고 대신 풍요로운 것, 잘 되어지는 것으로 가득 차게 변한다."

Practicing the Diamond Sutra Can Solve the Problem of Making a Living

It wasn't because of any great philosophy that I tried so hard to go to a prestigious university. In the early 1960s, when many college graduates remained unemployed, I thought that graduating from a prestigious school would guarantee a job to make a living.

I had no pride or philosophy, and regarded a college diploma as a tool to get a job. Making a living was my number one priority. In other words, I was a person who definitely needed to practice the Diamond Sutra and make merit.

At first, I was able to devote all my worries to the Buddha when I felt worried about the future. However, as time went by, I gradually began to worry again. I couldn't help but feel anxious, thinking, "Would I be able to make a living? Wouldn't the hard-earned advantages of the top university disappear?"

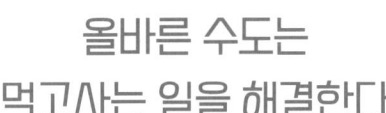

올바른 수도는
먹고사는 일을 해결한다

내가 기를 쓰고 명문대학을 지원하게 된 동기는 그에 걸맞은 어떤 고상한 철학이 있어서가 아니었습니다. 대학 졸업생도 취직을 못 하고 방황하던 1960년대 초, 명문대 입학은 먹고살기에 가장 좋은 해결책이라 생각하였기 때문이었습니다.

나는 이처럼 대학을 취직의 도구로만 여기고, 먹고사는 것만을 최고의 가치로 아는, 긍지도 없고 철학도 없는 가련한 사람이었습니다. 달리 표현하여, 나는 금강경 공부가 매우 필요했던 사람이었고, 복을 지을 필요가 많은 사람이었다 할 수도 있습니다.

출가하고 처음에는 모든 근심 걱정 등을 다 부처님께 바치라는 말씀대로 장래 걱정이나 먹고사는 문제가 떠오를 때는 그에 대한 걱정도 부지런히 바쳤습니다. 그런데 수도장에서 오래 머물며 사회 진출이 늦어지게 되자, '먹고사는 문제가 과연 해결될 수 있을까? 애써 얻은 명문대학 출신의 이점이 사라지지 않을까?' 하는 불안한 마음을 금할 수 없었습니다.

My master knew how I felt and said as follows.

"Practicing the Diamond Sutra can brighten the mind and solve the problem of making a living at the same time. How can a person who can not make a living on his own be called a wise man, and how can he be said to have attained enlightenment if he still has a poor and dependent mind?

The practice of the Diamond Sutra doesn't make you lag behind. Rather, it is an active study that can develop the ability to get ahead in the world. Do not worry about making a living. Devote all your worries about the future or getting a job to the Buddha. If you keep dedicating your worries, someday the disturbing thoughts will disappear, and you will feel confident about the future before you know it. What is it that makes you confident, then?

That is the light of the Buddha revealed in your mind, when you let go of your worries. This Buddha's light will provide you with everything. So don't worry about anything and concentrate on practicing the Diamond Sutra."

I firmly believed his words and devoted my worries to the Buddha whenever I felt anxious. Then my mind gradually calmed down. As I devoted the thought that I hated dairy farm work to the Buddha, I got accustomed to the work and gradually felt that it was quite doable.

One day, when it seemed that all problems would be solved by devoting them to the Buddha, a difficult problem arose. Rats began to gather in the cattle feed warehouse, because they loved the cows'

선지식께서 이런 내 마음을 아시고 다음과 같이 말씀하셨습니다.

"금강경 공부는 마음을 밝게 하고 의식주 문제도 동시에 해결할 수 있는 공부다. 의식주를 스스로 해결하지 못하고 남의 신세를 지며 사는 사람을 어찌 지혜로운 이라 할 수 있으며, 궁(窮)한 마음을 가지고 어찌 밝아졌다고 말할 수 있겠는가?

금강경 공부는 세상에 뒤떨어지는 공부가 아니다. 오히려 세상을 잘살 수 있게 능력을 키우는 적극적인 공부다. 먹고사는 문제, 취직 문제를 걱정하지 말고 그 걱정을 부처님께 바쳐라. 무직이라는 생각, 빈곤하다는 생각도 모두 부처님께 바쳐라. 자신이 빈곤하다는 생각, 장래 어떻게 사나? 하는 생각을 부처님께 계속 바치다 보면, 궁한 마음이 이유 없이 사라지고 자신도 모르는 사이에 든든한 마음이 한구석에 자리 잡게 될 것이다.

그런데 이때 나타나는 든든한 마음은 무엇인가?

걱정 근심을 부처님께 바쳐 나타난 부처님 광명이다. 이 부처님 광명은 그대들에게 먹을 것, 입을 것을 다 제공할 것이다. 그러니 아무 염려 말고 금강경 공부에 전념하라."

이런 선지식의 말씀을 굳게 믿고 장래 걱정 먹고사는 문제에 대한 걱정이 떠오를 때마다 끊임없이 부처님께 바치니 마음은 서서히 편안해졌습니다. 목장 일이 몹시 싫고 위험하다는 생각이 착각인 줄 알고 부처님께 바치는 과정에서 싫지 않게 되고, 어렵게 느껴졌던 일들도 차츰 어렵지 않게 변하였습니다. 모든 문제를 부처님께 바치면 다 해결될 것 같았습니다.

그러던 어느 날, 바쳐도 해결되지 않는 문제가 발생하였습니다. 소 사료 창고에 쥐들이 모여들었습니다. 소가 좋아하는 밀기울이라는 사료를 쥐도 매우 좋아한 것입니다.

favorite food, wheat bran.

As dozens of rats came fearlessly, I was tempted many times to use rat poison. However, I couldn't bring myself to do it in the monastery, because it would be against the precept of not killing. 'What is the way to drive rats out without using rat poison?' This was a difficult problem to solve, just like hwadu[66], the topic of meditation. In the end, we couldn't solve this, and asked our master how to get rid of rats.

"How can we get rid of all those rats without using rat poison?"

"Devote the thoughts that you dislike rats and there are too many to the Buddha."

"If we devote the thoughts, will they disappear?"

"Do you know why rats are coming? It is because you have the mind of rats. That is a poor and dependent mind, like a beggar. If you devote the thought that you hate rats to the Buddha, the rats' mind will disappear in your mind. If you don't let go of the beggar that wants free food in your mind, no matter how hard you try to get rid of rats, they won't go away."

When I heard his words, I realized that my mind was actually filled with the beggars' minds. When I was little, I expected things from my parents, as growing older, expected from my teachers and seniors. And in the monastery, I came to expect from my master.

What is the way to become rich in the world? According to my master, devoting the poor and dependent mindset to the Buddha is the easiest shortcut to becoming rich. I learned that I was wandering

쥐 한두 마리가 아닌 수십 마리가 겁도 없이 떼로 몰려오는데, 쥐약이라도 놓아 퇴치하고 싶은 유혹에 따르고 싶습니다. 불살생의 계를 지켜야 하는 수도장에서 쥐약을 놓는 일을 차마 할 수 없었습니다. 쥐약을 놓지 않고 쥐를 몰아내는 방법, 쥐를 소탕하는 방법이 과연 무엇일까? 이것은 마치 "어묵동정語默動靜을 떠나 말하라." 하며 참선하는 이들의 화두와도 같이 해결하기 어려운 난제였습니다. 쥐약이나 쥐덫을 쓰지 않고 어떻게 쥐를 이 도량에서 몰아내나? 우리는 별 묘안 없었고, 결국 선지식께 퇴치 방법을 여쭈었습니다.

"쥐약을 놓지 않고 어떻게 쥐를 몰아낼 수 있습니까?"
"쥐가 싫다, 쥐가 많다는 생각을 부처님께 바쳐라."
"그렇게 바치면 쥐가 사라집니까?"
"어째서 쥐가 그렇게 들끓는지 아느냐?
그것은 너희들의 마음속에 쥐의 마음, 즉 빈궁한 마음이 있기 때문이니라. 쥐가 싫다는 마음을 자꾸 부처님께 바치면, 너희들 마음속에 쥐의 마음인 거지 마음, 거저먹으려는 마음이 사라진다. 너희 마음에 거지 마음이 사라지지 않는다면, 쥐가 좋아하는 사료가 있는 한 아무리 쥐를 내쫓으려 하여도 목장에서 쥐가 사라지지 않을 것이다."

선지식의 말씀을 듣고 보니 과연 우리 마음은 거지 마음, 궁한 마음으로 꽉 차 있다는 것을 알게 되었습니다. 어렸을 때는 부모님께 바랐고, 자라면서 학교 선생님이나 선배들에게 바라던 그 마음이 도량에 와서도 또 선지식에게 계속 바라고 있었던 것입니다.

세상에서 부자가 되는 길은 무엇일까요?
바라는 마음이나 궁한 마음을 부처님께 바쳐 해탈하는 길이 선지식께서 말씀하는 부자가 되는 지름길입니다. 마음속에 궁한 마음을 그대로 둔 채 제

outside my mind to find the way to get rid of the rats, even though it was myself that attracted those rats with the beggars' mind.

That's when a fellow practitioner brought a cat to the monastery. I was so glad to see the cat, and thought that it would scare the rats away. However, contrary to my expectation, the cat was frightened by the great many rats and ran away like a bullet. The cat that ran away into the mountains never came back again and became a wild cat.

After that, even though we watched the rats eating the cows' feed fearlessly, there was nothing we could do but to dedicate our minds to the Buddha. As my master said, unless we let go of the beggars' mind, we couldn't drive the rats out.

Back then, there was another problem at the dairy farm. The average milk production was only about 10kg per cow, but this was far from enough for us to be self-sufficient in the monastery. After hearing that our poor minds were attracting the rats, I also figured out that it was also related to the low production. I realized that the beggar's mind in me was satisfied with the amount of production even though it was not enough, so I was not making any further efforts.

'How can I practice the Diamond Sutra and increase the production at the same time? Doesn't it conflict with the practice of letting go of greed, if I try to increase production?'

This became another challenge.

The Buddhists who practice Zen meditation think that studying and reading books go against attaining enlightenment. They say that in

마음 밖에서 찾아 해결하려는 마음이 쥐가 들끓게 하는 원인이었음을 알게 되었습니다.

마침 한 도반이 집에서 키우던 고양이를 법당에 선물하였습니다. 고양이를 보는 순간, 반가운 마음이 들며 이제부터는 이 고양이가 목장의 모든 쥐를 다 소탕하리라고 생각하였습니다. 그러나 그런 반가운 마음도 잠시, 고양이는 쥐 떼에 겁을 먹고 쏜살같이 도망갔습니다. 산속으로 도망간 고양이는 집에 돌아오지 않았고 야생 고양이가 되었습니다.

그 후 쥐 떼들이 소의 사료를 겁 없이 먹어 치우는 것을 뻔히 보면서도, 안타까운 마음을 부처님께 바치기만 할 뿐 할 수 있는 일이란 아무것도 없었습니다. 역시 도인의 말씀처럼 우리 마음속에 쥐의 마음이 사라지지 않는 한, 쥐 떼를 몰아낼 수 없나 봅니다.

수도장에는 당시 또 한 가지 문제가 있었습니다. 젖소의 우유 생산량이 두당 평균 10kg 정도로, 당시 도반들이 도량에서 자급자족하기에 턱없이 부족한 양이었습니다. 그러나 우리 마음에 거지 마음이 있기에 쥐들이 들끓는다는 말씀을 들은 후, 빈궁한 마음이 생산량이 적은 것과도 관련 있음을 알게 되었습니다. 내 속의 거지 마음이 생산량이 적어도 이에 만족하며, 더 이상의 노력을 하지 않게 한다는 것을 알아차린 것입니다.

'어떻게 해야 금강경 공부도 잘하며 생산량도 증가시키나?

탐심을 비우는 공부도 하면서, 동시에 탐심을 키우는 생산량을 증가를 생각하는 것은 아닌가?'

이것은 또 하나의 화두였습니다.

참선 수행자는 각종 책을 보며 연구에 몰두하는 것은 알음알이를 연습하는 것이 되므로 밝아지는 길을 역행하는 것이라고 생각합니다. 그래서 선방에서 참선하시는 스님들은 책을 보지 않습니다.

pursuing speculative knowledge, one only accumulates delusion daily. So the monks who practice Zen meditation do not read books.

不立文字 教外別傳 直指人心 見性成佛
No dependence upon words and letters
A special transmission outside the scriptures
Direct pointing at the soul of man
Seeing into one's nature and the attainment of Buddhahood.

Just as refraining from reading books is the basis for Zen meditation, my master prevented us from reading books or listening to radio broadcasts in the monastery. I thought that making efforts to earn more money was a practice of greed that goes against enlightenment.

In order to increase milk production, it will not be a fundamental solution just devoting the thought that the production is too small. While dedicating this concern to the Buddha, I thought it would be necessary to study ways to increase production through books and magazines. It would certainly be foolish to rely solely on intuition, like a monk practicing Zen meditation in a room.

My master said, "'No dependence upon words and letters' means not to deliberate or conceptualize it when reading a book. It doesn't mean that we should not do research on something. In other words, 'research' leads people to wisdom, but 'conceptualization' leads to ignorance. In particular, researching and finding ways to increase production to serve the Buddha will be helpful in reaching enlightenment."

불립문자 교외별전 직지인심 견성성불
不立文字 教外別傳 直指人心 見性成佛

문자를 따르지 말라.
부처님의 말씀은 문자에 있지 아니하기 때문이다.
바로 참 마음자리를 향해 정진하는 길이
바로 깨치는 길이니라.

이 말씀처럼 글자를 보고 책 보는 것을 삼가는 것이 참선 수행의 근본이 듯, 선지식께서는 우리도 수도장에서 책을 못 보게 하셨고, 라디오 방송도 못 듣도록 하셨습니다. 돈 벌려는 생각은 탐욕심의 연습이요, 신문 방송을 본다는 것은 분별을 일으키는 연습으로 밝아지는 데 역행한다고 생각하였습니다.

'우유 생산량을 증가하기 위하여 생산량이 적다는 마음을 부처님께 바치는 것만이 근본적 해결책이 아니다. 이 걱정을 부처님께 바치면서 한편으로는 책이나 각종 최신 정보를 찾아서 생산량 증가 방안을 연구해야 한다.'라고 생각하였습니다. 방에서 불립문자의 참선 수행을 하는 수도자처럼 구전이나 직관에만 의존하여 생산량을 증가시키려고 한다면, 이는 분명 어리석은 일일 것입니다.

선생님께서는 이렇게 말씀하셨습니다.
"불립문자란 글을 대할 때 궁리(알음알이)하지 말라는 뜻이지, 글의 참뜻을 알려는 노력, 즉 연구까지 하지 말라는 뜻은 아니다. '연구'는 사람을 지혜에 이르게 하지만 '궁리'는 사람을 어둠에 이르게 한다. 특히 부처님 시봉을 위하여 생산량 증가 방법을 연구하여 찾아내는 것은 수행에 도움이 될 수 있다."

After listening to his words, I started to read books and magazines on dairy farming, and conducted various studies on how to increase milk production. I found a successful case of a dairy farm, and tried to learn from it. We carried out scientific research on how to raise cows to increase milk production.

Hundreds of years ago, monk Baizhang said, "A day without work is a day without food."

Gaining enlightenment by practicing the Diamond Sutra will be meaningful only when we deal with making a living before doing anything else.

In order to do that, we have to devote the poor and dependent mind to the Buddha, and study how to overcome difficulties in life at the same time. So we prayed to the Buddha, "May we serve the Buddha by devoting the poor and dependent mind.", "May we make merits to the Buddha by increasing production and making more money." and "May we please the Buddha by concentrating on practicing without worrying about making a living."

In this process, I suddenly found solutions to increase production, and started to apply them one by one.

As I let go of the poor mind, strange things began to happen.

The cat that had fled into the mountains came back. The cat that already became wild began to catch the rats in the dairy farm, unlike before when it used to run away. Dozens of rats were also gradually overwhelmed by the energy of one wild cat, disappearing one by one,

선지식의 말씀을 듣고 적극적으로 책도 보고 목장 신문도 보면서, 우유 생산량 증가에 관한 각종 연구를 하였습니다. 다른 목장의 성공사례를 찾아보고, 소를 어떻게 키워야 우유 생산량이 늘어날 수 있을까를 과학적으로 연구하기 시작했습니다.

우리가 금강경을 실천하여 밝아진다는 것은 '다른 무엇을 하기에 앞서, 먹고사는 문제를 남에게 의탁하지 않고 스스로 해결하여야 한다.'라는 의미입니다. 수백 년 전 백장스님께서도 일일부작 일일불식一日不作 一日不食이라고 말씀하셨습니다.

먹고사는 문제를 해결하기 위하여서는 마음속에 궁한 마음을 부처님께 바쳐 해탈함과 동시에 궁한 현실을 극복하는 방법을 구체적으로 연구하여야 합니다. 이에 우리는 "거지 마음, 궁한 마음을 부처님께 바쳐 시봉 잘하기를 발원." 하였고 또 한편 "생산량을 증산하여 돈을 벌어서, 스승님과 도반이 먹고사는 문제를 걱정하지 않고 오로지 공부에만 전념하게 하여 부처님 시봉 잘하기를 발원." 하였던 것입니다.

마음으로는 빈궁을 부처님께 바치고, 마음 밖에서는 자료를 찾으며 연구도 병행하는 과정에서 느닷없이 산유량 증산에 대한 해결 방법들을 발견하게 되었고, 하나하나 실천해 보았습니다.

이렇게 마음속에 빈궁함이 사라지게 되자 이상한 현상들이 나타났습니다.

야생으로 돌아간 고양이가 다시 돌아왔습니다. 야생화된 고양이는 과거 쥐를 보면 달아나던 때와는 달리 슬슬 쥐를 잡기 시작하였습니다. 수십 마리의 쥐들도 야생 고양이 한 마리의 기운에 점차 압도당하면서 하나둘 사라지다가, 결국에는 싹 사라졌습니다. 쥐가 없어지자 고양이도 사라졌습니다. 고양이가 사라지면 당연히 쥐가 다시 와야 하는데 그 후 수년이 지나

and eventually none were left. When the mice to catch disappeared, so did the cat. As the cat left, of course the rats had to come back, but none of them returned again. My master said that the rats disappeared as we let go of the poor mind of rats. As soon as mice disappeared, the results of research on the increase in milk production appeared in reality, and production began to increase significantly.

The production of a cow increased from 10kg to 20kg per day, and then rapidly increased from 20kg to reach the target of 30kg per day. Then I thought that the dairy farm finally became self-sufficient, and felt that the worries of making a living were gone for good.

It would not be easy even for people with the best qualifications to get rid of poverty and solve the problem of making a living. However, by devoting the poor and dependent mindset to the Buddha and studying how to make ends meet, we have eliminated poverty and worries about the future.

---

66 Hwadu can be translated as 'word head', 'head of speech' or 'point beyond which speech exhausts itself'. A Hwadu can be a short phrase that is used as a subject of meditation to focus the mind.

도 쥐가 오지 않았습니다. 우리 마음에 쥐의 궁한 마음, 갉아먹는 마음이 사라지니까 쥐가 없어지게 되었다는 것이 선지식의 해석입니다. 이렇게 쥐가 없어지며 동시에 우유 생산량 증가에 관한 연구의 성과도 현실에 나타났습니다.

우유 생산량이 일일 10kg에서 20kg로 증가하더니, 20kg에서 급속하게 증가하여 30kg 목표에 도달하였습니다. 이제는 자급자족할 수 있다는 생각이 들며, 장래 먹고사는 걱정이 사라졌습니다.

가난을 몰아내고 먹고사는 문제를 해결하는 것은 아무리 좋은 조건을 가진 사람에게도 쉬운 일이 아닐 것입니다. 그런데 우리는 빈궁한 마음을 부분적으로 부처님께 바쳐 해탈하고, 먹고사는 방법을 연구함으로써 마음속에서 가난과 미래 걱정을 사라지게 한 것입니다.

The True Meaning of the Perfection of Generosity

After leaving the monastery, I worked as a college professor for decades. With a stable job, it seemed that the problem of earning a living was solved. However, I couldn't help feeling happy on payday. In other words, the problem of making a living was not entirely solved, not at least in my subconscious mind.

The poor mind was still there, and the beggar's mind had not completely disappeared. Whenever I felt that I had not solved the problem of livelihood yet, I wondered when I would finally get it over with and live a life without waiting for pay day anymore. And whenever I had that thought, I prayed, "May we serve the Buddha by practicing the Perfection of Generosity.", and "May we please the Buddha by solving the problem of making a living."

One day, nearly thirty years after I worked as a college professor, I

보시바라밀의 참뜻

　수도장을 떠나 대학교수라는 안정된 직업으로 먹고사는 문제가 해결되었다고는 하지만 여전히 봉급날이 되면 반갑고 기쁜 마음을 금할 수 없었습니다. 말하자면 깊은 속마음까지 먹고사는 문제가 완전히 사라진 것은 아니었던 모양입니다.

　궁한 마음이 여전하고, 거지 마음도 완전히 사라지지 않았습니다. 이처럼 '먹고사는 문제'를 완전히 해결하지 못했다는 생각이 들 때마다, '나는 언제나 이 문제를 해결하여 더는 월급날을 기다리지 않는 삶을 살게 될까.' 하고 생각하였습니다. 그럴 때마다 "보시바라밀을 잘 실천하여 의식주 문제를 모두 해결하고 신심 발심하여 부처님 시봉 잘하기를 발원." 하며 정성껏 원을 세워보기도 하였습니다.

　사회생활하고 30여 년이 되던 어느 날, 이제는 선지식이 시키시는 보시

found out that it was time to practice the Perfection of Generosity that my master told me to. There came an opportunity that I thought would never come again if I didn't practice at the moment. Back then, there was a project in which the district office demolished the gate and walls of houses, paved the road, and supported the spaces to be used as parking lots. I asked the district office to tear down the walls and gates of my house, and opened a free lunch center by making a plastic house woven with bamboo in the small front yard. I also made flyers and handed them out, saying, "Anyone hungry should come."

It wasn't started with anyone's suggestion or help, and I didn't get the support from the city or the district office. I tried to follow my master's teaching to practice feeding others for at least three years. Also, I wanted to practice the Perfection of Generosity to let go of the poor and dependent mindset, and become a real rich man who knew that the joy of giving is greater than the joy of receiving.

It was the first time I realized that where there is a will, there is a way. As soon as I set my mind to open a free lunch center, many people showed up to help me. Some of them sent money, and others brought various items to donate. There were considerably more volunteers than expected.

When a weekly magazine made it known to the world that a university professor opened a free lunch center in his own front yard, more donations came in. What I am still very grateful for is that the chief monk of Jogyesa Temple and other monks continuously supplied noodles for almost a decade.

바라밀을 실천할 때가 된 것을 알게 되었습니다. 당장 실천하지 않으면 다시는 오지 않을 것 같은 기회가 온 것이었습니다. 당시 구청에서 대문과 담을 헐고 포장도 해 주며 주차장으로 쓸 수 있게 지원하는 사업이 있었습니다. 나는 구청에 요청하여, 우리 집의 담과 대문을 헐고 손바닥만한 마당에 대나무로 엮은 비닐하우스를 만들어 무료 급식소를 차리게 되었습니다. '배고픈 사람은 모두 오십시오.' 하면서 전단지를 만들어 돌리기도 하였습니다.

누구의 권유나 도움을 받고 시작한 것이 아니었으며, 시청이나 구청의 도움이 있었던 것도 아니었습니다. 남을 먹이는 연습을 3년간 하라는 선지식의 가르침을 따르려고 하였습니다. 또한 보시바라밀을 실천하여 빈궁한 마음을 해탈하고, 받는 기쁨보다 주는 기쁨이 더욱 큰 것을 느끼고 싶었고 참부자가 되고 싶었습니다.

뜻이 있는 곳에 길이 있다는 말을 실감한 것은 이때가 처음이었습니다. 무료 급식의 뜻을 세우자마자 여기저기서 돕는 사람들이 나타나기 시작하였습니다. 지인들의 성금이 답지하였을 뿐 아니라, 잘 모르는 사람들도 자신들이 쓰던 각종 물건을 보시하려고 하였습니다. 자원봉사를 자청하는 사람들도 예상보다 상당히 많았습니다.

대학교수가 자신의 집을 개방하여 무료 급식소를 만든다는 내용이 주간지를 통해 세상에 알려지자, 여기저기서 성금까지 답지하게 되었습니다. 지금도 몹시 고맙게 생각하는 것은 조계사 주지스님을 비롯한 원주스님께서 무료 급식하기에 충분한 양의 국수를 근 10년간 꾸준히 공급해 주셨다는 것입니다.

Market merchants near the free lunch center brought groceries without anyone knowing. Most guests thanked me for doing good work, and some of them gave me gifts every time they visited. Sometimes elderly people who visited the free lunch center donated their savings.

"This is all I have, so use this for the good work."

There were so many people I was grateful for, and there was an unforgettable episode, too.

Around the eighth year of the free lunch center, someone reported to the district office that the free lunch center building was unlicensed, and the district office staff urged the closure of the building. Upon hearing the news, the elderly eating at the free lunch center made a strong protest.

"How can they try to tear down a place where you work for the neighbors, just because it's unauthorized?"

Hundreds of elderly people campaigned for signatures and filed complaints with the district office to prevent the closure of the free lunch center. An old man said, "If the district office tries to demolish the building even after receiving this petition, I will lie down in the district office yard and fast to prevent the closure of this free lunch center."

Many people offered help and support to continue the center. This reminded me of the story of the richest family in Gyeonju province. The Choi's family's wealth lasted about three hundred years over twelve generations in the 18th century of the late Joseon dynasty.

무료 급식소 근처의 시장 상인들이 아무도 모르게 채소류를 가져다 놓는다거나, 좋은 일 하신다고 고맙다고 하시며 매주 한 번씩 과일이나 떡을 주셨습니다. 어느 때는 무료 급식을 드시러 오시는 노인들께서 꼬깃꼬깃 모은 돈을 성금으로 내기도 하십니다.

"내가 가진 돈이 이것밖에는 없으니 좋은 일에 보태 쓰시오."

소소하게 고마운 분이 너무나도 많았는데, 그중 인상에 깊이 남는 눈물겨운 일이 있었습니다.

무료 급식 8년 차 즈음에 마당에 지어놓은 무료 급식소 건물이 무허가라며 누군가가 구청에 신고하였고, 구청 직원들은 무료 급식소 건물을 폐쇄하라고 독촉하였습니다. 무료 급식소에서 식사하시는 노인들이 이 소식을 듣고 벌떼처럼 들고일어났습니다.

"아니 이럴 수가 있나, 무료 급식하며 좋은 일하는 장소를 어찌 무허가라 헐라고 하는가?"

수백 명의 노인이 연대 서명하며 구청에 진정서를 넣었습니다. 어떤 노인은 만약 구청에서 이 진정서를 받고도 건물을 철거하라 한다면, 나는 구청 마당에 드러누워 단식하며, 이 무료 급식소 폐쇄를 온몸으로 막겠다고 다짐하기도 하였습니다.

○○ 지구당 사람들은 책임지고 구청의 일을 해결하겠다고 나섰습니다. 여기저기서 무료 급식을 지속할 수 있도록 도와주려고 하는 모습에서 12대 300여 년을 계속 부자로 이어온 경주 최부잣집의 수백 년 전 이야기가 생각났습니다.

There were the principles within the family passed down over 300 years such as 'Do not make wealth more than the worth of 10,000 bags of rice', 'Do not buy lands in famine', and 'Treat guests well.' The Choi's family lent money and crops to a lot of people, and people offered their lands as a guarantee or signed a contract. However, in times of famine, the Choi's family returned those lands and burned all the contracts. They also installed a huge pot in their yard and cooked porridge to feed the starving people everyday. It is said that once the government office tried to suppress the Choi's family, people who were indebted to the family stood up to prevent the government's oppression.

As I actually experienced something like the beautiful story of the Choi's family, felt the value of giving, and realized that there were still many good people in the world. And I gradually realized the Truth of Non-duality that giving is receiving.

As the free lunch center became widely known to the world, reporters from magazines and TV stations often came to cover it.

"How many meals are served a day?"

"We serve free meals twice a week, and about 300 meals are served a day, so that's about 2,500 meals a month."

"It's been quite a long time since this free lunch center started. It probably costs a lot of money to operate. Do you receive support from the district office or any other charity organizations?"

"No, we don't. We pay all the expenses out of our own pockets."

"These days, the government and social welfare organizations provide a lot of support, so you can get as many benefits as you want."

'만 석 이상의 재산은 사회에 환원하라,' '흉년기에는 땅을 늘리지 마라,' '과객을 후하게 대접하라.' 이런 철학을 가진 최 부자는 흉년이 들면 빌려간 쌀을 못 갚는 농민들의 담보문서를 모두 없애고, 그 대신 죽을 쑤어 농민들과 푸짐하게 나누는 아름다운 선행으로 이어졌다. 어느 때 최씨 집의 비리를 관청에서 발견하여 탄압하자, 최씨의 집에서 은혜를 입은 동네 사람들이 벌 떼처럼 들고일어나 관청의 탄압을 막았다.

마치 경주 최 부자의 미담과도 같은 일을 실제 체험하며 무료 급식의 보람을 느끼게 되었고, 세상의 인정은 결코 메마르지 않았음을 실감하였습니다. 그리고 '주는 것이 곧 받는 것'이라는 불이의 진리를 점차 깨닫게 되었습니다.

무료 급식소가 세상에 널리 알려지자 종종 잡지사나 방송사 등에서 취재도 하였습니다.

"하루에 급식 인원이 얼마나 됩니까?"

"일주일에 두 번 무료 급식하는데 한 번에 약 300명 정도 손님이 오십니다. 그렇게 한 달이면 4주, 한 달에 약 2,500명 정도 손님을 치르는 셈이군요."

"무료 급식 시작한 지 상당히 오래된 것 같은데, 운영 경비도 적지 않겠습니다. 혹시 구청이나 자선사업 단체로부터 지원받으십니까?"

"일체 지원받지 아니합니다. 우리 주머니를 털어서 봉사하고 있습니다."

"요사이 정부와 사회복지 단체에서 각종 지원을 많이 하고 있는데, 얼마든지 혜택을 받을 수 있으실 텐데요?"

At the time, we founded a social welfare corporation, so reporters were asking such questions because they thought that our welfare corporation also received benefits from the government.

"We are offering free meals to cultivate our minds according to the will of our teacher, not as a volunteer organization."

"Why is it bad for an organization to do charity work with external support?"

"It's not a bad thing to do charity work with external support. However, our teacher who taught us the Diamond Sutra, said that in order to run a group, there must be a membership fee and rules, but these things tend to lead practitioners to lose their spirit. I would like to say that we are serving free meals to cultivate our minds, so it's different from other charity meals."

I didn't receive the government support. I was practicing the Perfection of Generosity by spending money for others. Therfore, there was always a shortage of funds, and every time I prayed to the Buddha, "May we please the Buddha by feeding others." Then sponsors appeared out of nowhere.

Even when there was a shortage of volunteers, rather than going around to find volunteers, I prayed, "May many volunteers enjoy participating in this free meal service, and make merit to the Buddha." And this prayer would steadily supplement the volunteers.

Among the volunteers, there were not only Buddhists, but also Catholics and Christians. As the Diamond Sutra said, "if any person in any place were to teach even four lines of this Sutra, the place where

당시 우리는 사회복지법인을 만들었기 때문에, 기자들은 우리 복지법인도 정부로부터 각종 혜택을 받는 줄 알고 이런 질문을 하였습니다.

"스승의 뜻을 받들어 '마음 닦는 무료 급식'을 하는 것이지, 봉사단체로서의 무료 급식소를 하는 것이 아니기 때문입니다."

"단체로서 외부 지원을 받아 자선사업하는 것이 어째서 나쁘다는 말입니까?"

"외부에서 지원받아 자선사업을 하는 것이 나쁜 것은 아닙니다. 다만 우리에게 금강경을 가르쳐 주신 선생님께서는, 단체를 운영하려면 회비와 회칙이 있어야 하는데, 이런 단체는 마음 닦는 정신을 잃어버리기 쉽다고 하셨습니다. 우리는 '마음 닦는 무료 급식'을 하기에, 다른 자선사업 단체에서 행하는 자선 급식과는 다릅니다."

고정적으로 도와주는 사람이 있지 않았고, 물론 정부의 보조도 받지 않았습니다. 오직 닦으려는 마음으로 스스로 돈을 내어주는 연습, 무보수한 연습을 하였습니다. 그렇기에 항상 자금이 부족하였고, 그때마다 "무료 급식 잘해서 부처님 기쁘게 해드리기를 발원." 하고 원을 세웠는데, 그때마다 발원이 통하였는지 여기저기서 물질적 후원자가 나타나게 되었습니다.

봉사원이 부족하여도 봉사원을 구하러 다니기보다는, "많은 봉사원이 이 무료 급식 봉사에 즐겁게 참여하여 부처님 시봉 잘하기를 발원!" 하였습니다. 원을 세우면 봉사자들이 꾸준히 보충되었습니다.

봉사원 중에는 불자만 있는 것이 아니라 자발적으로 참여한 천주교 신자, 기독교 신자도 있습니다. 금강경의 말씀처럼, 금강경 공부하는 사람들에게 "천인 아수라가 개응공양한다."라는 말씀이 실감 났습니다.

they taught it would become sacred ground and would be revered by all kinds of beings.[67]" I realized that people who practiced the Diamond Sutra are actually revered by all kinds of beings.

In the early days, there were other difficulties besides insufficient funds. The guests were very rough. Of course, there were many more people who appreciated the free meals, but there were not a few of them who were rough and violent.

Thinking that this lunch center was supported by the government, they took everything for granted. Some even asked for food delivery to their homes, while others ate five bowls at a time.

Some people made a fuss when the volunteers' behavior was a little unpleasant. Treating these troublemakers was exhausting and tiresome. However, it is also true that from the perspective of a practitioner who cultivates his mind, such a guest becomes a savior who helps him let go of his greed and hatred.

I was grateful to those who thanked us after the meal. When I saw people who were angry and causing disturbances, I treated them like the Buddha who made me devote the greed and anger in my mind.

I continued to provide free meals for more than 10 years, and as a result, I have released my poor and angry mind. The biggest outcome is the fact that I got a big rich heart.

At last, I realized that the joy of giving was greater than the joy of receiving, and that it was a big mistake to think that giving was a loss, and that receiving was a profit. Before I knew it, the beggar's mindset

초창기의 무료 급식은 경제적인 것 외에 다른 어려움도 있었습니다. 손님들이 매우 거칠었습니다. 물론 무료 급식을 고마워하는 손님들이 훨씬 많았으나, 거칠고 난폭하기까지 한 손님도 적지 않았습니다.

우리 급식소가 당연히 정부의 도움을 받는 것으로 생각하여, 자신들은 당연히 받아먹을 권리가 있는 듯 행세하였습니다. 심지어 어떤 사람은 자기 집까지 국수 배달을 요청하는가 하면 어느 때는 한 자리에서 다섯 그릇을 해치우기도 하였습니다. 먹고 또 먹었습니다.

어떤 이들은 봉사자들의 행동이 조금이라도 거슬리면 소리소리 지르고 난리 치기도 하였습니다. 이런 말썽꾼 손님들을 대하는 일은, 세상 표준으로는 피로하고 지겨운 일이 될 것이 틀림없을 것입니다. 그러나 마음 닦는 수행자 입장에서 이런 손님은 내 탐심을 닦게 해주고 내 진심을 닦게 해주는 고마운 분이 되는 것도 또한 사실입니다.

식사 후, "감사합니다. 복 많이 받으시어요."라고 하시며 인사하시는 분에게는 훈훈함을 느끼며 감사드렸습니다. 화내고 괴롭히는 분에게는 내 마음속의 탐심, 진심을 닦게 해주는 부처님처럼 대하였습니다.

이러한 10여 년 이상의 무료 급식 수행으로, 나는 인색한 마음을 해탈하였고 성 잘 내는 마음도 해탈하게 되었습니다. 가장 큰 소득은 큰 부자 마음을 얻었다는 사실입니다.

무료 급식 결과 비로소 선물을 받는 기쁨보다 조금이라도 베푸는 기쁨이 더욱 큰 것을 알게 되었고, 주는 것이 손해요 받는 것이 이익이라는 생각이 큰 잘못임을 알게 되었습니다. 어느덧 내 마음속 거지 마음, 궁한 마음이 사라지게 되었으며 나는 만년 월급쟁이의 가난한 용심用心에서 벗어나 부자의 반열에 올랐습니다.

in me disappeared, and I was able to escape from the poor mind and join the ranks of the rich.

People ask.
"You don't seem to have much, but how can you say you're rich?"
I ask them back.
"Do you think money is the only criterion for wealth?" I don't think a person is rich just because he has a lot of money. No matter how much money you have, if you don't spend a penny for others, you can't be said to be rich. Although I don't have much material wealth, I am quite worthy of being in the ranks of the great rich in terms of the amount I have given to others mentally and materially."

I not only solved all the problems of making a living by practicing my master's teachings, but also became a very rich man who always thought about how to give more.

---

67 Chapter 12, Diamond Sutra, diamond-sutra.com

사람들은 묻습니다.

"당신은 가진 것이 별로 많지 않은 것 같은데 어찌 부자라고 합니까?"

"그대는 부자의 기준을 돈이 많은 것으로 봅니까? 나는 돈 많이 가진 사람을 부자라 생각하지 않습니다. 돈이 아무리 많아도 단 한 푼도 베풀지 않는다면, 부자라 할 수 없습니다. 나는 물질적 재산은 비록 적지만, 정신적으로도 물질적으로 베푼 양을 따진다면 큰 부자 반열에 올라도 전혀 손색이 없습니다."

나는 선지식의 가르침을 실현하여 먹고사는 문제를 다 해결하였고, 오히려 항상 어떻게 더 줄까를 생각하는 큰 부자가 되었습니다.

Chapter 9

The Diamond Sutra Applied in Real Life
- Becoming Competent by Letting Go of Greed, Anger and Ignorance

9장

금강경의 현실 적용
– 탐진치를 닦아 능력자가 된다

Raising CEOs with the Teachings of the Diamond Sutra

In order to overcome disasters that cannot be resolved by one's own power or to fulfill wishes that cannot be reached by one's own efforts, Buddhists often pray to Avalokiteshvara[68] or Ksitigarbha[69]. If they pray hard and escape a crisis or if their desired wish miraculously comes true, they say that it is the blessings of Bodhisattvas.

However, even they will not believe that incompetent people can become competent or ordinary people become saints only by chanting the names of Bodhisattvas.

Because in order to become a competent person or even a saint, one must let go of the ego, and to let go of the ego, spiritual cultivation is required. Attaining the Buddhahood can not be miraculously achieved through prayer, but rather, it can be reached through practices like Zen meditation.

금강경 공부로
CEO 교육이 가능하다

자신의 힘으로 해결할 수 없는 재앙을 면하기 위하여 또는 자신의 노력으로 도달할 수 없는 소원을 이루기 위하여 불자들은 종종 관음보살, 지장보살을 염송하거나 다라니를 지송하며 재앙소멸과 소원성취를 기원합니다. 일심으로 염불하여서 위기를 면하거나 바라던 소원이 기적적으로 이루어질 경우, 이는 오로지 불보살의 가피력으로 이루어진 것이라고 말합니다.

불보살의 가피에 힘입어 각종 재앙을 소멸하고 무슨 소원이든 다 이룰 수 있다고 믿는 불자들도, 관음보살 염송이나 다라니 수행으로 무능한 사람이 능력자가 되거나 범부凡夫가 성인聖人이 되는 것을 기대하지는 않습니다.

범부가 변하여 성인이 되고 능력자가 되는 것은 탐진치(에고, 아상)를 소멸하여야 하며, 탐진치를 소멸하기 위해서는 마음 닦는 수행이 필요하기 때문입니다. 마음 닦아 성불하는 것은 기도하여 기적적으로 이루어지는 타력 수행보다는 참선 수행과 같은 자력 수행으로 가능하다고 생각합니다.

The practice of the Diamond Sutra makes people realize that just as the ego is an illusion, so are greed, hatred and ignorance in the mind, and then, the bad become good, the incompetent become competent, and the ignorant become wise.

The mental anguish of people falls into three main categories : greed, anger, and ignorance.

Greed is the most primitive anguish and fundamental desire, saying, "I'll do it quickly." Next is anger, a feeling of frustration, saying, "Why isn't it working?" The most sophisticated desire is the feeling of satisfaction, saying, "That's enough,", and that is ignorance.

In terms of the size of desire, the desire of greed is the greatest and stands out easily. If there's a color of greed, it's black. The desire of anger is smaller than that of greed, so it is less noticeable. When expressed in color, it is red or yellow. If there is a desire that is the smallest and less visible to people, it is ignorance. The color of ignorance is white, which is hard to notice.

There is always an order when a practitioner tries to escape from various desires in his mind. In other words, there is an order in which desires disappear in the mind of the practitioner.

In the process of spiritual cultivation, greed, the basic desire, disappears first, and the next problem to be solved is anger, and at the end of the day, the subtle and invisible desire, ignorance will be released. Ignorance is the hardest to notice and resolve.

금강경 공부는 핵심 진리인 일체유심조나 공의 진리를 실천하여 마음속의 탐진치가 착각이요 본래 없음을 깨달아 탐진치를 사라지게 합니다. 이때 부도덕한 사람이 도덕적으로, 무능력한 사람이 능력자로, 무지한 사람이 지혜로운 사람으로 변하고 밝아집니다.

마음속 번뇌는 탐심, 진심, 치심으로 구분할 수 있습니다. 탐심은 '어서 하겠다'고 설치는 마음으로, 가장 원초적 번뇌이며 근본적 욕망입니다. 다음은 진심으로, '왜 아니 되나' 하며 짜증내는 마음입니다. 최상의 고급 욕망은 치심, '이만하면 되었다' 하는 마음입니다.

욕망의 크기로 따진다면 탐심이 가장 커서 사람의 눈에 잘 띕니다. 탐심의 색깔이 있다면 검은색입니다. 진심은 탐심보다 그 크기가 작아 사람들의 눈에 덜 띕니다. 색깔로 표현하면 붉은색이나 누런색입니다. 가장 크기가 작아 사람들의 눈에 잘 띄지 않는 욕망이 있다면, 치심입니다. 치심을 색깔로 치면 눈에 잘 띄지 않는 흰색입니다.

수도하는 사람이 자신의 마음속 각종 욕망에서 벗어나고자 할 때 벗어나는 순서가 있기 마련입니다. 다시 말해 닦으려 하는 사람의 마음에 분별심이 사라지는 순서가 있습니다.

닦는 과정에서 기본 욕망인 탐심이 가장 먼저 소멸되며, 다음 해결 과제는 진심이요, 맨 나중에 미세하여 잘 보이지 않는 욕망이 치심입니다. 치심은 잘 알기도 어렵고 해결하기도 쉽지 않습니다.

Let's classify people into three grades based on the order in which they resolve their desires. The lowest grade are the people who are eager to solve fundamental desires, that is, greed. These people are the farthest from the Buddha, and close to animals, because in order to enter the Buddha's world, you must overcome the walls of anger and ignorance that are really high. The people who have resolved greed, the problem of livelihood, will strive to conquer the next level, the problem of anger.

Those who have resolved the desire of anger are better than those who have only managed to release greed, but they are still far from the Buddha, because there is a huge wall of ignorance in the way.

Those who let go of their anger to some extent have no attachment to wealth and honor. The love for their family has almost disappeared. If they have any remaining desire, it would be for eternal things and to know the secrets of nature.

---

68 Avalokiteshvara is the bodhisattva of infinite compassion and mercy, possibly the most popular of all figures in Buddhist legend.

69 Ksitigarbha is a bodhisattva usually depicted as a Buddhist monk. His name may be translated as "Earth Treasury". He is the savior of the oppressed, the dying, and the dreamer of evil dreams, for he has vowed not to stop his labors until he has saved the souls of all the dead condemned to hell.

사람이 욕망을 해결하는 순서를 통해 세 등급의 사람으로 분류해 봅니다. 가장 낮은 등급은 근본적인 욕망, 즉 탐심을 해결하는데 급급한 사람입니다. 이 사람은 부처님과 가장 멀리 떨어져 있는 사람이요, 동물에 가까운 사람이라 하겠습니다. 왜냐하면 부처님 세계에 진입하기 위하여서는 너무나 두꺼운 진심과 치심의 벽을 넘어야 하기 때문입니다. 탐심, 즉 먹고사는 문제가 해결된 사람은 그다음 욕망인 진심의 문제를 해결하려는 사람입니다.

진심의 욕망까지 해결한 사람은 탐심을 해결한 사람보다는 낫지만, 아직 부처님과는 멀리 떨어져 있다 하겠습니다. 치심이라는 넘기 힘든 거대한 벽이 가로막고 있기 때문입니다.

진심을 어느 정도 닦은 사람은 세상 부귀영화에 대한 미련이 없습니다. 가족에 대한 사랑도 거의 사라졌습니다. 그들에게 남은 욕망이 있다면 영원한 것에 대한 욕망, 자연의 비밀을 아는 것에 대한 욕망입니다.

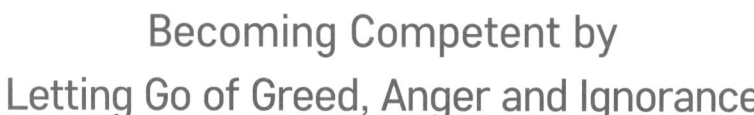

Becoming Competent by Letting Go of Greed, Anger and Ignorance

Solving the Problem of Livelihood by Releasing Greed

Greed, hatred and ignorance are not only the root of all suffering, but also the main reason why we fell apart from the Buddha, so practitioners confess their sins as follows.

我昔所造諸罪業
皆由無始貪嗔癡
從身口意之所生
一切我今皆懺悔
All the sins I have committed in countless former lives have all been caused by greed, hatred and ignorance.

탐진치를 닦아
능력자가 되다

탐심을 해탈하여
먹고사는 문제를 해결하다

탐진치는 모든 고통의 근본일 뿐 아니라 부처님 자리에서 중생으로 타락하게 된 근본 원인이기에, 수도인은 본격적 수행에 앞서 다음과 같이 참회합니다.

아석소조제죄업我昔所造諸罪業
개유무시탐진치皆由無始貪嗔癡
종신구의지소생從身口意之所生
일체아금개참회一切我今皆懺悔
내가 무시겁에 살면서 지어온 모든 죄업은
모두 탐진치 때문입니다.

I confess now that the sins have appeared in
my body, mouth and mind.

What are greed, hatred and ignorance? They are a subordinate mind affected by the surrounding environment, a busy mind saying, "I will achieve my goal quickly," and a mind that is easily satisfied with itself, saying, "That's enough." It's a mind that changes from time to time.

Greed, hatred and ignorance have the characteristic of being swayed easily, and they are the source of all suffering, and even make people fall into evil ways. So they are called the three poisons that destroy people. Greed among these three poisons is the seed of all misfortune, and it leads to anger, and anger develops into ignorance.

The first barrier that a practitioner encounters within his mind will be greed. When he overcomes the barrier of greed, the worry of making a living will disappear.

I solved the problem of livelihood for the first time by letting go of the rat's mind, greed, in the monastery where there was an enlightened master. This story is in Chapter 8. In the process of releasing the rat's mind, I also let go of desires at the same time.

If you think of the Buddha as a savior and superpower whom you can rely upon, you can ask, "Buddha, please save me from this crisis", when you fall on hard times. And it would be easy to cling to the Buddha in every way. However, if you have gained wisdom by cultivating your greed, you will start to change your mind from "Buddha, please protect

몸, 입, 마음으로 나타나는 죄업을
지금 참회합니다.

탐진치란 무엇인가요?
주위 환경에 영향을 받는 종속적인 마음이요, 목표를 어서 달성하겠다며 바쁘게 설치는 마음이요, 설치다가 어느 정도 되는 듯하면 '이만하면 되었다'라고 스스로 만족하는 마음입니다.
수시로 변하고 흔들리는 마음입니다.
흔들리는 마음이 특성인 탐진치는 모든 고통의 근원이고 각종 재난의 원인이며, 심지어는 사람을 악도에 떨어지게도 합니다. 그래서 탐진치는 사람을 망치는 세 가지 독소라 하여 삼독三毒이라 합니다. 이 삼독 중 탐심이 모든 불행의 씨앗이며, 탐심의 씨앗은 진심으로 연결되고, 진심은 치심으로 발전하게 됩니다.

수도자가 수도 중 제일 먼저 만나게 되는 마음속의 장벽은 탐심입니다. 수도를 통하여 탐심의 장벽을 뛰어넘게 될 때 먹고사는 두려움이 없어질 수 있습니다.
밝은 선지식이 계시는 수도장에서 쥐의 마음, 즉 궁한 마음, 탐심을 해탈하여 먹고사는 문제를 처음으로 해결한 이야기가 이 책의 제8장에 있습니다. 궁한 마음도 탐심이지만 바라는 마음 역시 탐심이 될 것입니다. 쥐의 마음을 해탈하는 과정에서 바라는 마음도 동시에 해탈하였습니다.

수도자가 부처님을 초능력자요 의지의 대상으로 생각한다면 어려운 일이 있을 때 '부처님 이런 위기에서 나를 구원해주세요.'라고 할 수 있습니다. 그리고 사사건건 부처님께 매달리기 쉽습니다. 그러나 탐심을 닦아 상당히 지혜롭게 변한 사람이라면 '부처님 나를 잘 보호해 주십시오.' 하는 마음에서

me" to "Buddha, I will serve you."

No matter what you do, you would think, 'I am not doing this for myself, but to please the Buddha.' This means that you have changed to live your life according to the Buddha's will.

The problem of making a living is the most fundamental instinct, and the wisdom to solve it can be attained by letting go of greed. Because we are inherently omnipotent like the Buddha. We are great beings who can solve all difficulties, including the problem of making a living. However, as we are blocked by the barrier of greed, the easy problem of making ends meet has turned into a challenge.

Becoming Competent by Letting Go of Anger

In order to get ahead in the world, people say, 'get more qualifications', 'beef up your resume.' However, wise people say that in order to become competent, you have to let go of the anger in your mind, that is, a feeling of frustration, saying, "Why isn't it working?" This is because it is only when you let go of your anger that you can become considerate of others, which is the basis of leadership.

In addition, in order to further upgrade your leadership, you must become competent, and you will become perfectly competent only when your negative idea of "no, I can't" changes into the positive idea of "can do it." So, letting go of anger is the crucial precondition to becoming a competent leader.

'부처님 잘 모시겠습니다.'라는 마음으로 바뀌기 시작합니다.

무슨 일을 하든지 일일이 '이 일은 나 잘되려고 하는 것이 아니고 오직 부처님의 마음을 기쁘게 해드리기 위하여 합니다.'라고 생각합니다. 자신을 위하여 일하기보다는 부처님의 뜻을 받들고 부처님의 뜻대로 살려고 합니다.

먹고사는 문제는 본능 중에서도 가장 원초적 본능인데, 이를 해결하는 지혜는 탐심을 깨침으로써 얻을 수 있습니다. 왜냐하면 우리는 본래 부처님처럼 전지전능하므로 먹고사는 문제를 비롯한 모든 난제를 다 해결할 수 있는 위대한 존재인데, 탐욕심 다시 말해 궁한 마음이라는 장벽에 막혀서 먹고사는 쉬운 문제가 난제로 변하였기 때문입니다.

진심을 닦아 능력자가 되다

사람들은 세상을 잘 살기 위하여 '배워라, 스펙을 쌓아라, 자격을 갖추어라.' 합니다. 그러나 지혜로운 이는 능력 있는 사람이 되려면 무엇보다도 먼저 성내는 마음을 닦아야 하며, '왜 안 되나' 하는 마음을 해탈해야 한다고 합니다. 왜냐하면 진심을 닦아야 비로소 남을 배려하는 마음이 생기고, 이 배려심은 곧 리더십의 기본이기 때문입니다.

또 리더십을 한층 더 업그레이드하려면 능력이 있어야 하는데, 이 능력 역시 마음속에서 '안 된다, 못한다'라는 생각이 '된다, 할 수 있다'로 바뀔 때 생깁니다. 이렇게 진심 해탈은 능력자가 되게 하는 결정적 조건입니다.

My master said the following:

"We are great beings who have everything just like the Buddha. All we seek will be found. All we try to get will be given. But why aren't we getting what we want? That is because we have anger in our minds that says, "I can't." If we let go of the anger, there will be nothing we can't achieve in the whole world.

One day, A, who runs a rice mill, came to visit.

"I can't lift a rice bag alone because I'm weak, so people look down on me, saying, "You can't even lift that one, but you call yourself the owner of the rice mill?" If I could lift up a bag of rice, it would be a great help to lead the staff. Even a weak man like me, if he practices the Diamond Sutra, would be able to lift a bag of rice?"

"As long as you devote your thought that you can't to the Buddha, there will be nothing you can't. Place a bag of rice in front of the rice mill on the road you always pass. And whenever you see the bag of rice, dedicate the thought, 'I can't lift it' to the Buddha. At first, the thought will not be devoted easily, but if you keep practicing, your thought that it is too heavy to lift will go away, then you will eventually be able to lift it."

He thought it was an illusion to think that he couldn't lift a rice bag because it was too heavy, and he devoted it to the Buddha for 100 days, and eventually became strong enough to lift a rice bag easily.

I realized that I was gradually changing myself through the practice of devoting my thoughts to the Buddha. Even if I had difficulties in daily life, I knew that it was an illusion and dedicated it to the Buddha, then I found that the things that were thought to be so difficult disappeared by themselves.

선지식은 다음과 같은 말씀을 하셨습니다.

우리는 석가여래와 똑같이 모든 것을 구족한 위대한 존재이다. 구하려 하면 다 구해진다. 얻으려 하면 다 얻게 된다. 그런데 구하려고 해도 아니 되는 이유는 무엇인가? 그것은 스스로 마음에 '안 된다'라는 진심嗔心이 있기 때문이다. 마음에 '안 된다'라는 진심만 없다면 아니 될 일이 하나도 없다.

언제인가 정미소를 하는 A가 찾아왔다.

"제가 허약해서 쌀가마를 마음대로 다루지 못하니, 사람들이 '저거 하나 못 들면서 정미소 사장이야?' 하며 업신여깁니다. 제가 쌀가마를 마음대로 들 수 있다면 정미소 직원들을 통솔하는 데 큰 힘이 될 것 같습니다. 저같이 허약한 사람도 금강경 공부를 잘하면 쌀가마(당시 쌀 한 가마니는 80kg)를 들 수 있을까요?"

"안 된다는 생각을 부처님께 바쳐 소멸하면 안 될 것이 없지. 늘 다니는 길목에 쌀 한 가마니를 놓고 지날 때마다 '내가 저것을 마음대로 들지 못한다.' 하는 생각을 부처님께 바쳐 보아라. 처음에는 그 생각이 바쳐지지 않지만, 꾸준히 바치는 연습을 하면 무거워 못 든다는 생각이 없어지고 마침내 들게 된다."

그는 무거워 못 든다는 생각이 착각인 줄 알고 100일 동안 꾸준히 바친 결과, 결국 쌀가마를 번쩍번쩍 들어 올리는 장사가 되었다.

이러한 말씀을 들으며 '안 된다, 못 한다'라는 마음을 부처님께 바치는 수행으로 말미암아 나는 나 자신이 점점 변화하는 것을 실감하였습니다. 이 생각이 착각이거니 하고 부처님께 바치다 보면, 어렵고 힘들다고 생각된 일이 어느덧 사라지는 것을 발견합니다.

Back then, there were so many difficulties that made me cultivate my anger. When faced with hardships, if you keep saying that it is difficult, you will become incompetent.

The work of the dairy farm was all new to me, so it seemed almost impossible for me to do it. Whenever such difficult things caught my eye, I unconsciously said, "No, I can't, I don't know." Then my master said, "Devote the thought that you can't to the Buddha."

Ever since I was a child, I've always thought that I can't do hard work, because I'm weak, and I'm impatient, so I can't focus on one thing for a long time. If I hadn't left home and received the teachings of my master, I would have lived my whole life as a weak and impatient person.

Whenever I had a hard time with the dairy farm work, I kept devoting my thoughts saying, 'I am weak,' or 'I can't do one thing for a long time because I'm not persistent.' As a result, I finally broke free from the thought that 'I am weak' and have become healthy until now. And I also released the thought that 'I'm impatient' and have become a person with grit.

Napoleon Bonaparte said, "Impossible is the word found only in a fool's dictionary." However, when I was a student, I experienced countless impossible things, so I couldn't understand what Napoleon meant. However, as I released anger in my mind through the practice of the Diamond Sutra, I finally came to understand that impossibility is an illusion that doesn't really exist. If I let go of the thought that 'I can't', there will be nothing that I can't do in reality.

당시 도량 도처에는 진심 닦을 일로 가득 차 있었습니다. 어려운 일을 대할 때 어렵다고 하면 무능한 사람이 되고 맙니다. 두려운 일이 생길 때 두려워 일을 진행하지 못한다면 역시 무능한 사람이 될 것입니다.

수도장에서 하는 일이란 젖소 목장일, 농사일이었는데 모두 처음 경험하는 일이어서 싫고 귀찮고 불가능한 일이었습니다. 이런 귀찮은 일이 눈에 뜨일 때마다 예전 습관대로 '싫어, 안 돼, 모르겠어.'라는 말이 무의식적으로 튀어나왔습니다. 이때 선지식은 "안 된다, 못 한다, 모른다는 생각을 모두 부처님께 바쳐라." 하셨습니다.

나는 어렸을 때부터 늘 병약해서 힘든 일은 못한다, 허약하여 많은 일을 할 수 없다, 참을성이 없어 오래 일을 하지 못한다는 생각을 자주 하였습니다. 만일 출가 수도로 선지식의 이런 가르침을 받지 못하였다면 일생을 병약한 사람, 끈기 없는 사람으로 살았을 것입니다.

중노동인 목장일로 견디기 힘들 때마다 '나는 허약하다, 나는 끈기가 없어 한 가지 일을 오래 못 한다.'라는 생각을 부지런히 부처님께 바쳤습니다. 그 결과 스스로 허약하다는 생각에서 벗어나 지금까지 건강하게 되었고, 지구력이 부족하다는 생각에서 벗어나 끈기 있는 사람이 된 것입니다.

"내 사전에 불가능은 없다."

이것은 유명한 나폴레옹의 말입니다. 그러나 불가능을 수없이 체험하던 학생 때, 나폴레옹의 이 말은 이해할 수도 실감할 수도 없었습니다. 그런데 금강경 공부를 통해서 진심의 벽에서 벗어나게 되니 불가능이 착각이요 본래 없다는 말이 비로소 이해도 되고 실감이 났습니다. 마음속에 아니 된다는 생각을 바쳐 소멸하면 안 될 일 없다는 것을 알게 되었습니다.

My master explained this as follows.

"If the idea of not being able to do something does exist, even if you devote the thought to the Buddha, how can it disappear? However, it is an illusion that doesn't exist, so if you dedicate it to the Buddha, it will return to its place that was not there. If you let go of the thought that 'you can't', there will be nothing that you can't do."

Becoming a CEO by Letting Go of Ignorance

A wise person who can feed many people, including himself, is called a CEO. What should we do to become a CEO?

My master said, "The idea of not knowing is an illusion, so devote the idea to the Buddha. The light of Buddha will come to the place where the thought of not knowing has disappeared, and then everything will be known to you."

When those who are not wise try to do something and it doesn't work well, they get frustrated and say, "Why isn't it working?" On the other hand, if things seem to be working out to some extent, they are easily satisfied, and say "That's enough."

According to my master, we are originally bright and great beings like the Buddha, so it is very foolish for us to be satisfied with achieving the small goals of the world and say, "this is enough." It is the result of ignorance.

People don't think that ignorance is a kind of anguish to be devoted

선지식께서 다음과 같이 정리해 주셨습니다.

"안 된다, 못한다는 생각이 본래 있는 것이라면 그 생각을 부처님께 바친들 어찌 없어지겠느냐? 그런데 그런 생각은 착각이요 본래 없는 것이기에 부처님께 바치면 본래 없는 자리, 곧 부처님 자리로 되돌아가게 되는 것이다. 아니 된다는 생각을 부처님께 바쳐 해탈하면 아니 될 일이 하나도 없을 것이다. 못 한다는 생각이 착각임을 알고 부처님께 바쳐 소멸하면 못 할 일도 없을 것이다."

치심을 닦아 CEO 인재가 되다

자신을 비롯한 수많은 사람을 먹여 살릴 수 있는 지혜로운 사람을 최고경영자, CEO라 합니다. CEO가 되기 위해서 무엇을 하여야 할까요?

"모른다는 생각 역시 착각인 줄 알고 그 생각을 부처님께 바쳐라. 모른다는 생각이 사라진 그 자리에 부처님 광명이 임하게 되어, 모를 것 없이 다 알게 될 것이니라."

선지식의 말씀입니다.

지혜롭지 않은 사람은 무엇을 하겠다고 설치다가 잘 되지 않으면 "왜 안 돼?" 하며 짜증을 냅니다. 그러다 소기의 목적이 달성되는 듯하면, 이만하면 되었다고 이름 짓고 만족합니다.

선지식의 말씀에 의하면, 우리는 본래 부처님처럼 위대한 존재요 밝은 존재이기에, 세상의 작은 목표 달성에 만족하고 이만하면 되었다고 이름 짓는 것 자체가 매우 어리석은 일이요, 무지無智의 소치입니다. 치심이 곧 무지인 것입니다.

사람들은 '이만하면 되었다'라는 무지의 마음은 아무 형상이 없기에 부처

to the Buddha. However, it is also an anguish and serious poison for practitioners.

When people encounter something they don't know, they try to figure it out at first. The topic of Zen meditation, "What is this?" is also an attempt to learn the truth of the universe. If you keep trying to figure it out consistently, you'll find the answer out of the blue. If you keep attempting to find out about something, that means you don't name it "something unknowable". The topic of Zen meditation, "What is this?" is the same as devoting the thought that I do not know to the Buddha.

How can things be known when we devote the thought that we do not know?

Let's suppose that students A and B are solving math problems. Both of them are trying to find the right answers. Both of them concentrated equally, but when they took the test, A did better than B.

People say that A is smarter than B, so how can B catch up with A? However, wise people wouldn't say so. They would say that A didn't think 'I don't know' when solving a problem. A's personality trait that doesn't give up easily, made A perform better than B, who easily said, "I don't know."

If you keep trying to know and don't think that you don't know, you will eventually figure it out. This is because if you name it "I don't know," you will never really know about it. This is the reason why you should devote the thought of not knowing to the Buddha.

님께 바칠 번뇌라 생각하지 않습니다. 그러나 이렇게 드러나지 않고 습관화된 번뇌 역시 반드시 바쳐야 할 대상입니다.

사람들은 모르는 일에 봉착하였을 때 처음에는 알려고 시도합니다. "이 무엇인고(이 뭣고, 시심마是甚麼)?" 하는 참선의 화두 역시 우주의 진리를 알려는 시도입니다. 한결같이 알고자 하면, 대개는 답이 느닷없이 알아집니다. "이 무엇인고?" 하며 시종일관 알고자 한다는 것은 다시 말해 무엇인가를 모르겠다고 이름 짓지 않는 것입니다.

"이 무엇인고?"는 모른다는 생각을 부처님께 바치는 것과 동일합니다.

모르겠다는 생각이 착각인 줄 알고 부처님께 바치면 어떻게 알게 될까요?

학생 A와 B가 수학 문제를 풉니다. 문제를 풀기 위하여 집중하고 정답을 찾으려 합니다. 똑같이 집중했지만 시험 친 결과 A가 B보다 성적이 우수하였습니다.

사람들은 A가 머리가 좋으니 어찌 B가 A를 따라잡을 수 있겠느냐고 합니다. 그러나 지혜로운 이는 그렇게 말하지 않습니다. 단지 A는 문제를 대할 때 '모르겠다.'라는 생각을 하지 않고 포기하지 않는 특성이 있고, 이것이 쉽게 '모르겠다.'를 내뱉는 B 학생보다 성적이 좋은 이유라고 하실 것입니다.

꾸준히 알려고 하면서 모른다는 생각을 내지 않으면 결국 누구나 다 알아지게 됩니다. '모르겠다.'라고 이름 짓는 순간, 정말 모르게 되기 때문입니다. 모르겠다는 생각이 착각인 줄 알고 부처님께 바쳐야 하는 이유입니다.

The Diamond Sutra practitioners do not try to know, thinking 'what is it?' like Ganhwaseon practitioners. This is because the mind that is eager to know can easily become greed. When you are greedy, you won't be able to know things clearly, not even the things you knew well.

When negative thoughts like 'I don't know' and 'I've never solved this before' keep coming up, you should devote them to the Buddha. Even though you don't know the answer, if you constantly try to figure it out and devote the thought of not knowing to the Buddha, you will find the answer even in your dreams.

If you find an answer to something you don't know through your dreams, that's the beginning of wisdom.

금강경 공부하는 사람은 간화선 수행자처럼 "이 무엇인고?" 하며 알려는 마음으로 수행하지 않습니다. 알려고 설치는 마음이 탐심이 되기 쉽기 때문입니다. 탐심이 동하면 알던 것도 모르게 됩니다.

수시로 '모르겠다,' '나는 전에도 이것은 못 풀었다.'라는 자포자기 하는 생각이 계속 떠오르는데, 이때마다 이것이 잘못인 줄 알고 계속 부처님께 바칩니다. 설사 정말 모르는 문제도 변함없이 알고자 하는 마음으로, 모른다는 생각을 수시로 부처님께 바친다면 꿈으로라도 알 수 있게 됩니다.

모르는 일을 꿈으로라도 알게 되면 이것이 지혜 발현의 시초입니다.

Becoming Wise Through Dreams

What is a dream? The world that can be experienced with sight, hearing, smell, touch, taste, and mind is created by present consciousness. Dreams, on the other hand, are the world created by subconsciousness.

As the saying goes, "there is nothing outside the mind." The world is created by your mind, so the universe is an expression of your mind, and can be said to be your other self. On the other hand, everything in your dream is an expression of your subconsciousness, also your other self.

What does it mean if you saw a dog in your dream? That means you saw your anger, and if you saw a pig in your dream, you saw your greed.

It is said that it's lucky to see pigs in dreams. What does that mean? What does it mean to dream of a pig and win a huge lottery? Seeing pigs in a dream implies that you have found your greed and let it go, so it is a lucky dream to win a fortune

꿈을 통해서 지혜로워지다

그런데 과연 꿈이란 무엇인가요? 안식眼識, 이식耳識, 비식鼻識, 설식舌識, 신식身識, 의식意識 등은 현재 만들어낸 세계라 한다면, 꿈은 현재의식이 만든 분별심이 사라지고 잠재의식이 만든 세계라 하겠습니다.

심외무법心外無法의 말씀처럼 현재의식이 만든 현실세계는 모두 자신의 마음이 만든 세계요, 따라서 이 전개된 삼라만상이란 모두 자신의 마음의 표현이며 자신의 분신이라 할 수 있습니다. 꿈속의 모든 현상은 모두 자신의 잠재의식의 표현이며, 자신의 분신인 것입니다.

꿈속에서 개를 보았다면 이것은 무엇을 뜻할까요?

자신의 진심瞋心을 본 것이요, 꿈속에서 돼지를 보았다면 자신의 탐심을 본 것이라고 할 수 있습니다.

돼지꿈이 길몽이라는 것은 무슨 뜻일까요? 돼지꿈을 꾸고 거액의 복권에 당첨된다는 것은 무엇을 말하는 걸까요? 돼지를 꿈에 본 것은 자신의 탐심을 발견하고 해탈한 것으로, 그 결과 거액의 복권을 타서 횡재한다는 길몽입니다.

In your dream, your conscious mind is at rest. As all the judgments caused by the present consciousness disappear in dreams, you can see your true feelings, the very bottom of your heart. It can be said that the ability to see the present consciousness is shallow wisdom, and the ability to see one's subconsciousness is deeper wisdom.

What is the wisdom to see the subconscious mind?

To see the subconsciousness is to see the past life, the root of the present consciousness. It means that you see your past life while your present consciousness rests in your dreams.

The wisdom to see the past life is the same as the wisdom to see one's future.

However, those who practice the Diamond Sutra can devote their thinking minds to the Buddha, so they can see their innermost feelings without going through dreams, and in some cases even see their previous lives, and predict the future.

Heroes, who dominated the world, are said to be wise. Some of them might have been wise from birth, but others have acquired wisdom through practice.

Those who practice steadily without being swayed by greed, anger and ignorance, even if they were not born wise, will be able to let go of their thinking mind by devoting it to the Buddha, and attain the wisdom of reading the subconscious mind. Even if you don't become wise like Zhuge Liang[70] through practice, you can gain wisdom even through dreams when you do your best.

꿈속은 현재의식이 쉬는 상태입니다. 현재의식이 일으키는 각종 분별심이 사라지고 잠재의식이 드러난다는 것은 곧 자신의 속마음을 본다는 뜻입니다. 겉마음을 보는 지혜가 얄팍한 지혜라면, 속마음까지 보는 지혜는 깊은 지혜입니다.

속마음, 7식의 잠재의식을 볼 수 있는 지혜란 무엇일까요?

지금 현재의식의 뿌리인 전생, 잠재의식을 보는 것입니다. 꿈에 분별심이 쉬면서 전생의 모습을 보는 것을 의미합니다.

전생의 모습을 보는 지혜는 자신의 미래를 보는 지혜와 동일합니다.

그러나 금강경 공부를 잘하는 사람은 자신의 분별심을 부처님께 바쳐 소멸하므로, 꿈을 통하지 않고도 자신의 속마음을 보며, 경우에 따라 속마음의 뿌리, 즉 전생의 모습을 볼 수 있고 미래의 운명도 예측하게 됩니다.

세계를 주름잡았던 영웅호걸은 지혜로운 사람이라 하겠습니다. 그들은 태어날 때부터 지혜로운 사람도 있겠지만, 수행을 통하여 후천적으로 지혜로워진 사람도 있을 것입니다.

탐진치에 흔들리지 않고 꾸준히 공부하는 사람은, 비록 어리석게 태어났어도 부처님께 바치는 공부로써 분별심을 소멸하고 속마음을 읽는 지혜에 도달할 수 있습니다. 수도를 통하여 제갈공명처럼 지혜롭게 되지는 않아도, 일심으로 정성을 다하는 경우 꿈을 통해서라도 작지 않은 지혜에 도달합니다.

"*Clouds on the Hill*" by famous Japanese novelist Ryotaro Shiba is a popular novel based on the story of Akiyama Saneyuki, which was produced as a TV series on NHK in 2009.

Akiyama Saneyuki (1868-1918) was a Japanese naval admiral who completely destroyed the Russian Baltic Fleet in the Battle of Tsushima, as a staff officer of the Japanese Allied Fleet Commander Heihachiro Togo, during the Russo-Japanese War. The victory of the war is said to have served as a decisive opportunity to inform the West that Japan, which had been known as the barbarian of the East, had become a world power. How did the inferior Japanese navy beat the strong Russian navy?

The Japanese Navy was studying how to defeat the Baltic fleet in Russia. Then Admiral Akiyama, fell asleep for a moment after lunch, and saw the Russian Baltic Fleet in his dream, passing by the Korea Strait. He said, "Oh, soon the Russian ships will come to this strait." The idea came to his mind, "The current is strong here, and so, if we ambush and raid, we could wipe out the Russian fleet." Admiral Akiyama won the battle by ambushing the Russian fleet, which had erroneously entered this strait, by discerning his dream.

This war was won by the wisdom gained at the moment when Admiral Akiyama was half asleep and his thinking mind was at rest. In other words, it can be said that Admiral Akiyama did not follow the negative idea of "no chance of winning the war with Russia", and as a result, the negative thought disappeared in his mind and the light of wisdom came in and brought about victory. It is also safe to say that he knew the idea of not knowing was an illusion, and devoted it to the Buddha.

일본의 유명한 소설가 시바 료타로의 작품 『언덕 위의 구름』은 아키야마 사네유키를 소재로 한 인기 소설이며, 2009년 NHK에서 드라마로 제작되어 인기리에 방송되기도 하였습니다.

아키야마 사네유키(秋山眞之, 1868-1918)는 러일전쟁 때(1903-1905) 일본 연합 함대 사령관인 도고 헤이하치로(東郷平八郎)의 참모로서 쓰시마 해전에서 러시아 발틱 함대를 완전히 전멸시킨 일본 해군 제독입니다. 이 전쟁의 승리로 동양의 야만으로 알려진 일본이 세계 강대국임을 서양 사람들에게 알린 결정적 계기가 되었다고 합니다.

어떻게 열세인 일본 해군이 절대 강자인 러시아 해군을 이기게 되었을까요?

일본 해군은 러시아의 발틱 함대를 격파하는 방법을 깊이 연구하였습니다. 그러던 중 당시 해군 제독이었던 아키야마 제독이 점심을 먹고 잠깐 졸았는데, 비몽사몽간에 항로를 전혀 알 수 없었던 러시아의 발틱 함대가 대한 해협 쪽으로 지나가는 게 보여서 '아, 조금 있으면 러시아 배가 이 해협 쪽으로 오겠구나. 이곳은 물살이 센데, 매복을 하고 있다가 급습하면 러시아 함대를 전멸시킬 수 있다.'라는 아이디어가 떠올랐습니다. 아키야마 제독은 꿈에서 얻은 힌트대로 물살이 센 곳에 군사를 매복하였다가 러시아 함대를 전멸시키며 전투에서 승리하였습니다.

이 전쟁은 아키야마 제독이 비몽사몽 졸면서 분별심이 사라진 순간 얻어진 지혜로 승리하였습니다. 달리 표현하면 그는 러시아와 전쟁에서 '승산이 없다.'라는 부정적 생각을 끝까지 따라가지 않았고, 결과적으로 승산이 없다는 분별심이 사라지며 나타난 지혜 광명이 승전보를 가져온 것이라고 할 수 있겠습니다. 또, 모른다는 생각이 착각인 줄 알고 부처님께 잘 바친 결과라고 말해도 좋을 것입니다.

There is another example of great wisdom achieved by dreams. Niles Bohr, a Danish-born world-renowned scientist who is often compared to Einstein, made foundational contributions to the understanding of quantum physics. He won the Nobel Prize in Physics for his contributions, which is known not entirely for his brilliant brain but also for his wisdom through dreams.

One day, when Niels Bohr was deeply absorbed in the study of atomic structure, he saw the solar system in his dream and the earth circling around the sun. Through this dream, Niels Bohr was able to explain the atomic structure of a new paradigm and, as a result, won the Nobel Prize in Physics.

It's also the case of great wisdom being revealed when he was not drawn to the idea that he didn't know, but absorbed in his research, and then while his thinking mind rested in dreams, the great wisdom of his true self was uncovered.

---

70 Zhuge Liang, celebrated adviser to Liu Bei, founder of the Shu-Han dynasty. His name has become synonymous with wisdom and strategy in Chinese culture.

꿈이 이룩한 위대한 지혜의 또 다른 예입니다. 덴마크가 낳은 불세출의 과학자 닐스 보어(1885-1962)는 아인슈타인보다 뛰어났다고도 합니다. 양자물리학을 완성했고 이 공로로 노벨물리학상을 받았는데, 뛰어난 두뇌가 아니라, 꿈에서 얻은 지혜로 어려운 문제를 풀었다고 합니다.

닐스 보어가 원자 구조에 대해 깊이 고민하던 어느 날, 꿈속에 태양계가 보이면서 태양 주위에 지구가 도는 모습이 보이는 것이었습니다. 닐스 보어는 이 꿈으로 새로운 패러다임의 원자 구조를 설명할 수 있게 되었고, 그 결과 노벨물리학상을 받게 되었습니다.

이 역시 꿈이 주는 위대한 지혜의 산물이라 할 수 있습니다. 또한, '모르겠다.'라는 생각이 잘못인 줄 알고 부처님께 성심껏 바친 결과라고 말해도 좋습니다.

The Infinite Wisdom Within

Now, I would like to tell you about my experience of overcoming the foolish and dark mind and attaining wisdom by practicing the Diamond Sutra.

I was the only son of four daughters and one son. My father didn't fulfill his responsibility to support his family, so my mother raised our family by herself. And I, the only son to my mother who had nothing to rely on, was truly precious as heaven.

I always felt sorry for my mother, who struggled to make ends meet, so I decided as a high school student, "when I graduate from college, I'll get a well paying job, and make sure my mother doesn't worry about money again." My mother also often said, "Once you graduate, there will be nothing to worry about."

However, after graduating from university and being discharged from

내 안에 무한한 지혜가 있다

 이제 나는 금강경 수행으로 어리석고 캄캄했던 마음을 극복하여 지혜를 실현한 나의 체험을 말씀드리려고 합니다.

 나는 4녀 1남의 외아들로 태어났습니다. 아버지는 집안일에 무관심하여서 중학교 때부터 어머니 혼자서 가정을 꾸려온 셈이었습니다. 의지할 곳 없는 어머니에게 유일한 아들인 나는 그야말로 하늘과 같은 존재였습니다.
 허덕허덕 가정을 꾸려나가는 어머니가 늘 딱하게 생각되어 고등학교 학생 시절부터 '내가 대학을 졸업하면 좋은 데 취직해서, 어머니가 먹고사는 걱정은 조금도 하지 않도록 하겠다.'라고 마음을 굳게 먹었습니다. 어머니 역시 "네가 대학만 졸업하면 우리 집안은 아무 걱정 없다." 하시며 성심껏 학비를 조달하셨습니다.
 그러나 대학을 졸업하고 제대 후 정작 취직할 때, 도인을 만나 출가의 길

the military, it was time for me to get a job, but I met an enlightened master and went on my way to practice. My mother was beside herself with disappointment and frustration with my decision. Much like the Korean saying about the dog glaring at the roof after the chicken has escaped his clutches.

"If you're gone, how will your sisters and I live?"

My mother hung on crying.

"I met a great master who teaches the Diamond Sutra, so I'll practice for 100 days and come back home soon."

And I left home. However, I had to endure the excruciating guilt for a considerable period of time, thinking about my mother, who was crying and hanging on.

'Does practicing Buddhism have to make people cut off family ties and betray faith?"

When I felt sad, I wanted to give up everything and run back home. I felt sorry for my mother, and my pity for her turned into sorrow, and sorrow sometimes turned into the urge to quit practicing.

Back then, I had no idea that this affection for my mother was a decisive obstacle to cultivating my mind. I thought it was a beautiful feeling that was natural as a human being, and a very desirable attitude of mind for a child to have toward his parents. However, as I practiced the Diamond Sutra, I realized that this feeling of pity for my mother was a serious toxin that hindered my study of Buddha. The poison deprived me of my wisdom and made me incompetent.

By the standards of the world, my mother, who sacrificed everything

을 가게 되었습니다. 닭 쫓던 개가 지붕 쳐다보는 격이란 우리나라의 속담대로, 딱 그 처지가 된 것입니다.

"네가 수도하러 가면 네 동생하고 우리는 어떻게 사니?"

어머니는 울면서 매달렸습니다.

"금강경을 가르치시는 훌륭한 스승을 만났으니 100일만 공부하고는 곧 집에 되돌아오겠습니다."

얼버무리며 집을 떠났습니다. 하지만 울며 매달리던 어머니 모습을 생각하며 상당 기간 가슴이 미어지는 고통을 감내해야 했습니다.

'부처님 공부는 이렇게 사람과 사람의 정을 끊어 놓고 신의를 배반하게 하는 공부인가?'

슬픈 감정이 북받치는 날에는 부처님 공부고 뭐고 다 때려치고 집으로 달려가고 싶었습니다. 어느 때에는 어머니에 대한 불쌍한 마음이 슬픔으로, 슬픔은 공부의 퇴타심으로 이어지기도 하였습니다.

당시에는 어머니에 대한 애틋한 정이 마음을 닦는 데 결정적 장애라는 것을 전혀 알지 못하였습니다. 인간으로서 느끼는 당연하고 아름다운 감정이요, 자식이 부모에 대해 가지는 매우 바람직한 마음가짐으로 생각하였습니다. 그러나 금강경 공부를 조금 해 보니, 어머니를 불쌍하게 여기는 마음은 부처님 공부를 방해하는 심각한 독소였습니다. 그 독은 나를 지혜롭지 못하게 하고 한없이 무능력하게 하였습니다.

세상 기준으로 본다면 나를 위해 모든 것을 희생하신 어머니는 나에게 도

for me, helped me, but from the perspective of an enlightened master, she was a hindrance.

Often the teacher would say, "Is your mother really pitiful?" Or do you feel pity for your mother because you have a tendency to feel sorry for people?" At first I thought that it was my mother that was pitiful. I could never think that I had a tendency to feel sorry for people in my mind and that made me feel sorry for my mother.

My teacher often reminded me of this.

In Chapter 5 of the Diamond Sutra, there is a famous four-line stanza.

凡所有相 皆是虛妄 若見諸相非相 即見如來
All that has a form is illusive and unreal.
When you see that all forms are illusive and unreal,
then you will begin to perceive your true Buddha nature.

"The idea that your mother is pitiful isn't true. It's just your thought, and the thought is an illusion. The Diamond Sutra said, "All that has a form is illusive and unreal." This means that your thought that your mother is pitiful is illusive and unreal, and you should realize that it is illusive and unreal.

The phrase, "When you see that all forms are illusive and unreal", means that you should know that the thought is an illusion and devote it to the Buddha. Do you understand why the Buddha said that you should dedicate the thought? Do you know why he said that the idea is illusive and unreal? It is because if you keep repeating the thought without letting it go, it will bring about disasters and you will become incompetent.

움을 주는 절대적 존재임이 틀림없는데, 밝은이의 관점에서 본다면 분명 방해하는 존재임이 틀림없었습니다.

종종 선지식께서 "정말 너희 어머니가 불쌍한 것이냐? 네 마음에 불쌍하게 보는 소질이 있어서 너희 어머니가 불쌍한 존재로 보이는 것이냐?"라고 말씀하셨습니다. 처음에는 정말 어머니가 불쌍한 것 같았습니다. 내 마음에 사람을 불쌍하게 보는 소질이 나로 하여금 어머니를 불쌍하게 보게 한다는 생각은 꿈에도 하지 못했습니다.

선지식께서는 이 점을 자주 깨우쳐 주셨습니다.

"어머니가 불쌍하다는 그 생각은 사실이 아니고 바로 네 생각일 뿐이다. 그 생각이 착각이요, 잘못된 것인 줄 알아라. 범소유상 개시허망凡所有相 皆是 虛妄이라 하였다. 이는 바로 네 어머니를 불쌍하게 보는 그 생각이 착각이요, 잘못인 줄 알라는 뜻이다.

약견제상 비상若見諸相 非相은 무슨 뜻이냐? 그 생각이 잘못인 줄 알고 부처님께 정성껏 바치라는 말씀이다.

그런데 왜 그 생각, 어머니가 딱하게 여겨지는 생각을 부처님께 바치라고 하셨는지 알겠느냐?

왜 부처님께서는 그 생각을 허망하다 하셨는지 알겠느냐?

그 생각을 부처님께 바쳐 해탈하려 하지 않고 계속 그 생각을 되풀이하면, 그 결과 너에게는 재앙이 오게 되고 무지무능해지기 때문이다.

The phrase, "then you will begin to perceive your true Buddha nature", means that if you devote the thought to the Buddha, you will finally escape from all disasters and become a competent person. The ignorant will become wise and eventually attain enlightenment. If you can not devote the thought that your mother is pitiful, recite this verse of the Diamond Sutra over and over, or chant Maitreya Buddha while recalling your mother's face.

> 凡所有相 皆是虛妄 若見諸相非相 即見如來
> *All that has a form is illusive and unreal.*
> *When you see that all forms are illusive and unreal,*
> *then you will begin to perceive your true Buddha nature.*[71]

As my master taught me, I devoted the thought that "my mother is weak and would die without me," and then I finally came to understand that I had attached my mind to her and mistook her for a really pitiful being.

My master said, "How can you see others clearly, when you put your thoughts on them?" Under his teachings, I gradually realized the Truth of Consciousness-only that the world is created by the mind.

"If you say you feel sorry for your mother, people may call you a good son. But an enlightened man will say that you do not pity your mother, but you pity yourself.

Your mother is actually not your mother. It's just your idea that she's your mother. Therefore, feeling sorry for your mother is the same as feeling sorry for yourself. This is because all phenomena outside the

즉견여래則見如來, 이것은 무슨 뜻이냐? 그 생각을 정성껏 바치다 보면 마침내 너는 모든 재앙에서 벗어나고 능력자로 바뀌며, 무지한 사람이 지혜롭게 되어 결국 밝아진다는 뜻이다.

만일 불쌍한 생각이 잘 안 바쳐진다면, 그 마음에 대고 지금 이야기한 금강경 사구게, '범소유상 개시허망 약견제상 비상 즉견여래'를 자꾸 되풀이 염송하라. 또는 그 불쌍한 어머니의 얼굴에 대고 정성껏 미륵존여래불을 염송해라."

선지식의 가르대로 '어머니는 허약해서 내가 없으면 죽을 것만 같다.'라는 생각을 부처님께 바치니까, 내 안에 있는 불쌍하게 보는 마음(소질)을 어머니에게 단단히 붙여 놓고, 정말 불쌍한 존재로 착각한 것이 분명하게 알아졌습니다.

내 분별심을 상대에게 탁 덮어씌우고 보니 상대가 제대로 보일 수 있느냐는 선지식의 말씀이 생각났습니다. 내 마음(분별심)이 바로 세상을 만들었다는 것을 공감하며 일체유심조의 진리가 실감 났습니다.

"네가 어머니를 불쌍하게 생각한다고 말하면 사람들은 너를 효자라 할지 모른다. 그러나 밝은 이가 보면 네가 어머니를 불쌍하게 보는 것이 아니라, 너 자신을 불쌍하게 보는 것이라고 할 것이다.

네 어머니는 실은 네 어머니가 아니요, 어머니라는 네 생각일 뿐이다. 그것은 네가 자신을 불쌍히 여기고 있는 것과 마찬가지다. 왜냐하면 마음 밖의

mind (including the mother) are virtual images created by your mind. If you go out into the world without changing your way of thinking about your mother, you will surely become a pitiful person. Also, in the same way, when you criticize the world, you don't actually criticize the world, but you criticize yourself and swear at yourself."

The way you think of others is the way you think of yourself, so if you pity others, that means you pity yourself, and that way of thinking will make you a pitiful person. Therefore, my master said, if I go out into the world without letting go of the mind of pitying my mother, I would inevitably become pitiful and incompetent.

My master said that unless I release my karma with my mother, that is, I get rid of the way of thinking that I feel sorry for people, I would never be able to succeed in society.

These words related Buddhist practice to secular life, which sounded quite unfamiliar to me at first, because I had never thought that Buddhist practice was related to secular life. I thought that Buddhism was only a teaching of life-and-death, and it had nothing to do with living well or getting ahead in the world.

Since then, I have found that I had a tendency to feel sorry for myself, and it made me feel sorry for my mother, so I have tried to devote it to the Buddha. I also chanted Maitreya Buddha to my mind that pitied myself. As a result, I gradually escaped from the feeling of pity for my mother. Whenever I felt sorry for her, I couldn't help thinking of her sad face, and then I kept praying to Maitreya Buddha.

모든 현상(어머니를 포함)은 네 분별심이 만들어 낸 허상이기 때문이다. 네가 어머니를 불쌍하게 보는 사고방식을 바꾸지 않고 세상에 나간다면, 너는 세상에 나가서 반드시 불쌍한 존재가 될 것이다. 또한 마찬가지 이치로 네가 세상을 꾸짖는 것은 실상 세상을 꾸짖는 것이 아니요, 바로 자신을 꾸짖고 욕하는 것이다."

다른 사람을 딱하고 불쌍하게 보는 사고방식이 자신을 불쌍한 존재로 만든다는 것입니다. 따라서 수도장에서 어머니를 불쌍하게 보는 그 마음을 해탈하지 않고 사회에 진출한다면, 나는 불쌍하고 무능한 존재가 될 수밖에 없습니다.

선지식께서는 어머니와의 업보를 해탈하지 않는 한, 즉 내 마음속에서 사람을 불쌍하게 보는 사고방식을 없애지 않는 한, 사회생활을 제대로 할 수 없다고 단정하여 말씀하셨습니다.

이런 말씀은 불교 수행과 사회생활을 연관시키는 법문인데, 처음에는 상당히 생소하였습니다. 불교 수행이 사회생활과 관련이 있다고 생각해본 적이 없었기 때문입니다. 불교는 마음 닦아 생사해탈을 하는 가르침일 뿐, 현실에서 잘 사는 것이나 무능력자가 인재가 되고 영재가 되는 것과는 아무 상관없다고 생각하였습니다.

그 이후 나는 자신을 불쌍하게 보는 소질이 어머니를 불쌍한 존재로 보게 하는 것을 알게 되었고, 본격적으로 그 생각을 부처님께 바쳤습니다. 나는 내 마음속 불쌍하게 보는 소질에 대고 '미륵존여래불'을 정진한 결과, 어머니가 불쌍하다는 생각에서 차츰 벗어날 수 있게 되었습니다. 그런 생각이 들 때에는 반드시 어머니의 딱한 모습이 떠오르곤 하는데 그 얼굴에 대고 '미륵존여래불'을 계속 염송했습니다.

While I was praying, one day I saw my mother in my vision coming to me in yellow clothes, and the next day she came to visit me in yellow clothes.

In other words, I knew in advance that my mother would come through the practice of the Diamond Sutra. At first I thought it was a coincidence. However, as the experience of getting answers to what I wanted to know by devoting it to the Buddha became more frequent, I realized that this was not a coincidence, but a natural result, and that it was the Buddha's light that permeated the place where my analytical mind disappeared.

Before I knew it, there was a growing belief that there was a certain ability to know something like the Buddha in my mind. As a result of practicing the Diamond Sutra, we experienced the phenomenon of realizing or seeing something in a half-asleep state, and we called it "boundary". Through these boundaries, I was able to grasp and understand reality, and I learned a lot of things and got answers to what I was curious about in my dreams. These answers can be called wisdom attained as my thinking mind, that is, the ego disappears. When you drop small thought traps of the ego, you will attain small wisdom. And when you eliminate greater ego traps, you will gain greater wisdom.

Through continuous practice, my feelings of pity for my mother gradually disappeared in my mind, and at the same time, my mother also gradually let go of her dependence on me.

I thought, "Is this the end of the karma I had with my mother?" But what kind of relationship did my mother and I have with each other

정진을 하는 중에 어느 때는 어머니가 노란 옷을 입고 나를 향해서 오는 모습이 떠오르는데, 다음날 어머니가 노르스레한 옷을 입고 수도장으로 나를 찾아오곤 하였습니다.

말하자면 금강경 공부를 통하여 어머니가 올 것을 미리 알게 된 것입니다. 처음에는 이것이 우연의 일치라고 생각하였습니다. 그런데 분별심이나 알고 싶은 것을 부처님께 바쳐서 해답을 얻는 체험이 잦아지면서, 이는 우연이 아닌 당연한 결과이며, 마음 닦아 분별심이 사라진 그 자리에 스며드는 부처님 광명이라는 생각이 들었습니다.

어느덧 내 속에도 부처님처럼 무엇인가 아는 능력이 분명 존재한다는 믿음이 커지게 되었습니다. 금강경 공부의 결과 비몽사몽간에 알아지거나 보는 현상을 우리는 '경계'라고 불렀습니다. 이러한 경계로 현실을 파악해 알 수 있었고, 또 꿈으로도 궁금하였던 여러 가지를 알게 되어 해답을 얻기도 하였습니다. 이런 해답은 분별이 소멸되어 나타나는 현상으로 지혜라 할 수 있습니다. 작은 분별심을 바치면 작은 깨침이, 큰 분별심이 사라지면 더 큰 지혜가 나타납니다.

부처님께 부지런히 바치면서 내 마음속에 어머니에 대한 불쌍한 마음이 점차 사라졌으며, 동시에 어머니 역시 아들에게 매달리는 마음에서 벗어나 편안해졌습니다.

'이것이 어머니와 맺은 업보의 해탈인가?' 하고 생각하였습니다.

that made me feel so sorry for her? What does a relationship made in a previous life mean?

One day when I no longer felt sad even thinking about my mother, I saw a black cat vividly in my dream. Why did I see a black cat? What does it mean? Wasn't it a silly dream that doesn't mean anything? If I devote the thought that I do not know what it means, I will be able to know its meaning.

But at the time, I could not understand the meaning of the black cat with my level of practice. I remembered a story that my master experienced while he practiced in the Mountain Kumgang.

"One day when I was practicing in the Mountain Kumgang, hoping Korea's liberation from Japanese colonial rule, a scene suddenly appeared in front of my eyes during prayer. It was said that Korea was liberated, but Seoul was tied to Tokyo, and Pyongyang was tied to somewhere in the far north. Why are Seoul and Pyongyang tied to different places? But I couldn't figure it out anymore.

I understood that Korea would be liberated, but I didn't know any more, so my frustration was the same before and after I saw the scene. As I continued to practice, greed, hatred, and ignorance gradually disappeared in my mind, and then I finally understood the meaning of the scene clearly. This was ten years before liberation.

In August 1945, Seoul was tied to Tokyo because MacArthur's command was located in Tokyo, and Pyongyang was tied to somewhere in the north because Pyongyang was under the control of Moscow."

그런데 어머니와 나는 무슨 인연을 맺었기에 그렇게 불쌍하고 애절하게 느껴지는 것일까? 전생에 맺은 인연은 과연 무엇일까?

그러던 어느 날, 검은 고양이를 꿈에서 생생하게 보았습니다. 어째서 검은 고양이가 보일까? 무슨 뜻일까? 아무런 의미가 없는 개꿈은 아닐까? 그 검은 고양이 꿈의 뜻을 모른다는 생각도 정성껏 부처님께 바치면 그 뜻도 알 수 있으리라.

그러나 그 당시 내 공부 정도로는 그 검은 고양이의 뜻이 무엇인지 알 수 없었습니다. 선지식께서 금강산에서 수도하시던 중 체험하신 이야기가 떠올랐습니다.

"금강산에서 일제에서 해방되기를 희망하며 공부하던 어느 날, 기도 중 홀연히 눈앞에 한 장면이 떠올랐다. 분명히 해방되었다고는 하는데 서울은 동경에 매여 있고, 평양은 아득한 북쪽 어딘가에 매여 있는 광경이었다. 어째서 서울과 평양이 서로 다른 곳에 매여 있을까? 그러나 더는 알 수 없었다.

해방되는 것은 알겠는데 그 내용은 알 수 없으니 답답한 마음은 그 광경을 보기 전이나 후나 마찬가지였다. 수행과 기도를 계속하며 마음속에 탐심, 진심 그리고 치심이 점차 소멸하자 비로소 그 뜻을 분명히 알게 되었다. 이때가 해방되기 10년 전이었다.

1945년 8월, 서울이 동경에 매인 것은 맥아더 사령부가 동경에 있기 때문이었고, 평양이 북쪽 어디엔가 매인 것은 평양이 모스크바의 지시를 받고 있기 때문이었다."

Not knowing what the black cat in the dream means would be the same as not knowing why Seoul is tied to Tokyo when it is liberated. As I kept devoting the thought about the black cat to the Buddha, my curiosity about the black cat disappeared. Then my master told me the following story.

"You and your mother met at a temple, and your mother was actually your disciple in the former life. You entrusted your disciple with the management of the temple's supplies, but the disciple, your mother, had a habit of stealing, so you always observed and often doubted every move of the disciple. The mind to look into other people's mistakes is the mind of a cat, and if you practice that mind, you will receive the body of a cat. In your previous life, you had lost your body and received the body of a cat because you had suspected and interfered with your mother. The attachment to things, that is, greed made the color of the cat black.

Why do you think you were born to your mother's house in this life? You were born in that house to scold your mother for her faults. So since you were a child, you've had the temperament to snap at your mother's words.

The black cat in the dream is the appearance of the karma you and your mother made at some point in the previous lives. People of old times said, "it disappears as soon as one sees it." In other words, if you face your karma and know what it means, it disappears.

Just by seeing the karma you have made with your mother, you can say that you have released your feelings of pity for her, the affection, to some extent.

이 말씀처럼 꿈속에 보이는 검은 고양이가 무엇을 뜻하는지 모르는 것은, 해방은 되는데 서울이 동경에 매인 것을 모르는 것과 마찬가지일 것입니다. 꿈에 본 검은 고양이를 생각하며 계속 그 생각을 부처님께 바치자 검은 고양이에 대한 궁금증이 사라지게 되었는데, 그때 선지식께서 말씀해 주셨습니다.

"너의 어머니는 전생에 절간에서 만난 인연으로 실은 너의 제자였다. 제자인 어머니에게 물건 관리를 맡겼는데 어머니의 손버릇이 시원치 않아 어머니의 일거수일투족을 늘 관찰하고 종종 의심하였다. 남의 잘못을 들여다보는 마음은 바로 고양이 마음이요, 그런 마음의 연습은 고양이보를 받게 된다. 너는 전생에 어머니를 의심하고 간섭한 연고로 사람 몸을 잃어버리고 고양이 몸을 받게 된 것이었다. 물건에 대한 애착심이 동반되었기에 고양이의 몸의 색깔이 검다.

네가 금생에 어째서 너의 어머니 집에 태어난 줄 아느냐? 바로 전생에 가졌던 어머니에 대한 허물을 꾸짖기 위해 그 집에 태어난 것이다. 그래서 어렸을 때부터 너는 어머니의 말에 톡톡 쏘는 기질이 있었다.

꿈속의 검은 고양이는 전생 어느 때인가 너와 너의 어머니가 맺은 업보의 모습인데, 그 업보의 모습을 보는 것을 고인古人은 각지즉실覺之卽失이라 하였다. 즉 보게 되고 알게 되니 업보 업장이 사라졌다는 뜻이다.

네가 어머니와 맺은 업보의 모습을 본 것만으로 너의 어머니에 대한 불쌍한 생각, 즉 애정이 어느 정도 해탈되었다 할 수 있다."

If you keep devoting the feeling of pity for your mother to the Buddha, you will be able to find out the specific facts related to this and resolve all your lingering feelings about her. This phenomenon of finding out more and more about something is called wisdom."

I don't know for sure, but I've figured out roughly about the relationship I had with my mother in my previous life. Now I know just a little, but I thought that if I practiced more thoroughly, I would find out everything and maybe someday I would be able to join the ranks of the enlightened.

This wisdom gained through practice shone even more when I left the monastery and entered the world of academia. After entering graduate school later than others, I became interested in studying liquid viscosity. The study of liquid viscosity has been an unfinished task in physics that even world-renowned scholars have not solved yet. It has often been said that it cannot be solved for good. After graduating from university, I lived a life far from learning and research, focusing only on practicing the Diamond Sutra, and belatedly entered the academic world. Moreover, there were so many things I didn't know about the viscosity of the liquid.

There was no one to discuss, including the professor, and it was difficult to find literatures about it. Under these circumstances, it would have seemed reckless for me to jump into such a difficult study. Actually, it was like the saying, "Fools rush in where angels fear to tread." But I had a wonderful weapon to reveal the secrets of nature. It's a weapon acquired through the practice of the Diamond Sutra. I knew

불쌍한 그 마음을 좀 더 정성껏 잘 바친다면 이와 관련된 구체적 사실까지 상세히 알게 되어, 어머니에 대한 모든 미련을 다 해결할 수 있다. 알아지는 이 현상, 그것을 지혜라 한다."

확실히는 몰라도 어머니와 맺은 전생의 인연을 대충 알게 된 셈입니다. 지금은 매우 어설프게 아는 정도이지만, 더욱 철저하게 바치는 연습을 한다면 모든 것을 확실히 규명하고, 잘하면 나와 같은 못난이도 도인의 반열에 올라설 수도 있게 될 것으로 생각하였습니다.

수행 중에 얻어진 이러한 지혜는 수도장을 떠나 사회생활을 하고 학문의 세계에 뛰어들면서 더욱 빛을 발하였습니다. 뒤늦게 대학원에 입학하여 관심을 가지고 연구했던 것은 "액체 점성Liquid viscosity"에 관한 내용이었습니다. 액체 점성 연구는 세계적으로 기라성 같은 학자들도 풀지 못한 난제이며, 또 영원히 해결할 수 없다는 물리학의 미완성 과제였습니다. 대학을 졸업한 후 오직 금강경 공부에만 몰두하면서 학문이나 연구와는 거리가 먼 생활을 하다가 뒤늦게 학문의 세계에 뛰어들었습니다. 더구나 액체 점성에 관하여서는 모르는 것 투성이었습니다.

지도교수님을 비롯해 그 누구도 의논할 사람이 없었고 참고할 문헌도 발견하기 어려웠습니다. 내가 액체 점성에 대해 연구하겠다고 나선 것은 말하자면 아무것도 모르는 하룻강아지가 범 무서운 줄 모르고 덤빈 꼴이라고 할까요! 그렇지만 나에게는 자연의 비밀을 밝힐 수 있는 훌륭한 무기가 있었습

that the idea of not knowing was an illusion, so I could devote it to the Buddha.

"What is liquid viscosity?" Every time I thought I didn't know, I carefully devoted the thought to the Buddha. The idea of not knowing was an illusion, so I was able to keep devoting it until I found out.

Then one day, strangely enough, I came up with the brilliant idea that the viscosity of liquid and that of gas could be combined into an equation. When I finally made this into a formula, I was able to explain at once a number of secrets about the viscosity of liquids that had not been known so far. Based on this, I wrote a new paper, and my advisor couldn't hide his excitement and praised it as a wonderful paper that would surprise the world.

At that time, scholars in this field argued that the viscosity of liquid and that of gas were completely different and could not be explained by one consistent mechanism. However, my thesis was not only able to reverse this assumption and explain the viscosity of liquid and gas with the same mechanism, but also could clearly explain many anomalies of viscosity.

My advisor recommended that a patent be obtained for the paper to prevent other people from stealing and receiving big prizes, but this paper (A paradigm for the Visibility of Fluid, Bull). Korean Chem.Soc. 1988) didn't get as much attention as we expected.

However, most importantly, in the course of this study, I thought that the idea of not knowing was an illusion, and devoted it to the Buddha, as a result, solved a difficult problem in natural science.

니다. 그것은 금강경 공부를 통해 획득한 무기, 즉 모른다는 생각이 착각인 줄 알고 정성껏 부처님께 바치는 방법입니다.

'액체 점성의 정체성이란 무엇일까?' 도대체 모르겠다는 생각이 수시로 들 때마다 그 생각에 대고 정성껏 부처님께 바쳤습니다. 모른다는 것이 착각이니, 알아질 때까지 바치고 또 바친 것입니다.

그러던 어느 날, 참 신기하게도 액체의 점성과 기체의 점성을 하나의 방정식으로 엮을 수 있다는 기발한 아이디어가 떠올랐습니다. 드디어 이를 수식화하게 되니 지금까지 알려지지 아니한 액체 점성에 관한 많은 비밀을 일시에 설명할 수 있게 되었습니다. 이 사실을 토대로 새로운 논문을 썼습니다. 지도교수님은 흥분을 감추지 못하며 이 논문은 세계를 깜짝 놀라게 할 훌륭한 논문이라며 칭찬하셨습니다.

당시에 이 방면의 학자들은 액체의 점성과 기체의 점성은 전혀 다른 메커니즘으로 설명되는 것이고 하나의 일관된 메커니즘으로는 설명할 수 없다는 주장이 대세였습니다. 그러나 이 논문은 이런 가정을 뒤집고 액체의 점성과 기체의 점성을 동일한 메커니즘으로 설명할 뿐 아니라 많은 점성의 이상異常 현상을 명쾌하게 설명할 수 있었습니다.

지도교수님께서는 다른 사람이 도용하여 큰 상을 받는 것을 방지하라고 하여 논문 특허까지 취득하였지만, 이 논문(A paradigm for the Viscosity of Fluid, Bull. Korean Chem. Soc. 1988)은 생각보다 큰 빛을 보지 못하였습니다.

그러나 가장 중요한 것은 이 연구 과정에서 모른다는 생각이 착각인 줄 알고 정성껏 부처님께 바침으로써, 자연과학에서도 난제를 해결하였다는 것입니다.

I realized that if this teaching is made into a program and applied to the educational field, it would contribute greatly to economic and social development.

---

71 Chapter 5, Diamond Sutra, diamond-sutra.com

이로써 모른다는 사실이 착각인 줄 알고 부처님께 바치는 이 가르침을 프로그램화하여 교육 현장에 적용한다면 모르는 사람, 즉 둔재를 영재로 만들어 사회발전에 크게 기여할 것이라는 사실을 깨닫게 되었습니다.

Chapter 10

The Diamond Sutra Applied in Real Life
- Education

10장

금강경의 현실 적용
- 교육

Raising Competent People with the Teachings of the Diamond Sutra

The Reality of Education in Korea

What was education like in the Joseon Dynasty? There is no way to know exactly the reality of education in the Joseon Dynasty. However, as we can see in the Confucian ideas of Joseon such as "King, teacher, and father are one and equal", it is not difficult to guess that the people of the Joseon Dynasty chose a great teacher and provided character building education to raise their children in the right way.

During the Joseon Dynasty, the Four Books and Five Classics, the words of saints, were the core of the official curriculum. Students were told to read the Four Books and Five Classics over and over. It was to make ordinary people wise like saints by making them understand the virtues of saints. It was a kind of character building education that fostered wisdom.

금강경 공부로 인재를 만들다

우리나라의 교육 현실

조선시대의 교육은 어떤 교육이었을까요?

조선시대 교육의 실상을 정확하게 알 길은 없지만, 유교 사상에 입각하여 군사부일체를 강조한다는 점에서 어렵지 않게 짐작할 수 있습니다. 조선시대 사람들은 자녀를 바르게 교육하기 위하여 훌륭한 스승을 택하고 인성교육을 시켰을 것입니다.

조선시대의 교과서는 성인군자의 말씀인 사서삼경이었고, 교육 방법은 사서삼경을 수지독송하는 것이었습니다. 군자의 법식을 이해하고 마음을 닮게 하여 보통 사람을 군자처럼 지혜롭게 만드는 교육방식입니다. 말하자면 인성교육과 지혜 교육입니다.

However, Joseon's people who were educated in this system did not practice spiritual cultivation. Politics was torn apart by partisan strife, and the economy weakened due to the social class system[72] that neglected commerce and industry, resulting in a decline in national power, which eventually led to the nation's collapse. Fortunately, Japan, which ruled Korea, was defeated in World War II, and Korea was liberated, but Korea was one of the poorest countries in the world at the time.

However, it seems that character building education, which fostered wisdom during the 500 years of Joseon Dynasty, was not ineffective at all.

A Western social scientist[73] who had a keen insight into Korea's history analyzed that Joseon's educational spirit played an important role in growing the economy from the bottom level to the present state of abundance. However, it can be said that the driving force that made the poorest country become the world's 10th largest economic power came from lecture-based education to catch up with advanced countries, not the education of the Joseon Dynasty.

It is true that such education has played a significant role in economic growth so far, but it is impossible for Korea to become a world-leading country in the future with this educational method. Because it is impossible to develop creative brains in the form of lecture-based education imitating advanced countries.

Excellent students in Korea often feel inferior to students in advanced countries such as the United States when studying abroad.

하지만 이러한 교육으로 배출한 조선의 인재들은 아상을 닦아 밝아지는 수행을 병행하지 않았기에 정치에서 사색당쟁이 있었고 경제적으로는 사농공상의 풍토로 상공업을 천시하였으며 결국 조선은 국력이 쇠퇴하여 몰락하였습니다. 다행히 일본의 패망으로 해방은 되었지만, 그 당시 우리나라는 세계에서 가장 못사는 나라였습니다.

그러나 조선 오백 년간의 지혜교육과 인성교육은 효과가 전혀 없지는 않았던 모양입니다.

우리나라의 역사를 예리하게 통찰한 어느 서양 사회과학자는 조선의 교육 정신이 경제적 바닥 상태에서 풍요로운 현재 상태로 성장을 이루는 데 잠재적 역할을 하였다고 분석하기도 하였습니다. 그러나 가장 못사는 나라에서 세계 10대 경제대국이 된 결정적 힘은 조선시대의 교육이 아니라, 선진국을 따라잡는 교육, 즉 지식교육과 모방 교육이라고 하겠습니다.

이런 교육이 경제 성장에 상당한 견인차 역할을 한 것이 사실이지만, 선진국을 모방하는 지식교육 형태로는 창조적인 두뇌 개발이 불가능하므로 우리나라가 선진국의 벽을 넘어 세계를 주도하는 나라가 되는 것은 도저히 불가능하다 하겠습니다

우리나라 우수한 수재들은 해외유학 시 번번히 미국 등 선진국 학생들에

They will never feel inferior because of their lack of qualities or effort. This is because they are more accustomed to lecture-based learning and rote study, so they feel that they can not beat the students from advanced countries who have received creativity education.

Is there any educational method that makes Korea become the center of the world by surpassing the ranks of advanced countries?

The Ways of Exploring the Truth

There are two ways to explore the truth: induction and deduction. Induction, invented by Greek mathematician Euclid, is a method of discovering truth by ordinary people with less intuition. It is a type of reasoning that involves drawing a general conclusion from a set of specific observations. Therefore, induction is inevitably based on incomplete experience or information, so the conclusion gained from it is also incomplete.

On the other hand, deduction, which was invented by French philosopher Descartes, is based on the right premise, and the conclusion obtained from it becomes the perfect truth.

In particular, deductive reasoning is a method of exploring truth based on the basic assumptions of intuitive people, so although the method originated in the West, it is more used in the East where there are many enlightened people who understand the principles of the world. In the West, where there were few enlightened ones, they had no choice but to rely on inductive reasoning and develop imperfect truths.

대해 많은 열등감을 느끼곤 합니다. 우리나라 학생들이 자질이나 노력이 부족해서 그런 열등감을 느끼는 것은 결코 아닐 것입니다. 우리나라에서 배운 정답만 찾는 교육, 지식만 배우는 교육으로는 창의성 교육을 받은 선진국의 학생을 상대할 수 없기 때문입니다.

과연 우리나라를 선진국 대열을 성큼 뛰어넘어 세계중심 국가로 만드는 교육이 있을까요?

진리를 탐구하는 방법

진리를 탐구하는 두 가지 방법에는 귀납법과 연역법이 있습니다. 그리스 수학자 유클리드에서 비롯되었다는 귀납법은 직관이 덜 발달한 보통 사람들이 진리를 발견하는 방법으로, 사람들의 경험이나 정보를 토대로 얻은 결론을 바탕으로 새로운 진리를 발견하는 방법이라 하겠습니다. 따라서 귀납법으로 얻은 진리는 완벽하지 않은 경험이나 정보를 토대로 하므로 이로부터 얻어진 진리 역시 불완전한 진리라 하겠습니다.

이에 반해서 데카르트에서 비롯한 연역법은 올바른 전제를 토대로 하는 방법으로, 이때 얻어진 진리는 100% 옳은 진리, 완전한 진리라고 하겠습니다.

특히 연역법은 직관력이 뛰어난 사람들의 기본 가정을 토대로 한 진리 탐구 방법으로 비록 그 방법이 서양에서 시작되었지만, 세상의 이치를 훤히 다 아는 도인이 많은 동양에서 더 활용되는 방법이라 하겠습니다. 도인이 적은 서양에서는 어쩔 수 없이 귀납법적 방법에 의존할 수밖에 없었을 것이며 불완전한 진리를 개발할 수밖에 없었을 것입니다.

Immanuel Kant, a famous German philosopher, said that the wisdom gained by analyzing simple knowledge and information without eliminating one's prejudices is incomplete, which points to the imperfections of inductive reasoning.

On the other hand, Kant said that the wisdom gained by excluding one's preconceived notions while dealing with existing information and experiences can be true. This means that the wisdom obtained from deductive reasoning is perfect.

In the 21st century, when geniuses disappear and there are few enlightened ones, people have to rely solely on inductive reasoning to discover the truth, and apply it in the field of education and business management. However, its outcome is bound to be limited. However, even in the era of the absence of enlightened ones, if there is business management or education based on the deductive method that begins with the basic premise of classical teachings such as the Diamond Sutra, it will naturally be more perfect.

Let's compare deductive and inductive methods in business management and education based on the teachings of an enlightened master.

① Inductive method

step1) In order to become a CEO of outstanding ability, you must go to a prestigious university such as Harvard and study hard.

step2) Although students studied together at the same prestigious university, among them, students who believed in their subconscious

독일의 유명한 철학자 임마누엘 칸트는 자신의 선입견이나 편견을 제거하지 않고 단순 지식이나 정보를 분석하는 방법으로 얻은 지혜는 불완전한 지혜라 하였는데(analytical a posteriori), 이는 귀납법적으로 얻은 지혜의 불완전성을 지적하는 것이라 하겠습니다.

한편 칸트는 기존의 정보나 경험을 대하되 자신의 선입견을 소멸하고 얻은 지혜를 참지혜라 하였는데(synthetic a priori), 이 말은 연역법적으로 얻은 지혜가 완벽함을 의미하는 말이라고 하겠습니다.

천재가 사라지고 도인이 부재한 21세기에는 대부분 사람은 오로지 귀납법에 의존하여 진리를 발견할 수밖에 없었고, 이렇게 발견된 진리를 현장에 적용하여 얻은 교육이나 경영은 당연히 한계가 있을 수밖에 없습니다. 그러나 비록 도인 부재 시대라 하더라도 금강경과 같은 고전의 가르침을 기본 전제로 시작하는 연역법에 의한 경영 또는 교육이 존재한다면, 이 방법은 당연히 귀납법으로 제시된 것보다 더 완전할 것입니다.

실제로 경영과 교육면에서 선지식의 가르침을 토대로 연역법과 귀납법을 비교해 봅니다.

① 귀납법
단계 1) 탁월한 능력의 CEO가 되기 위하여서는 하버드대학 같은 명문대학에 진학하여 열심히 공부하여야 한다.
단계 2) 하버드대학 같은 명문대학에서 함께 공부하여도, 자신의 잠재의식의 힘을 믿고 이를 활용한 학생은 단순히 노력한 학생보다 더 뛰어난 능력

power and utilized it became more capable CEOs than other students who simply worked hard.

step3) In order to become an excellent CEO, it is very important to study how to use subconsciousness in parallel with entering a top university.

② Deductive method

step1) We have infinite powers in our minds like God. We have all the qualities of an outstanding CEO.- the Truth of Perfection

step2) The reason why you haven't become a CEO is that you have the thought that you are inferior to others in your mind, and that thought blocks your infinite ability.

step3) Practicing the Diamond Sutra is the best way to become a CEO because it makes you lose the idea of inferiority in your mind and exert your inherent infinite abilities.

In the case of the inductive method above, it can be incomplete because it starts with an incomplete premise(hypothesis) and draws conclusions from observations in step 2.

The premise in step 1 of the deductive method is more certain and comprehensive because it starts from the Truth of Perfection of the Diamond Sutra. Therefore, business management or education based on the teachings of the Diamond Sutra would be far superior to any other educational method developed by scientists in the 21st century.

The so-called Baccalaureate education program, known as advanced countries' education, is not just about finding answers, but about

의 CEO가 되었다.

　단계 3) 뛰어난 CEO가 되기 위하여서는 명문대학 진학과 병행하여 잠재의식의 활용법을 공부하는 것이 매우 중요하다.

　② 연역법
　단계 1) 우리는 마음속에 신神처럼 무한한 능력을 소유하고 있다. 뛰어난 CEO로서의 모든 소질을 다 갖추고 있다. 구족具足의 진리 적용
　단계 2) 현재 CEO가 되지 못하는 것은 스스로 열등하다는 마음이 무한 능력을 차단하고 있기 때문이다.
　단계 3) 금강경 공부는 마음속에 열등하다는 생각을 사라지게 하여 본래 갖추어져 있는 무한 능력을 발휘하게 하므로 CEO가 되는 가장 좋은 방법이다.

　귀납법의 경우 불완전한 전제(가정)로 시작하고 단계2의 관찰에서 결론을 도출하므로 불완전할 수 있습니다.
　연역법 단계 1에서의 전제가 금강경 구족의 진리에서 출발하므로 더 높고 확실하고 포괄적입니다. 그러므로 금강경식 경영이나 교육은 21세기 과학자들에 의해 개발된 그 어떤 교육 방법보다 훨씬 더 탁월한 교육 방법입니다.
　소위 선진국 교육이라 알려진 바칼로레아 Baccalaureate 라는 교육 프로그램은 정답만 찾는 것이 아니라 답이 없는 현실에서 답을 만드는 사고 방식

training the mindset and developing creativity to make answers. It is much better wisdom education than lecture-based education or rote study in Korea.

However, given that it was not based on the Buddha's teaching that your preconceived notions are only an illusion, Baccalaureate would also be an inductive method of truth exploration, and thus it has its own limitations.

In order for Korea to become an advanced country and the center of the world, it is necessary to break away from lecture-based education or memory education, but that does not mean that it has to unconditionally follow the Western education system.

How can we raise as many talents as we need in each field to become the center of the world?

---

72 士農工商 the scholarly, agricultural, industrial, and mercantile classes; the traditional four classes of the Joseon Dynasty

73 Emanuel Pastreich, Another Korea that only Koreans don't know (한국인만 모르는 다른 대한민국)

을 훈련하고 창의성을 개발하는 교육입니다. 우리나라의 지식교육이나 모방 교육보다 훨씬 더 뛰어난 지혜 교육이라 하겠습니다.

그렇지만 자신의 선입견이 착각이요 본래 없는 것이라는 부처님의 말씀, 만고불변의 진리를 바탕으로 하지 않았다는 점에서, 바칼로레아라는 교육 프로그램 역시 귀납법적 진리 탐구 방식일 것이며 따라서 불완전한 교육임을 부인할 수 없습니다.

우리나라가 선진국이 되고 세계중심 국가가 되려면 당연히 지식교육이나 모방 교육의 교육방식을 탈피하여야 하지만, 그렇다고 무조건 서양식 교육제도를 따라할 수도 없는 것입니다.

어떻게 교육하여야 세계중심 국가로 이끌어나가는 각 분야의 인재들을 많이 만들 수 있을까요?

The Diamond Sutra Education

Can we develop greater creativity than prestigious universities abroad with the Diamond Sutra?

I dare say that the Diamond Sutra education can foster much deeper wisdom and creativity than the education of the world's most prestigious universities, because the Diamond Sutra education is a deductive method based on the words of the Almighty Buddha, and is an educational method that reaches the perfect truth.

Therefore, this Diamond Sutra education will make the bad become good, the incompetent become competent, and the ignorant become wise.

The first step of the Diamond Sutra education is to understand and realize the truth of Perfection that you are omniscient and omnipotent like the Buddha. It is to recognize that you are a great being who actually fulfills every wish all the time.

금강경식 교육

금강경식 교육으로 외국 명문대학에서 공부한 것 이상의 창의성을 얻을 수 있을까요?

나는 감히 금강경식 교육으로 지금 세계 명문대학의 교육보다 훨씬 더 깊은 지혜와 창의성을 창조할 수 있다고 말하고자 합니다. 왜냐하면 금강경식 교육은 전지전능하신 부처님의 말씀을 근거로 하는 연역법적 방식으로, 100% 올바른 진리에 도달하는 교육 방식이기 때문입니다.

따라서 이런 금강경식 교육을 받게 된다면 부도덕하던 사람이 도덕군자가 될 뿐 아니라, 무능한 사람은 능력자로, 무지한 사람은 지혜로운 사람으로 변화할 것입니다.

금강경식 교육의 첫 단계는 자신이 부처님처럼 세상의 모든 이치를 다 알고 무엇이든 못할 것이 없다는 구족의 진리를 이해하고 공감하는 것입니다. 자신은 실제로 시시각각으로 바라는 모든 것을 다 이루고 있는 위대한 존재라는 것을 인식하는 것입니다.

The second step is to realize and firmly believe that the infinite capacity we have has been blocked by the sins we committed in countless former lives.

The third step is to realize that greed in your mind is an illusion, and devote it to the Buddha.

Because of greed, you have lost your infinite capacity and degenerated into an inferior being, and when you let go of greed, your infinite power will be restored, and various abilities will be manifested. Then you will reaffirm the two truths that the Buddha taught.

First, you will know that everything outside the mind is an expression of your own prejudices, that is, the truth of Consciousness-only. Second, the preconceived notions that created reality are just an illusion that doesn't exist, which is the truth of Emptiness.

In this way, the moment you realize the truths, you will become competent and generous. If you share yours with others, you will not starve to death, but rather gain more, and because you practice the truths of Consciousness-only and Emptiness, you will also realize the truth of Non-duality, joining the ranks of enlightened beings who know the principles of the universe. Therefore, I would like to say that if the Diamond Sutra education is reasonably programmed and applied, it can produce more talented people than any other educational method.

두 번째 단계는 무시겁으로 지어온 죄업, 즉 탐진치로 인하여, 우리가 본래 갖추고 있는 무한한 능력이 차단되어 발휘할 수 없게 되었다는 것을 실감하고 확실하게 믿어야 합니다.

세 번째 단계는 탐욕심이 착각인 줄 알고 부처님께 바쳐 소멸하는 것입니다. 탐욕심으로 말미암아 무한 능력의 소유자에서 열등한 존재로 타락하였습니다. 이 탐욕심이 소멸되며 자신은 무한 능력의 소유자로 다시 회복되고 각종 능력이 발현됩니다. 이때 부처님께서 말씀하시는 두 가지 진리를 다시 확인하게 됩니다.

우선은 마음 밖의 모든 현실이 선입견의 표현임을 아는 일, 즉 일체유심조의 진리입니다.

다음은 현실을 만든 이 선입견이 착각이요 본래 없는 것이라는 공의 진리입니다.

이같이 진리에 대해 실감하는 순간 둔재가 인재가 되고 부도덕한 사람이 도덕적일 수 있습니다. 착한 일을 하면 굶어 죽는 것이 아니라 오히려 더 많은 것을 얻게 된다는 것을 알게 되며, 일체유심조와 공의 진리를 실천하고, 너와 나, 나와 부처가 둘이 아닌 불이의 진리를 실감하게 되어 세상의 모든 이치를 훤히 아는 도인의 반열에 오릅니다. 따라서 이러한 금강경식 교육을 합리적으로 프로그램화하여 교육한다면, 그 어떤 교육 방법보다 더 뛰어난 인재를 배출할 수 있다고 말씀드립니다.

Summary

I was ignorant, but became wise enough to know something, because I released the feeling of pity for my mother which was the karma I made with her in my former life.

I finally realized the greatness of an enlightened master and the practicality and necessity of practicing the Diamond Sutra, and through the practice, I came to believe that dull and ignorant people like me can change to become capable and generous, and even enlightened. And I have come to think that if there is an educational institution based on the teachings of an enlightened master, we can raise many competent leaders for the future.

If we practice the Diamond Sutra based on the assumption that we are great beings like the Buddha who have everything and fulfill every wish, we will learn that the walls of greed, hatred and ignorance are an illusion and have faith that sufferings are blessings in disguise.

정리

캄캄하고 무지한 내가 무엇을 아는 정도로 변화할 수 있게 된 것은 다름 아닌 어머니와 맺었던 업보, 즉 불쌍한 마음의 해탈 덕분이었습니다.

나는 비로소 선지식의 위대성과 금강경 공부의 실용성·필요성을 절감하였으며, 금강경 공부를 통하여 나같이 못나고 어리석은 사람도 변하여 능력자도 되고 도덕군자도 되며 성자도 될 수 있다고 믿게 되었습니다. 그리고 선지식의 가르침을 바탕으로 하는 금강경 교육기관이 생긴다면 많은 무능력자가 변하여 인재·영재가 되는 것이 가능하다고 생각합니다.

우리가 모든 것을 구족한 부처님과 같은 존재요 또 실제로도 시시각각으로 소원을 이루고 있는 위대한 존재라는 가정하에 금강경 공부를 하면, 그 누구나 마음속의 탐심, 진심, 치심의 벽이 본래 없음空임을 알게 됩니다. 마음속에 깊게 쌓인 열등감이 하나하나 제거되면서 고난이 축복의 근원이 된다는 믿음이 생기게 됩니다.

How could I become healthy, if I hadn't done hard labor?

How could I enjoy the happiness and comfort of today, if I had not experienced difficulties in life and devoted it to the Buddha?

How could I gain wisdom, if I hadn't dedicated my ignorance? How could I become rich, if I hadn't devoted my poor mindset?

The practice of the Diamond Sutra made me realize that all the hardships I encountered while practicing was a great gift to upgrade myself. I learned that the suffering of ignorance brings about wisdom, the pain of affliction leads to awakening, and the agony of life and death becomes the bliss of Nirvana.

Therefore, people who practice the Diamond Sutra do not complain when they encounter hardships. They will deeply appreciate the suffering and accept it as a blessing.

The Diamond Sutra education is the only character building education that fosters wisdom.

As can be seen in the table below comparing the world's education with the Diamond Sutra education, if there is an educational institution that provides the Diamond Sutra education, a large number of talents will surely be produced to achieve a country's tremendous growth and sustainabe development.

중노동을 하지 않았다면, 어찌 건강을 찾을 수 있었을까?

척박한 생활을 하며 이를 부처님께 바치지 않았다면, 어찌 지금의 행복, 편안함을 맛볼 수 있었을까?

어리석음을 바치지 않았던들, 어찌 지혜가 생길 수 있었을까?

궁한 마음을 착각인 줄 알고 부처님께 바치지 아니하였으면, 어찌 풍요로울 수 있었을까?

금강경 공부는, 공부하면서 만나게 되는 각종 고달픈 일이 한결같이 나 자신을 업그레이드하는 좋은 선물이었음을 알게 하였습니다.

또한 무지가 주는 고난이 곧 지혜의 근본임을 알게 되었고, 번뇌로 인한 고달픔이 곧 보리를 잉태하는 것임을 알게 되었으며, 드디어는 생사가 곧 열반임을 이해하고 공감하게 되었습니다.

따라서 금강경을 공부하는 사람들은 각종 고난을 만날 때 불평하지 않습니다. 고난에 깊이 감사하며 고난을 축복으로 받아들일 것입니다.

금강경식 교육만이 진정한 인성교육이고 지혜교육이므로 다방면의 인재를 양성할 수 있습니다.

세상의 교육과 금강경식 교육을 도표로 비교하였습니다.

이러한 금강경식 교육방법으로 교육하는 교육기관이 설립된다면, 이 교육방법으로 분명 수많은 인재가 배출되고 우리나라를 최선진국으로 만들 것입니다.

Educations in the World vs Diamond Sutra Education

	Lecture-based Education	Creativity Education	Diamond Sutra Education
Basic Premise	Human beings are ignorant	Human beings are ignorant	Human beings are omniscient
Content of Education	Knowledge-based education	Change way of thinking	Realize the truth of the Diamond Sutra
	• Business administration • Natural science • Moral education	• Cutting-edge technology • Leadership education • Solutions to difficulties	• Truths of Consciousness-only, Emptiness, Non-duality and Perfection • Cutting-edge knowledge
Method of Education	Knowledge evaluation test	• Creativity evaluation • Wisdom education	Reciting and practicing the Diamond Sutra
	Simulation	• Coming up with solutions to difficulties • Training to create something out of nothing	• Meditation • Regular physical activity
	• Information gathering and experimentation • Knowledge-focused discussion • Seminars	• Creativity development debate • Seminars	• Practicing to remove karma • Living in a dormitory
Teacher	Person of knowledge	Person of creativity	Person attained the truth of Consciousness-only
Training Results	Difficult to solve problems	Able to solve problems	Able to solve all problems

세상의 교육과 금강경식 교육의 비교

	우리나라의 교육	최선진국 창의성 교육	금강경식 요육
기본 전체	인간은 모르는 존재	인간은 모르는 존재	인간은 부처님처럼 다 아는 존재 (구족 具足)
교육 내용	지식중심 교육 • 지식획득 • 경영교육 • 자연과학 탐구 • 도덕교육 대인관계	사고방식의 전환훈련 • 각종 첨단 지식, • 리더십 교육 • 난제 대처	금강경의 진리 이해 • 일체유심조 공 불이 • 각종 첨단 지식
교육 방법	지식평가 시험 • 시뮬레이션 • 정보수집과 실험 • 지식중점 토론 • 세미나	• 창의성 평가 • 지혜 교육 • 각종 난제 해결방법 • 무에서 유를 창조하는 훈련 • 창의력 개발 토론 • 세미나	금강경 독송과 실천 • 정신은 가만히 둠 (정 定) • 육체는 규칙적으로 움직임 • 업보 해탈 공부 • 가족과 일정 기간 격리(전원 기숙사 생활)
스승	지식이 많은 사람	창의력이 뛰어난 사람	일체유심조를 깨친 사람
교육 결과	난제 해결 어려움	난제 해결 가능	모든 난제 해결 가능

What Does It Mean to Dedicate Every Thought to the Buddha?

We are intoxicated at all times. We live our lives while being intoxicated with desire to eat, sleep, or reproduce. We are addicted to greed, hatred, and ignorance. We are too preoccupied with wealth, fame, and love for our families.

We became incompetent under the influence of a drug called complaints, and ignorant under the influence of arrogance. It is like driving a car while intoxicated to the point where we lose our mind. Just as we can't see the road we used to see clearly under the influence of alcohol, the intoxicated life makes us forget that we are great beings like the Buddha, and brings about various hardships.

My master said,
"Give your thoughts to the Buddha."
"Whatever you do, do it to please the Buddha."

무슨 생각이든지
부처님께 바치라는 뜻은?

우리는 24시간 취해서 살고 있습니다.

색色에 취하고 식食에 취하고 잠에 취해서 살고 있습니다. 탐·진·치에 취해서 살고, 부귀영화에 취해서 살고, 처자식에 대한 애정에 취해서 살고 있습니다.

우리는 불평이라는 마약에 취해서 무능해졌고, 오만이라는 술에 취해서 무지해졌습니다. 취해서 사는 삶은 음주 운전하는 것과 마찬가지입니다. 음주로 인해 잘 보이던 길이 제대로 보이지 않아 각종 사고를 내듯, 취해서 사는 삶은 부처님처럼 위대한 존재임을 망각하고, 스스로 탕자가 되어 각종 고난을 받게 합니다.

스승께서는 늘 말씀하셨습니다.
"무슨 생각이든지 부처님께 바쳐라."
"무슨 일을 하든지 부처님 기쁘게 하기 위하여 하라."

"Whatever you do, do not do it habitually, but set the intention while doing it."

What he meant was that you must wake up from a drunken state of mind and come to your senses and stay awake all the time. He meant that you have to get away from selfishness and have the mind of the Buddha. It means that you have to get away from the life of a prodigal son and go back to your original hometown.

When you become selfish and live only for your own good, you lose your mind. When you dedicate all the thoughts that arise in your mind, you can wake up and get out of the intoxication.

When you do something, if you do it to please the Buddha, not for selfish purposes, you can get away from the intoxication of desires for wealth or fame.

The world looks bright when you wake up from the intoxication and enter the world of the Buddha. It is so bright as if there are multiple suns floating in the sky. All worries disappear in the bright world of the Buddha. There is no poverty, illness, loneliness or hardship in this world. There is no complaint or arrogance. It is filled with joy and respect, full of all the good things.

This is the true meaning of devoting whatever thoughts you have to the Buddha and always working to please the Buddha.

"무슨 일을 하되 습관적으로 타성적으로 하지 말고,
원을 세워서 하라."

이 말씀은 무슨 뜻인가?
바로 취한 상태에서 벗어나 제정신 차려라.
'항상 깨어 있으라'
이기적 마음 씀씀이에서 벗어나 부처님 마음이 되어보라.
탕자의 삶에서 벗어나 본래의 고향으로 돌아가라

타성적으로 이기적으로 살 때 제정신을 잃어버립니다.
우리가 마음속에서 일어나는 각종 생각을 바칠 때, 제정신이 돌아오고, 취함에서 벗어납니다.
무슨 일을 할 때 자신만 잘된다는 이기적인 목적으로 일하지 않고, 부처님 기쁘게 하는 마음으로 일 할 때, 부귀영화에서, 처자식에서, 각종 본능이라는 마약에서, 벗어날 수가 있습니다.

취함에서 벗어나 부처님의 세계로 들어갈 때 세상은 밝게 보입니다. 이 세상은 태양이 하늘에 몇 개 떠 있는 듯이 찬란합니다. 찬란한 부처님 세계에는 모든 근심걱정이 다 사라집니다. 그 세계에는 빈곤도, 병도, 외로움도, 절체절명의 위기도 전혀 없습니다. 불평이 없고, 오만이 없습니다. 모든 좋은 일로 꽉 차 있는 그곳엔 오직 기쁨과 공경심만이 가득할 뿐입니다.
이것이 무슨 생각이든지 부처님께 바치라는 뜻이요, 일을 하되 부처님 기쁘게 해 드리기 위하여 일하라는 뜻입니다.

⬥ Epilogue ⬥

As far as I can remember, life has only been painful ever since I was a child. I didn't feel comfortable wherever I was. I felt like I didn't belong anywhere, so I tried to stay out of sight. Even my home didn't give me comfort, so I used to spend all day in the local library on weekends since I was old enough to go there. And I naturally read a lot of different books, and came to believe that there was a world of mind beyond this visible material world. And before I knew it, I became curious about the laws that move the world of mind.

While going through the process of life, such as college admission and employment competition, I had forgotten the interest in the world of mind, and it revived when I started my business in my mid-30s. Since then, I have tried various spiritual books and practices to escape the frustration and helplessness of being trapped in a prison without an exit. For years, I repeated joys and frustrations along the way, but in the

◈ 번역을 마치며 ◈

　어린 시절부터 삶이 고통스럽게만 느껴졌습니다. 어디에 있어도 편안하지 않았습니다. 그 어느 곳에서도 환영받지 못한다고 느꼈던 것 같습니다. 항상 눈에 띄지 않는 자리에 머물고 싶었습니다. 집이라는 곳은 그중에서도 가장 불편해서 동네 도서관에 드나들 수 있는 나이가 됐을 때부터는 주말이면 아침부터 밤까지 동네 도서관에서 시간을 보내곤 했었습니다. 그러면서 자연스럽게 다양한 종류의 책을 읽게 되었고, 눈에 보이는 물질세계가 아닌 마음의 세계가 있다고 믿게 되었습니다. 그렇게 언제부터인지도 모르게 마음의 세계를 움직이는 법칙을 알고 싶다는 생각을 가지게 되었던 것 같습니다.

　입시, 진학, 취직 등의 과정을 거치면서 잠시 잊었던 마음의 세계에 관한 관심은 30대 중반, 사업을 하게 되면서 다시 살아났습니다. 이후 여러 영성 서적을 통해 다양한 수련법들을 시도하며 출구 없는 감옥에 갇힌 것 같은 답답함과 무력감에서 벗어나고자 무던히도 노력하였습니다. 드디어 출구를 찾았다는 기쁨과 또다시 수렁에 빠진 것 같은 좌절을 수없이 반복하면서, 결국

end, despite all that effort, I couldn't help but admit that I was going round in circles.

As the saying goes, "When the student is ready, the teacher will appear," I happened to listen to master Kim Wonsoo's
lecture at that time, and the joy of finally meeting a true teacher was indescribably great. Since then, I have practiced the Diamond Sutra according to the guidance of my master Kim Wonsoo, and finally realized the worth of living. The practices to devote all my thoughts to the Buddha made me realize that I could let go of all my deep-rooted prejudices by myself. The Jugyeongyaseon Viriya made me understand that even sleep, which was thought to be a natural instinct, was an illusion, thereby letting me know that the karma repeated in countless former lives didn't exist either. As I practice more and more, 'I,' which was believed to be there, gradually disappear. On the other hand, the meaning of life, which seemed never to be found, becomes clearer.

Through this book, I hope that people around the world can actually experience the omnipotence of themselves as The Creators and reach the state of Great Freedom.

Lee Chaehyun
July, 2022

그 많은 노력에도 불구하고 나는 결국 제자리걸음을 하고 있음을 인정하지 않을 수 없었습니다.

　제자가 배울 준비가 되면 스승이 나타나기 마련이라는 말처럼, 그때 김원수 법사님의 금강경 법문을 듣게 되었고, 드디어 진정한 스승을 만났다는 기쁨은 말할 수 없이 컸습니다. 이후 김원수 법사님의 지도에 따라 금강경 실천 수행을 하면서 조금씩 살아가는 의미와 보람을 찾아가고 있습니다.

　내 생각은 무엇이든 다 착각인 줄로 알고 부처님께 바치는 수행은 뿌리 깊은 내 선입견에서 스스로 벗어날 수 있음을 깨닫게 해주었고, 생리현상이자 본능인 잠조차 착각임을 알게 하는 주경야선 가행정진은 무시겁으로 반복해 온 뿌리 깊은 업장 또한 본래 없음을 알게 해주었습니다. 수행을 할수록 분명 있다고 믿었던 나는 점점 사라지고, 절대로 찾지 못할 것 같던 삶의 의미는 조금씩 알아집니다.

　이 책을 통해 세계인들이 스스로 창조주로서의 전지전능함을 실제로 체험하고 자유로운 삶을 경험할 수 있기를 발원합니다.

2022년 7월
이채현 합장배례

About the Author

Kim Wonsoo has been practicing the Diamond Sutra in his daily life for more than 50 years. He has taught that we can live happily and efficiently in the world and reach enlightenment at the same time without much difficulty by practicing the Diamond Sutra. He has been praying for the establishment of the Diamond Sutra Education Center which will nurture the global leaders for the future.

Since 1988, he has preached Buddhist teachings on every weekend, and Korea's Buddhist television channels have featured his sermons. He also has held The Diamond Sutra Practice Workshop every year, personally guiding the practice. In 2003, he established the social welfare foundation, The True Dharma Foundation. In 2004, he started to serve free meals to people by opening a free lunch center in his own house. The center provided meals to more than 300,000 people a year.

저자
김원수 金元洙

저자는 사회생활을 하며 금강경 실천수행을 한지 50여년이 넘었다. 저자는 금강경 수행으로 세상에서 행복하고 유능하게 살 수 있으며, 동시에 깨달음에도 어렵지 않게 도달하는 방법을 실제로 제시한다.

저자는 1988년부터 매주 주말 법문, 불교 TV 법문, 주말 출가 프로그램과 매년 3박 4일의 금강경 연수원 세미나를 개최하여 금강경 실천 수행을 지도하고 있다.

2003년에는 바른법연구원 사회복지법인을 설립하였고, 2004년부터 10년 이상 자신의 집에서 연인원 30만명 이상 마음닦는 무료급식을 사비로 시행하였다.

자신과 같이 무지한 사람이 지혜롭게 변화한 것은 오직 스승의 가르침으로 생각하며, 이를 널리 알리기 위하여 자신의 전 재산을 희사하고 2020년 백성욱 박사 교육문화재단을 설립하였다.

In 2020, he established The Baek Sungwook Foundation for Education and Culture and donated all his possessions to it, and in the same year, he also opened a Dharma Hall in Wonheung, Korea.

He is the author of *"The Creators-We are always making our wishes come true," "The Diamond Sutra Read by Christians," "The Diamond Sutra Read by Saints and Common People," "Where Is Your Heart Headed?"* etc.

He graduated from Seoul National University majoring in Metal Science and Engineering, and practiced under the teachings of Dr. Baek Sungwook for four years. He received PhD from Korea University, and retired as Professor of Materials Engineering at Hongik University.

스승의 가르침을 실천하여 많은 사람이 실제로 능력과 행복을 얻을 수 있도록 교육기관 '금강경 연수원' 설립을 발원하고 있다.

서울대학교 공과대학 금속공학과를 졸업하고 ROTC 군 복무를 마친 후, 밝은 스승의 문하에서 공부하기로 어렵게 결정하여 4년간 금강경 출가수도를 하였다. 이후 만 4년의 식당 운영은 너무나 힘들었지만, 그 덕에 아상을 소멸하고 금강경 실천 공부를 제대로 할 수 있었다고 한다. 고려대학교 대학원에서 이학박사를 취득하고 홍익대학교 재료공학부 교수로 재직하였으며, 2008년 정년 퇴임하였다. 밝은 스승 밑에서 한 금강경공부는 훌륭한 논문을 쓰는 데도 많은 도움을 주었다고 한다.

저서

2021. 『크리스천과 함께 읽는 금강경』 재발간

2018. 『우리는 늘 바라는 대로 이루고 있다』

1998. 『성자와 범부가 함께 읽는 금강경』

1990. 『마음을 어디로 향하고 있는가』 외 다수

About the Translator

Lee Chaehyun is an interpreter who worked for the Government Ministries of Korea. After years of service, she moved on and founded Mathnote Inc., an educational publishing company, and wrote many books including *"Connect Math,"* whose content is provided on the Naver Knowledge Encyclopedia. She has learned various teachings in pursuit of spiritual growth. After experiencing numerous joys and frustrations, she met an enlightened master, Kim Wonsoo and finally got a glimpse of the world of enlightenment.

She received a master's degree at Ewha Graduate School of Translation and Interpretation.

역자
이채현 李采炫

역자는 2007년 이화여자대학교 통역번역대학원에서 한영통역 석사학위를 취득하고, 정부 부처에서 수년간 통역사로 활동하였다.

최근에는 교육출판기업 매스노트를 공동 설립하고, 『매스 노트 시리즈』와 『커넥트 수학』 등 다양한 책을 집필, 발행하였다. 또한 『커넥트 수학』은 네이버 지식백과를 통해 내용을 제공하고 있다.

역자는 영적 성장을 추구하는 과정에서 다양한 가르침을 섭렵하였고, 긴 시간 동안 수많은 성장과 좌절을 반복하다 선지식이신 김원수 법사님의 가르침을 만나 작은 깨달음을 얻었다고 한다.